LÉGISLATION

DES

CONTRIBUTIONS DIRECTES.

LÉGISLATION

DES

CONTRIBUTIONS DIRECTES,

RECUEIL

CONTENANT, DANS UN ORDRE MÉTHODIQUE
ET AVEC LES ANNOTATIONS NÉCESSAIRES, LE TEXTE DE TOUTES LES DISPOSITIONS
DE LOIS QUI RÉGISSENT LA MATIÈRE

Par A. PERROUX.

PARIS,
IMPRIMERIE ET LIBRAIRIE ADMINISTRATIVES DE PAUL DUPONT,
RUE DE GRENELLE-SAINT-HONORÉ, 45.

1860

1859

Nous avons essayé, en nous aidant de la jurisprudence du conseil d'État et de celle de l'Administration, de rassembler, dans un recueil méthodique, toutes les dispositions législatives qui régissent, en France, l'assiette et le recouvrement des contributions directes.

Ce travail de codification, auquel nous avons apporté beaucoup de soin, nous a paru assez utile pour que nous ayons cru devoir lui donner la publicité.

DIVISION DES MATIÈRES.

TITRE PREMIER.

TITRE II.

De la répartition des contributions directes.

TITRE III.

Assiette.

TITRE IV.

Réclamations.

TITRE V.

Recouvrement et poursuites.

TITRE VI.

Taxes assimilées aux contributions directes.

NOTA. — Les mots en caractères *italiques* et placés entre parenthèses qu'on rencontrera dans le cours de cet ouvrage, ne font point partie des textes législatifs, à moins que le contraire ne soit indiqué par une note. Ils ont pour but de rattacher les articles entre eux et, au besoin, de les expliquer et de les compléter.

ERRATA.

Page 83, lignes 17, 25 et 30, *au lieu de* : article 278, *lisez :* article 282.
— 142, note 2, *au lieu de :* article 326, *lisez :* article 329.
— 145, ligne 26, — article 343, — article 346.
— 145, ligne 28, — article 342, — article 345.
— 151, note 2, — article 334. — article 337.
— 152, note 1, — article 326, — article 329.
— 152, note 3, — article 310, — article 313.
— 202, ligne 15, — articles 579, 580, 581, *lisez :* 581 et 583 à 585.
— 219, ligne 21, *au lieu de :* article 638, *lisez :* article 658.

LÉGISLATION

DES

CONTRIBUTIONS DIRECTES.

TITRE PREMIER.

PRINCIPES GÉNÉRAUX.

Art. 1er. Toute contribution est établie pour l'utilité générale.

Acte constitutionnel du 5 fructidor an III, décl. des droits, art. 16.

Art. 2. Toutes les contributions et charges publiques, de quelque nature qu'elles soient, sont supportées proportionnellement par tous les citoyens et par tous les propriétaires à raison de leurs biens et facultés (1).

Décret de l'Assemblée constituante, du 7 oct. 1789.

Art. 3. Le Corps législatif discute et vote les projets de loi et l'impôt (2).

Constitution du 14 janvier 1852, art. 39.

Art. 4. Les contributions publiques sont délibérées et fixées

Acte constitutionnel du 5 fructidor an III, art. 302.

(1) Le principe de l'égalité des charges publiques a toujours été consacré par nos lois. (V. 3-14 septembre 1791, décl. des droits, art. 14; *ibid.*, tit. I, art. 2; 24 juin 1793, art. 101; 5 fructidor an III, décl. des droits, art. 16; 6 avril 1814, art. 15; chartes des 4 juin 1814, art. 2, et 14 août 1830, art. 2; constitution du 14 janvier 1852, art. 1er.)

(2) « Le Corps législatif a le pouvoir d'établir les contributions publiques, « d'en déterminer la nature, la quotité, la durée, le mode de perception. » (Const. 3-14 septembre 1791, tit. III, chap. 3, sect 1re, art. 1er.)

chaque année........ Elles ne peuvent subsister au delà d'un an, si elles ne sont expressément renouvelées.

Loi du 11 frimaire an VII, art. 48.

Art. 5. Il sera statué, chaque année, immédiatement après la fixation de la répartition en principal des contributions (*entre les départements*) sur le maximum des centimes à établir pour les dépenses communales..... et départementales.

Loi du 15 mai 1818, art. 94.

Art. 6. Toutes contributions directes..... autres que celles autorisées par la..... loi (1), à quelque titre ou sous quelque dénomination qu'elles se perçoivent, sont formellement interdites, à peine contre les autorités qui les ordonneraient, contre les employés qui confectionneraient les rôles et tarifs, et ceux qui en feraient le recouvrement, d'être poursuivis comme concussionnaires, sans préjudice de l'action en répétition, pendant les trois années, contre tous receveurs, percepteurs ou individus qui auraient fait la perception, et sans que, pour exercer cette action devant les tribunaux, il soit besoin d'une autorisation préalable.

Loi du 14 juillet 1856, art. 15.

Art. 7. Il n'est pas néanmoins dérogé à l'exécution de l'article 4 de la loi du 2 août 1829, modifié par l'article 7 de la loi du 7 août 1850, relatif au cadastre, non plus qu'aux dispositions des lois du 10 mai 1838, sur les attributions départementales; du 18 juillet 1837, sur l'administration communale; du 21 mai 1836, sur les chemins vicinaux, et du 28 juin 1833, sur l'instruction primaire (2).

---

(1) Ces dispositions se trouvent reproduites, chaque année, dans la loi des finances, à laquelle est annexé le tableau des contributions directes à imposer en principal et en centimes additionnels pour l'exercice suivant.

(2) Voir, ci-après, le titre II, chapitres II et IV; voir aussi la note de l'article 117.

TITRE II.

DE LA RÉPARTITION DES CONTRIBUTIONS DIRECTES.

CHAPITRE PREMIER.

DE LA DIVISION DES CONTRIBUTIONS DIRECTES EN IMPÔT DE QUOTITÉ ET EN IMPÔT DE RÉPARTITION.

Art. 8. Les contributions directes, relativement à leur assiette, sont distinguées en impôt de quotité et en impôt de répartition (1). Recueil méthodique de 1811, art. 1er.

Art. 9. L'impôt de répartition est celui dont la somme totale, fixée d'avance, se répartit de degrés en degrés entre les départements, les arrondissements, les communes et les contribuables. Id. art. 2.

Art. 10. L'impôt de quotité est celui où chaque contribuable étant cotisé d'après une proportion déterminée, la réunion des cotes forme le montant total de la contribution. Id. art. 3.

Art. 11. Dans le premier mode, les cotes des contribuables Id. art. 4.

(1) Nous avons emprunté cet article et quelques autres au *Recueil méthodique des lois et règlements sur le cadastre*, publié en 1811. Bien que ce *Recueil* ne soit qu'un règlement ministériel, le conseil d'Etat l'a toujours visé. On peut considérer, en effet, qu'il a reçu la sanction législative de l'article 29 de la loi des finances du 28 avril 1816, portant que « les lois et *règlements* sur le cadastre continueront d'être exécutés. »

résultent du montant de l'imposition; dans le second, le montant de l'imposition résulte des cotes des contribuables. Dans l'un, le produit est assuré et la proportion incertaine; dans l'autre, la proportion est fixe et le produit éventuel.

Recueil méthodique de 1811, art. 7.

Art. 12. La contribution foncière, la contribution personnelle et mobilière sont des impôts de répartition; la contribution des patentes est un impôt de quotité.

Celle des portes et fenêtres était, dans le principe, un impôt de quotité, parce que chacun payait tant par fenêtre et par porte; elle est devenue, depuis, un impôt de répartition (1).

CHAPITRE II.

DE LA FIXATION DES CONTINGENTS.

§ 1er. — *Bases de la Répartition.*

Contribution foncière.

Loi du 3 frimaire an VII, art. 1er.

Art. 13. Le Corps législatif établit, chaque année, une contribution foncière.

Il en détermine annuellement le montant en principal et en centimes additionnels.

Id. art. 8.

Art. 14. La répartition de la contribution foncière est faite

(1) La contribution des portes et fenêtres a été rendue impôt de répartition par la loi du 13 floréal an x (3 mai 1802); elle est redevenue impôt de quotité en 1832 (loi du 26 mars 1831), et impôt de répartition en 1833 (loi du 21 avril 1832).

Ces deux dernières lois ont fait subir de semblables modifications à la contribution personnelle et mobilière par le Corps législatif entre les départements ; par les administrations centrales de département (*aujourd'hui les conseils généraux*), entre les cantons et les communes ayant pour elles seules une administration municipale (*les arrondissements*) ; par les administrations municipales de canton (*les conseils d'arrondissement*), entre les communes de leur arrondissement, et par les répartiteurs (1), entre les contribuables.

Art. 15. Il sera présenté, dans la prochaine session des chambres, un nouveau projet de répartition foncière entre les départements : les bases de cette nouvelle répartition seront les résultats déjà obtenus par le cadastre, les notions fournies pour la comparaison des baux, les ventes faites dans diverses localités, et enfin tous les autres renseignements qui sont au pouvoir de l'administration, et qui tendent à faire connaître l'étendue du territoire et la matière imposable en chaque département (2). Loi du 15 mai 1818, art. 38.

Art. 16. Les bases prescrites par l'article 38 de la loi du 15 mai 1818 (*article précédent*), pour parvenir à l'évaluation des revenus imposables, seront appliquées aux communes et aux arrondissements par une commission spéciale qui sera formée dans chaque département. Ce travail servira de renseignement aux conseils généraux de département et aux conseils d'arrondissement, pour fixer les contingents en principal des arrondissements et des communes. Loi du 31 juillet 1821, art. 19

---

(1) Voir la note de l'article 129.

(2) Jusqu'à présent, le pouvoir législatif ne s'est servi de ce travail que pour diminuer les contingents des départements surtaxés, sans augmenter ceux des départements ménagés. C'est ainsi que le principal de l'impôt foncier a été réduit, en 1818, de 4,590,110 francs répartis entre 35 départements, et, en 1821 et 1822, de 13,529,123 francs répartis entre 52 départements.

Depuis cette époque, la loi des finances du 7 août 1850 a, dans un but analogue, prescrit au Gouvernement de faire procéder à une évalation nouvelle des revenus territoriaux de la France ; mais ce travail, le mieux conçu et le plus complet qui ait été exécuté par l'Administration, n'a pas encore reçu son application

Loi du 31 juillet 1821, art. 20.

Art. 17. Les opérations cadastrales, destinées à rectifier la répartition individuelle, seront circonscrites dans chaque département.

Contribution personnelle et mobilière.

Loi du 21 avril 1832, art. 8.

Art. 18. A partir du 1er janvier 1832, la contribution personnelle sera réunie à la contribution mobilière, et ces deux contributions seront établies par voie de répartition entre les départements, les arrondissements, les communes et les contribuables.

Décret 13 janv.-18 février 1791, art. 2.

Art. 19. La législature déterminera, chaque année, la somme de la contribution (*personnelle et*) mobilière d'après les besoins de l'Etat.....

Loi du 3 nivôse an VII, art. 1er.

Art. 20. Les administrations centrales et municipales (*les conseils généraux et les conseils d'arrondissement*) et les répartiteurs, chargés..... de la répartition de la contribution foncière, sont pareillement chargés, chacun en ce qui le concerne, d'opérer la répartition de la contribution personnelle et mobilière.

Loi du 21 avril 1832, art. 9.

Art. 21. Le contingent assigné à chaque département sera réparti entre les arrondissements par le conseil général, et entre les communes par les conseils d'arrondissement, d'après le nombre des contribuables passibles de la taxe personnelle et d'après les valeurs locatives d'habitation (1).

Id. art. 10.

Art. 22. La taxe personnelle se compose de la valeur de trois journées de travail. Le conseil général, sur la proposition du préfet, déterminera le prix moyen de la journée de travail dans

(1) Des évaluations générales des valeurs locatives ont été prescrites par une ordonnance du 18 décembre 1832 et par la circ. min. du 25 février 1841. Depuis cette époque, aucun travail de la même espèce n'a été exécuté. L'Administration espère maintenant que, d'après la marche suivie pour la modification des contingents dans les cas de construction et de démolition (art. 47 ci-après), l'impôt personnel et mobilier se nivellera avec le temps et sans qu'il soit nécessaire de procéder encore à des évaluations générales de la matière imposable.

chaque commune, sans pouvoir néanmoins la fixer au-dessous de cinquante centimes ni au-dessus de un franc cinquante centimes.

Art. 23. Après la fixation du prix de la journée de travail, les administrations centrales (*les conseils généraux*) régleront sur cette base la contribution personnelle de chaque canton (*arrondissement*) (1). Loi du 3 nivôse an VII, art. 6.

Art. 24. La somme totale de la contribution personnelle du département étant connue, il en sera fait déduction sur le contingent attribué par la loi au département, le restant sera réparti en contribution mobilière. Id. art. 8.

Art. 25. Le directeur des contributions formera, chaque année, un tableau présentant, par arrondissement et par commune, le nombre des individus passibles de la taxe personnelle et le montant des valeurs locatives d'habitation. Loi du 21 avril 1832, art. 11.

Ce tableau servira de renseignement au conseil général et aux conseils d'arrondissement pour la répartition de la contribution personnelle et mobilière.

Contribution des portes et fenêtres.

Art. 26. A partir du 1er janvier 1832, la contribution des portes et fenêtres sera établie par voie de répartition entre les départements, les arrondissements, les communes et les contribuables. Loi du 21 avril 1832, art. 24.

Art. 27. Le contingent assigné à chaque département sera réparti entre les arrondissements par le conseil général, et entre Id. art. 25.

(1) Les conseils généraux se bornent aujourd'hui à répartir les contingents en une seule somme; les calculs dont il est question aux articles 23 et 24 sont faits par le directeur des contributions directes.

2

Décret du 17 mars 1852, art. 10.

les communes par les conseils d'arrondissement, d'après le nombre des ouvertures imposables (1).

Art. 28. La commission municipale de la ville de Paris est autorisée, conformément au vœu émis par elle....., à établir, pour la répartition de son contingent dans la contribution des portes et fenêtres, un tarif spécial combiné de manière à tenir compte à la fois de la valeur locative et du nombre des ouvertures.

Loi du 5 mai 1855, art. 14.

Art. 29. Le conseil municipal de Bordeaux est autorisé à établir, pour la répartition de la contribution des portes et fenêtres, un tarif combiné de manière à tenir compte à la fois de la valeur locative et du nombre des ouvertures.

Les délibérations prises à ce sujet ne recevront leur exécution qu'après avoir été approuvées par un décret de l'Empereur, le conseil d'État entendu (2).

Loi du 21 avril 1832, art. 26.

Art. 30. Le directeur des contributions directes formera, chaque année, un tableau présentant : 1° le nombre des ouvertures imposables des différentes classes ; 2° le produit des taxes d'après le tarif ; 3° le projet de la répartition.

Ce tableau servira de renseignement au conseil général et aux conseils d'arrondissement pour fixer le contingent des arrondissements et des communes.

---

(1) Il a été procédé à des recensements généraux de toutes les portes et fenêtres de la France, 1° en 1822 (Instruction du 14 juin 1822) ; 2° en 1831 (Instruction du 30 mars 1831) ; 3° en 1841 (Circulaire du 25 février 1841).

(2) La loi du 22 juin 1854 a accordé la même autorisation à la ville de Lyon ; mais celle ci a renoncé à en faire l'application.

§ 2. — *Des modifications annuelles des contingents.*

Accroissements et pertes de matière imposable.

Art. 31. Le montant de la contribution foncière assise par des rôles particuliers en 1818 sur les bois qui ont cessé, à quelque titre que ce soit, de faire partie du domaine de l'État, sera ajouté au contingent de chaque département, de chaque arrondissement, de chaque commune. Loi du 17 juillet 1819, art. 11.

Art. 32. Les bois et autres propriétés qui n'auraient pas été compris dans les rôles particuliers de 1818, et qui cesseraient ultérieurement de faire partie du domaine de l'État ou deviendraient imposables par toute autre cause, seront, d'après une matrice rédigée dans la forme accoutumée, cotisés comme les autres bois et propriétés de même nature et accroîtront le contingent de chaque département, de chaque arrondissement et de chaque commune (1). Id. art. 12.

Les nouveaux possesseurs desdits bois en payeront..... la contribution foncière pour l'année de leur entrée en jouissance....., mais dans la proportion seulement du temps qui restera à courir depuis la date de la levée du séquestre ou de la vente, jusqu'à la fin de l'année. Loi du 19 ventôse an IX, art. 4.

Art. 33. A l'égard des propriétés de toute nature qui, ayant appartenu à des particuliers, passent dans le domaine de l'État Loi du 17 juillet 1819, art. 13.

(1) « Les bois et forêts de l'Etat qui, par vente ou par levée des séquestres, deviendront propriétés particulières, seront, à compter de l'année « qui suivra leur distraction des propriétés de l'Etat, portés aux rôles de la « contribution foncière comme les autres propriétés; et pareille somme sera « ajoutée à la contribution de la commune dans laquelle ils seront situés, « pour cette année et la suivante. » (Loi du 19 ventôse an IX, art. 3.)

ou sont entrées dans la dotation de la couronne (1), et des propriétés non bâties qui, pour toute autre cause, cessent d'être imposables et deviennent, à ce titre, libres de la contribution foncière, les communes, arrondissements et départements où elles sont situées seront dégrevés de la contribution, jusqu'à concurrence de la part que lesdites propriétés prenaient dans la matière imposable.

Distractions et réunions de territoires.

Loi du 2 messidor an VII, art. 91. Art. 34. Toutes les fois que le Corps législatif aura distrait une commune ou portion de commune d'un canton *(d'un arrondissement)* pour l'incorporer à un autre dans le même département, l'administration centrale du département *(le conseil général)* sera tenue de changer ses mandements de contribution foncière, d'après les rôles existants.

Id. art. 92. Art. 35. Toutes les fois que le Corps législatif (2) aura distrait une portion de commune pour l'incorporer à une autre commune, ou qu'il aura réuni plusieurs communes en une seule, ou que, de plusieurs portions de communes, il en aura formé une commune nouvelle, le tout dans le même canton *(ou arrondissement)*, l'administration municipale de ce canton *(le conseil d'arrondissement)* sera pareillement tenue de changer ses mandements, d'après les rôles et cotisations existants.

Id. art. 93. Art. 36. Si une distraction quelconque de territoire, ordonnée

(1) L'article 36 de la loi du 15 mai 1818 ne parlait que de ces deux cas.

(2) Aux termes de la loi du 18 juillet 1837 sur l'administration municipale, les réunions et distractions de communes qui ne modifient point la composition d'un département, d'un arrondissement ou d'un canton, peuvent être prononcées par un décret de l'Empereur, au cas de consentement des conseils municipaux, délibérant avec les plus imposés, et, à défaut de ce consentement, pour les communes qui n'ont pas trois cents habitants, sur l'avis affirmatif du conseil général du département. Dans tous les autres cas, il ne peut être statué que par une loi.

par le Corps législatif, a opéré une réunion à un autre département, le Directoire exécutif (*l'Empereur*) transportera, par un arrêté, le montant de la contribution foncière, d'après les rôles existants, sur le département auquel la réunion aura été faite (1).

Art. 37. Quand le Corps législatif aura réuni à un autre département un territoire qui ne faisait partie d'aucun autre département, le Directoire exécutif recueillera tous les renseignements propres à faire connaître le revenu imposable de ce territoire, et les transmettra, dans le plus court délai, au Corps législatif. Loi du 2 messidor an VII, art. 94.

Le Corps législatif déterminera ensuite l'augmentation de contribution foncière que le département auquel la réunion aura été faite devra supporter.

Art. 38. En toute réunion de nouveau territoire au territoire français, le Directoire exécutif adressera de même au Corps législatif tous les états et renseignements nécessaires pour régler la portion contributive de ce nouveau territoire dans les charges publiques. Id. art. 95

Art. 39. Les communes ou parties de commune qui ont été réunies par une loi, ou, d'après les lois existantes, par un arrêté du Directoire exécutif (*par un décret de l'Empereur*)..... à un département, ne pourront être imposées à la contribution foncière que dans ce département. Arrêté du Directoire exécutif, du 29 nivôse an VII, art. 1er.

Art. 40. Les communes contestées par deux départements, qui n'ont pas été assignées par une loi, arrêté ou décision, à l'un Id. art. 2.

---

(1) D'après le principe de la fixité des évaluations cadastrales, lorsque des réunions de communes ou des changements de limites sont ordonnés, postérieurement à l'exécution du cadastre, les propriétés transportées en d'autres communes y supportent la même contribution foncière qu'avant leur intégration.

de ces départements, ne pourront être imposées que dans le canton qui, par le fait, est en possession de les administrer.

Arrêté du Directoire exécutif du 29 nivôse an VII, art. 3.

Art. 41. Dans le cas où le fait de la possession d'une commune serait incertain entre deux cantons, la commune sera provisoirement imposée dans le canton dont le chef-lieu est le plus voisin de cette commune contestée.

Id. art. 4.

Art. 42. Les portions de terrains contestées entre deux communes seront provisoirement imposées dans la commune du centre de laquelle elles sont le plus voisines.

Id. art. 5.

Art. 43. Les portions contestées situées sur le bord d'une rivière seront imposées provisoirement dans la commune située sur la même rive qu'elles, quand même elles seraient plus voisines de l'autre commune.

Id. art. 6.

Art. 44. Les communes situées sur les rives du Rhône, et contestées par deux départements, ne seront imposées que dans le département situé sur la même rive qu'elles.

Id. art. 7.

Art. 45. Les départements qui, par l'effet des dispositions ci-dessus, seraient provisoirement dépossédés des communes ou portions de commune qu'ils croiraient devoir leur appartenir, adresseront, dans le plus bref délai, leurs réclamations aux ministres de l'intérieur et des finances.

Constructions nouvelles et démolitions.

Loi du 17 août 1835, art. 2.

Art. 46. A dater du 1er janvier 1836, les maisons et usines nouvellement construites ou reconstruites et devenues imposables seront, d'après une matrice rédigée dans la forme accoutumée, cotisées comme les autres propriétés bâties de la commune où elles sont situées, et accroîtront le contingent dans la contribution foncière et dans la contribution des portes et fenêtres de la commune, de l'arrondissement et du département.

Les propriétés bâties qui auront été détruites ou démolies feront l'objet d'un dégrèvement dans la contribution foncière et dans la contribution des portes et fenêtres pour la commune, l'arrondissement et le département où elles étaient situées, jusqu'à concurrence de la part que lesdites propriétés prenaient dans leurs matières imposables.

L'estimation des propriétés bâties devenues imposables sera faite par les commissaires répartiteurs, assistés du contrôleur des contributions directes. Elle sera arrêtée par le préfet, qui pourra, s'il le juge convenable, faire préalablement procéder à la révision par deux experts, dont l'un sera nommé par lui, et l'autre par le maire de la commune.

Les frais de l'expertise seront réimposés sur la commune, si l'évaluation est reconnue inexacte; dans le cas contraire, ils seront imputés sur le fonds de non-valeurs (*aujourd'hui sur le fonds de restitution*) (1).

Cette expertise ne préjudiciera pas au droit assuré aux contribuables de réclamer, après la mise en recouvrement du rôle, dans la forme et dans le délai prescrits par l'arrêté du 24 floréal an VIII et par la loi du 21 avril 1832, au titre *Des réclamations* (2).

L'état des nouvelles cotisations et des dégrèvements, par département, sera annexé au budget de chaque année.

Art. 47. A dater du 1er janvier 1846, le contingent de chaque département dans la contribution personnelle et mobilière sera diminué du montant en principal des cotisations personnelles et mobilières afférentes aux maisons qui auront été détruites. Loi du 4 août 1844, art. 2.

A partir de la même époque, ce contingent sera augmenté proportionnellement à la valeur locative des maisons nouvellement construites ou reconstruites, à mesure que ces maisons seront imposées à la contribution foncière. L'augmentation sera du vingtième de la valeur locative réelle des locaux consacrés à l'habitation personnelle.

---

(1) Ce fonds, spécialement affecté aux propriétés bâties nouvellement construites ou demolies, a été crée en 1846) voir, ci-après, titre IV, chap. IV).

(2) Voir, ci-apres, titre IV.

Il sera procédé à cet égard de la manière prescrite par l'article 2 de la loi du 17 août 1835 (*article précédent*).

L'état, par département, des diminutions et augmentations sera annexé au budget de chaque année.

Communes ayant changé de catégorie par suite d'un nouveau recensement de la population.

Loi du 4 août 1844, art. 3.

Art. 48. A l'avenir, lorsque, par suite du recensement officiel de la population, une commune passera dans une catégorie inférieure ou supérieure à celle dont elle faisait partie, le contingent du département dans la contribution des portes et fenêtres sera diminué ou augmenté de la différence résultant du changement de tarif.

Id. art. 4

Art. 49. S'il s'élève des difficultés relativement à la catégorie dans laquelle une commune devra être rangée par suite d'un nouveau recensement de la population, soit pour l'application de l'article précédent, soit pour l'application du tarif des patentes (1), la réclamation du conseil général du département ou de la commune, ou celle de l'administration des contributions directes, sera instruite et jugée conformément aux dispositions de l'article 22 de la loi du 28 avril 1816 (*article suivant*).

Loi du 28 avril 1816, art. 22.

Art. 50. S'il s'élève des difficultés relativement à l'assujettissement d'une commune, ou à la classe dans laquelle elle devra être rangée par sa population, la réclamation de la commune sera soumise au préfet, qui, après avoir pris l'opinion du sous-préfet et celle du directeur, la transmettra avec son avis au directeur général, sur le rapport duquel il sera statué par le ministre des finances, sauf le recours de droit; la décision du préfet sera provisoirement exécutée.

---

(1) Voir, ci-après, article 266.

CHAPITRE III.

ATTRIBUTIONS DES CONSEILS GÉNÉRAUX.

Art. 51. Le conseil général du département répartit, chaque année, les contributions directes entre les arrondissements, conformément aux règles établies par les lois (1). Loi du 10 mai 1838, art. 1er.

Art. 52. Il ne peut délibérer que si la moitié plus un des conseillers sont présents. Loi du 22 juin 1833, art. 13.

Art. 53. Les administrateurs de département (*les conseils généraux*) (2) ne pourront..... faire aucune répartition au delà du temps et des sommes fixés par le Corps législatif. Constitution des 3-14 septembre 1791, tit. 3, art. 4.

Art. 54. Les administrations centrales de département (*les conseils généraux*) ne sont point obligées de suivre les précédentes répartitions; elles pourront faire toutes les réformes que les convenances locales, la justice et l'égalité prescrivent, en motivant leurs arrêtés. Loi du 18 prairial an v, art. 4.

Art. 55. Le conseil général vote les centimes additionnels dont la perception est autorisée par les lois (3). Loi du 10 mai 1838, art. 2.

Art. 56. Les centimes additionnels ne peuvent, dans aucun cas, excéder le maximum qui sera déterminé chaque année. Loi du 11 frimaire an vii, art. 9.

---

(1) « Il (*le conseil général*) fixe la répartition des contributions directes « entre les arrondissements communaux du département. » (Loi du 28 pluviôse an viii, art. 6.)

(2) La loi du 28 pluviôse an viii (17 février 1800) a remplacé les *administrations centrales de departement* par les *conseils généraux*, et les *administrations municipales de canton* par les *conseils d'arrondissement*. De même *le maire et son adjoint* remplacent aujourd'hui *l'agent municipal et son adjoint*.

(3) « Il (*le conseil général*) déterminera dans les limites fixées par la loi, « le nombre de centimes additionnels dont l'imposition sera demandée pour « les dépenses du département. » (Loi du 28 pluviôse an viii, art. 6.)

Loi du 2 messidor an VII, art. 12.

Art. 57. Les administrations centrales de département (*les conseils généraux*)..... ne pourront, sous prétexte de surcharge....., se dispenser de répartir..... le contingent assigné à leur département.

Loi du 10 mai 1838, art. 27.

Art. 58. Si le conseil général ne se réunissait pas, ou s'il se séparait avant d'avoir arrêté la répartition des contributions directes, les mandements des contingents assignés à chaque arrondissement seraient délivrés par le préfet, d'après les bases de la répartition précédente, sauf les modifications à porter dans le contingent en exécution des lois.

Loi du 7 août 1850, art. 1er, et lois annuelles.

Art. 59. Le maximum des centimes facultatifs, pour les dépenses d'utilité départementale, que les conseils généraux sont autorisés à imposer par l'article 33 de la loi du 17 août 1833, est élevé à sept centimes six dixièmes (1).

Id. art. 3.

Art. 60. Ces impositions pourront être élevées, dans le département de la Corse, à quatorze centimes six dixièmes.

Loi du 18 juillet 1836, art. 3.

Art. 61. En cas d'insuffisance des revenus ordinaires pour l'établissement des écoles primaires communales, élémentaires ou supérieures, les conseils généraux des départements sont autorisés à voter, à titre d'imposition spéciale destinée à l'instruction primaire, des centimes additionnels au principal des quatre contributions directes (2).

Loi du 28 juin 1833, art. 13.

A défaut de vote des conseils généraux, il sera pourvu aux dépenses reconnues nécessaires par des ordonnances royales.

Loi du 21 mai 1836, art. 8.

Art. 62. Les chemins vicinaux de grande communication et, dans les cas extraordinaires, les autres chemins vicinaux pour-

---

(1) Le maximum de ces centimes, susceptible de varier chaque année a été porté a 7c 5/10 par la loi des finances de 1859.

(2) Les lois des finances ont, jusqu'à ce jour, fixe à deux le maximum de centimes que les conseils généraux peuvent voter pour le service de l'instruction primaire.

ront recevoir des subventions sur les fonds départementaux. Il sera pourvu à ces subventions au moyen des centimes facultatifs ordinaires du département ou de centimes spéciaux votés annuellement par le conseil général.

Art. 63. Le maximum des centimes spéciaux qui pourront être votés par les conseils généraux (*en vertu de l'article précédent*) sera déterminé annuellement par la loi des finances (1). Loi du 21 mai 1836, art. 12.

Art. 64. Les contributions extraordinaires que le conseil général voterait pour subvenir aux dépenses du département ne pourront être autorisées que par une loi. Loi du 10 mai 1838, art. 33.

Art. 65. Les produits de ces contributions locales extraordinaires seront recouvrés par les receveurs des contributions directes, et versés dans la caisse du receveur général du département qui les tiendra à la disposition du département..... Loi du 28 avril 1816, art. 36.

Art. 66. Aucune dépense, de quelque genre qu'elle soit, ne pourra être autorisée sur les sommes restant disponibles, provenant des centimes facultatifs, lesquelles sommes seront mises en réserve, pour n'être employées, avec l'autorisation (*de l'Empereur*), qu'aux objets qu'auront votés les conseils généraux. Décret du 7 octobre 1809, art. 4.

Art. 67. Après épuisement du maximum des centimes facultatifs employés à des dépenses autres que les dépenses spéciales, une partie du fonds commun, dont la quotité sera déterminée chaque année par la loi des finances, pourra être distribuée aux départements, à titre de secours, pour complément de la dé- Loi du 10 mai 1838, art. 17.

(1) L'article 4 de la loi du 18 juillet 1836 a porté ce maximum à cinq centimes. Cet article a, depuis, été reproduit dans toutes les lois de finances, en ces termes : « En cas d'insuffisance des centimes facultatifs ordinaires « pour subvenir aux dépenses des chemins vicinaux de grande communica- « tion, et, dans les cas extraordinaires, aux dépenses des autres chemins « vicinaux, les conseils généraux sont autorisés à voter, à titre d'imposition « spéciale, cinq centimes additionnels aux quatre contributions directes. »

pense des travaux de construction des édifices départementaux d'intérêt général et des ouvrages d'art dépendant des routes départementales.

La répartition du fonds commun sera réglée annuellement par ordonnance royale insérée au *Bulletin des Lois*.

Loi du 19 mai 1849, art 18.

Art. 68..... L'arrêté du pouvoir exécutif qui doit .... répartir entre les départements le fonds commun créé pour les aider à payer leurs dépenses ordinaires et obligatoires, sera accompagné d'un tableau dressé conformément au décret du 10 novembre 1848, et inséré au *Moniteur* avant le jour de l'ouverture de la session des conseils généraux des départements.

Loi du 8 juillet 1852, art. 14.

Art. 69. A partir du 1er janvier 1853, il sera ajouté, pour dégrèvement et non-valeurs, au produit des centimes départementaux et communaux ordinaires et extraordinaires, savoir : 1 centime par franc de ce produit sur les centimes afférents aux contributions foncière et personnelle-mobilière ; 3 centimes par franc sur les centimes afférents aux portes et fenêtres, et 5 centimes par franc sur ceux afférents aux patentes (1).

Lois des 3 frimaire an VII, art. 26, et 3 nivôse an VII, art. 3.

Art. 70. Le préfet expédie à chaque sous-préfet le mandement qui devra lui faire connaître le contingent de son arrondissement, 1° en principal, 2° en centimes additionnels destinés tant au fonds de non-valeurs qu'aux dépenses départementales (2).

---

(1) Voir, ci-apres, les articles 404 et suivants.

(2) Ce mandement contient les mêmes indications que l'état général de répartement dont le modele est joint à la Circ. min. du 7 juillet 1846. Il est remis par le sous-préfet au conseil d'arrondissement.

CHAPITRE IV.

ATTRIBUTIONS DES CONSEILS D'ARRONDISSEMENT.

Art. 71. Le conseil d'arrondissement répartit entre les communes les contributions directes (1). Loi du 10 mai 1838, art. 45.

Art. 72. Il ne peut délibérer que si la moitié plus un des conseillers sont présents. Loi du 22 juin 1833, art. 13 et 28.

Art. 73. Les sous-administrateurs (*les conseils d'arrondissement*) ne pourront..... faire aucune répartition au delà du temps et des sommes fixés...... Constitution 3-14 septembre 1791, titre 5, art. 4.

Art. 74. Dans la répartition à faire entre les différentes communes, les administrations municipales (*les conseils d'arrondissement*) ne seront point obligées de suivre les précédentes répartitions; elles pourront faire les rejets qui tendront à établir de justes proportions entre toutes les communes, en motivant leurs arrêtés. Loi du 18 prairial an v, art. 7.

Art. 75. Les administrations municipales de canton (*les conseils d'arrondissement*) ne pourront, sous prétexte de surcharge....., se dispenser de répartir..... le contingent assigné à leurs cantons (*à leur arrondissement*). Loi du 2 messidor an VII, art. 12.

Art. 76. Si le conseil d'arrondissement ne se réunissait pas, ou s'il se séparait sans avoir arrêté la répartition des contribu- Loi du 10 mai 1838, art. 47.

---

(1) « Il (*le conseil d'arrondissement*) fera la répartition des contribu-« tions directes entre les villes, bourgs et villages de l'arrondissement. » (Loi 28 pluviôse an VIII, art. 10.)

tions directes, les mandements des contingents assignés à chaque commune seraient délivrés par le préfet, d'après les bases de la répartition précédente, sauf les modifications à apporter dans le contingent en exécution des lois.

Loi du 3 frimaire an VII, art. 30.

Art. 77. Aussitôt que l'administration municipale (*le sous-préfet*) aura reçu l'état de répartition visé par l'administration centrale du département (*par le préfet*), elle enverra à chaque agent municipal (*à chaque maire*) le mandement contenant la fixation du contingent de sa commune, en principal.

Loi du 20 avril 1834, art. 9.

Art. 78. Il n'y a point de conseil d'arrondissement pour la ville de Paris.

Id. art. 10.

Art. 79. Toutes les dispositions..... sur l'organisation départementale..... sont applicables au conseil général du département de la Seine (1) et aux conseils des arrondissements de Sceaux et de Saint-Denis.

CHAPITRE V.

ATTRIBUTIONS DES CONSEILS MUNICIPAUX.

Loi du 2 messidor an VII, art. 14.

Art. 80. L'agent municipal (*le maire*) de chaque commune, ou l'adjoint, à son défaut, ne pourra..... se dispenser de publier le mandement qui lui aura été adressé, portant fixation du montant de la contribution foncière (*des contributions foncière, personnelle-mobilière et des portes et fenêtres*), dans les dix jours qu'il lui sera parvenu.

Loi du 6 messidor an VII, art. 2.

Art. 81. La publication sera faite par affiche du mandement, dans la commune, aux endroits accoutumés. Les affiches seront signées par l'agent municipal (*le maire*) de la commune ou par son adjoint.....

(1) Une commission municipale et départementale, instituée par le pouvoir exécutif, remplit les fonctions du conseil général de la Seine et du conseil municipal de Paris (décret du 3 juillet 1848).

Art. 82. Les affiches seront sur papier non timbré. Loi du 6 messidor an VII, art. 6.

Art. 83. Il (*le conseil municipal*) délibérera..... sur les contributions ou centimes additionnels qui pourront être nécessaires pour subvenir à ses besoins (1). Loi du 28 pluviôse an VIII, art. 15.

Art. 84. A Paris, le conseil de département remplira les fonctions du conseil municipal (2). Loi du 28 pluviôse an VIII, art. 17.

Art. 85. En cas d'insuffisance des centimes ordinaires pour l'établissement des écoles primaires communales, élémentaires ou supérieures, les conseils municipaux sont autorisés à voter, à titre d'imposition spéciale destinée à l'instruction primaire, des centimes additionnels au principal des quatre contributions directes (3). Loi du 18 juillet 1836, art. 3.

Art. 86. En cas d'insuffisance des ressources ordinaires des communes, il sera pourvu à l'entretien des chemins vicinaux à l'aide soit de prestations en nature, dont le maximum est fixé à trois journées de travail, soit de centimes spéciaux en addition au principal des quatre contributions directes (4). Loi du 21 mai 1836, art. 2.

Le conseil municipal pourra voter l'une ou l'autre de ces ressources, ou toutes deux concurremment.

Le concours des plus imposés ne sera pas nécessaire dans les délibérations prises pour l'exécution du présent article.

Art. 87. A partir du 1er janvier 1853, il sera ajouté, pour dégrèvement et non-valeurs, au produit des centimes départemen- Loi du 8 juillet 1852, art. 14.

---

(1) Il est imposé annuellement cinq centimes au principal de la contribution foncière et de la contribution personnelle et mobilière pour subvenir aux dépenses ordinaires des communes, à l'exception de celles qui auront déclaré que cette contribution leur est inutile. (Voir la loi du 15 mai 1818, art. 31.)

(2) Voir la note de l'article 79.

(3) Les lois de finances ont fixé, depuis 1836 jusqu'à ce jour, à trois le maximum des centimes à voter à ce titre par les conseils municipaux.

(4) Le maximum de ces centimes a été fixé annuellement à cinq, de 1836 jusqu'à ce jour.

taux et communaux ordinaires et extraordinaires, savoir : un centime par franc de ce produit sur les centimes afférents aux contributions foncière et personnelle-mobilière ; 3 centimes par franc sur les centimes afférents aux portes et fenêtres, et 5 centimes par franc sur ceux afférents aux patentes.

Loi du 11 frimaire an VII, art. 9.

Art. 88. (*Les centimes additionnels votés par les conseils municipaux*) ne pourront, dans aucun cas, excéder le maximum qui sera déterminé chaque année.

Loi du 21 mai 1836 art. 5.

Art. 89. Si le conseil municipal, mis en demeure, n'a pas voté dans la session désignée à cet effet les prestations et centimes nécessaires, ou si la commune n'en a pas fait emploi dans les délais prescrits, le préfet pourra, d'office, soit imposer la commune dans les limites du maximum, soit faire exécuter les travaux.

Loi du 21 avril 1832, art. 10.

Art. 90. Il ne sera plus fait de rôles spéciaux pour les impositions relatives au traitement des gardes champêtres. Ces impositions (*votées comme les impositions extraordinaires, avec l'adjonction des plus imposés*) seront comprises, à titre de centimes additionnels, dans le rôle de la contribution foncière, et porteront, comme ces centimes, sur toutes les natures de propriétés.

Loi du 18 juillet 1837, art. 39.

Art. 91. Si un conseil municipal n'allouait pas les fonds exigés pour une dépense obligatoire, ou n'allouait qu'une somme insuffisante, l'allocation nécessaire serait inscrite au budget, par ordonnance du roi, pour les communes dont le revenu est de 100,000 francs et au-dessus, et par arrêté du préfet, en conseil de préfecture, pour celles dont le revenu est inférieur.

Dans tous les cas, le conseil municipal sera préalablement appelé à en délibérer.

Si les ressources de la commune sont insuffisantes pour subvenir aux dépenses obligatoires inscrites d'office en vertu du présent article, il y sera pourvu par le conseil municipal, ou, en cas de refus de sa part, au moyen d'une contribution extraordinaire établie par une ordonnance du roi, dans les limites du maximum qui sera fixé annuellement par la loi des finances, et par une loi spéciale si la contribution doit excéder ce maximum (1).

Art. 92. Les délibérations du conseil municipal concernant une contribution extraordinaire destinée à subvenir aux dépenses obligatoires ne seront exécutées qu'en vertu d'un arrêté du préfet, s'il s'agit d'une commune ayant moins de 100,000 francs de revenu, et d'une ordonnance du Roi, s'il s'agit d'une commune ayant un revenu supérieur. Loi du 18 juillet 1837, art 40.

Dans le cas où la contribution extraordinaire aurait pour but de subvenir à d'autres dépenses que les dépenses obligatoires, elle ne pourra être autorisée que par ordonnance du Roi, s'il s'agit d'une commune ayant moins de 100,000 francs de revenu, et par une loi s'il s'agit d'une commune ayant un revenu supérieur.

Art. 93. Dans les communes dont les revenus sont inférieurs à 100,000 francs, toutes les fois qu'il s'agira de contributions extraordinaires....., les plus imposés aux rôles de la commune seront appelés à délibérer avec le conseil municipal, en nombre égal à celui des membres en exercice. Id. art. 42.

Ces plus imposés seront convoqués individuellement par le maire, au moins dix jours avant celui de la réunion.

Lorsque les plus imposés appelés seront absents, ils seront remplacés en nombre égal par les plus imposés portés après eux sur le rôle.

Art. 94. Les taxes particulières dues par les habitants ou propriétaires, en vertu des lois et des usages locaux, sont réparties par délibération du conseil municipal, approuvée par le préfet. Id art. 44.

---

(1) L'article 8 de la loi du 14 juillet 1838 a fixé ce maximum à dix centimes, et à vingt centimes dans le cas où il s'agirait de l'acquit de dettes résultant de condamnations judiciaires. Les mêmes dispositions ont été maintenues par les lois de finances qui ont suivi celle de 1838.

3

Loi du 15 mai 1818, art. 46.

Art. 95. Dans aucun cas et sous aucun prétexte, il ne pourra être fait, au profit du Trésor, aucun prélèvement sur les centimes ordinaires, extraordinaires ou facultifs des communes.

Loi du 20 juillet 1837, art. 5.

Art. 96. Les frais de perception de tous centimes additionnels à recouvrer pour le compte des communes seront ajoutés, à raison de trois centimes par franc, au montant desdites impositions, pour être recouvrés avec elles et versés dans la caisse des communes, à la charge, par ces dernières, d'en tenir compte aux percepteurs, à titre de dépense municipale.

Loi du 18 juillet 1836, art. 7.

Art. 97. Il sera présenté aux chambres, dans les premiers mois de chaque session, un tableau détaillé des impositions extraordinaires....., qui pèsent sur les communes dont le revenu excède cent mille francs, sur les arrondissements et sur les départements. Ce tableau indiquera les motifs qui auront rendu ces impositions nécessaires, la date des lois ou ordonnances qui les auront autorisées....., le nombre des centimes, leur durée, leur produit et leur emploi.

CHAPITRE VI.

COMMISSAIRES RÉPARTITEURS.

Loi du 3 frimaire an VII, art. 8.

Art. 98. La répartition (*des contributions directes*) est faite..... par les répartiteurs entre les contribuables.

Id. art. 9.

Art. 99. Les répartiteurs sont au nombre de *sept*, savoir : l'agent municipal (*le maire*) et son adjoint..... et cinq citoyens capables, choisis parmi les contribuables fonciers de la commune, dont deux au moins non domiciliés dans ladite commune, s'il s'en trouve de tels.

Arrêté consulaire du 19 floréal an VIII, art. 4.

Art. 100. Les sous-préfets procéderont..... à la nomination des répartiteurs..... au nombre déterminé par les lois.

Art. 101. La nomination des cinq citoyens répartiteurs est faite chaque année..... Loi du 3 frimaire an VII, art. 10.

Art. 102. Le commissaire du Directoire exécutif près l'administration municipale (*le sous-préfet*) fait notifier aux cinq citoyens répartiteurs leur nomination dans les cinq jours de sa date. Id. art. 12.

Art. 103. Les fonctions de répartiteurs ne peuvent être refusées que pour l'une des causes ci-après. Id. art. 13

Art. 104. Les causes légitimes de refus sont : 1° les infirmités graves et reconnues, ou vérifiées en la forme ordinaire en cas de contestation ; 2° l'âge de soixante ans commencés, ou plus ; 3° l'entreprise d'un voyage ou d'affaires qui obligeraient à une longue absence du domicile ordinaire ; 4° l'exercice de fonctions administratives ou judiciaires au choix du peuple, autres que celles d'assesseur du juge de paix ; 5° l'exercice des fonctions de commissaire du Directoire exécutif près les administrations centrales, municipales et autres ; 6° le service militaire de terre ou de mer, ou un autre service public actuel. Id. art. 14.

Art. 105. Tout citoyen domicilié à plus de deux myriamètres d'une commune pour laquelle il aurait été nommé répartiteur, pourra également ne point accepter. Id. art. 15.

Art. 106. Celui qui se trouverait nommé répartiteur par plusieurs administrations municipales (*dans plusieurs communes*), pour la même année, déclarera son option au secrétariat de l'une d'elles (*au sous-préfet*), dans les dix jours de l'avertissement qui lui aura été donné de sa nomination ; il en justifiera aux autres administrations municipales (*aux autres sous-préfets*), dans les cinq jours suivants et celles-ci les remplaceront sans délai. Id. art. 16.

Art. 107. Celui qui n'acceptera point les fonctions de répar- Id. art. 17.

titeur devra proposer par écrit à l'administration municipale (*au sous-préfet*) son refus motivé.

Il le proposera dans les dix jours de l'avertissement qui lui aura été donné de sa nomination.

Loi du 3 frimaire an VII, art. 18.

Art. 108. L'administration municipale (*le sous-préfet*) prononcera dans les dix jours suivants; et si le refus se trouve fondé, elle le déclarera tel, et remplacera sur-le-champ le refusant.

Dans le cas contraire, elle déclarera que le refus n'est point admis, et que celui qui l'a proposé reste répartiteur.

Id. art. 19.

Art. 109. Celui qui..... n'aura point proposé de refus dans le délai prescrit, ou dont le refus n'aura point été admis, et qui, étant ensuite convoqué, ne se réunirait point aux autres répartiteurs pour les opérations dont ils auront été chargés, sera cité..... à comparaître devant l'administration municipale (*devant le sous-préfet*) à jour et heure fixes, en séance publique, et s'il s'y présente, le président (*le sous-préfet*), après l'avoir entendu....., lui adressera les paroles suivantes :

« Citoyen, vous avez refusé de vous rendre utile à votre « pays, l'administration municipale (*le sous-préfet*) va en faire « mention sur ses registres et en donner connaissance à vos con- « citoyens. »

Le refusant sera remplacé dans la même séance, et extrait du procès-verbal..... sera affiché, sur papier libre et sans frais, dans la salle des séances (*de la sous-préfecture*) et au secrétariat; il ne sera point sujet au droit d'enregistrement.

Id. art. 20.

Art. 110. Si celui qui aura été cité comme il est dit à l'article précédent, ne se présente point, il sera fait lecture de l'acte de citation. L'administration municipale (*le sous-préfet*) constatera ensuite son absence, en le faisant appeler à haute voix par le secrétaire; et après cet appel, le président (*le sous-préfet*) prononcera ces paroles :

« L'administration municipale (*le sous-préfet*) déclare que..... « nommé répartiteur, a refusé de servir son pays; elle va en

« faire mention sur ses registres et en donner connaissance au « public. »

Le refusant sera remplacé dans la même séance, et extrait du procès-verbal..... sera affiché sur papier timbré dans la salle des séances (*de la sous-préfecture*), au secrétariat et à la principale porte extérieure de la maison commune : il ne sera point soumis à l'enregistrement.

Art. 111. Celui qui ne se sera point présenté..... sera en outre cité (*par le sous-préfet*) devant le juge de paix de l'arrondissement....., qui pour ce fait de désobéissance à la loi, le condamnera à une amende de la valeur locale de trois journées de travail agricole, et aux frais de l'affiche de l'extrait du procès-verbal....., qui sont réglés à trois francs, non compris le papier timbré, et seront payés au secrétaire (*de la sous-préfecture*) sans préjudice des frais légitimement faits devant le juge de paix, et de ceux de signification et de mise à exécution du jugement, dont il sera pareillement tenu. Loi du 3 frimaire an VII, art. 21.

Art. 112. En cas d'empêchement temporaire survenu à un ou à plusieurs répartiteurs par maladie grave, voyage nécessaire et inopiné, ou par un service public actuel, ils en donneront ou feront donner avis à l'administration municipale (*au sous-préfet*), qui pourra les remplacer momentanément par d'autres contribuables fonciers de la commune. Id. art. 22.

Ce remplacement n'aura lieu qu'autant que le nombre des répartiteurs se trouverait réduit à moins de cinq ou que ceux d'entre eux non domiciliés dans la commune seraient à remplacer. Ceux-ci ne pourront, dans aucun cas, lorsqu'ils n'excéderont point le nombre de deux, être remplacés que par d'autres contribuables fonciers non domiciliés dans la commune, s'il y en a de tels.

Art. 113. Les sept répartiteurs délibèrent en commun, à la majorité des suffrages. Ils ne peuvent prendre aucune détermination s'ils ne sont au nombre de cinq, au moins, présents. Ils Id. art. 23

sont convoqués et présidés par l'agent municipal (*le maire*) ou par son adjoint..... et, à leur défaut, par le plus âgé des autres répartiteurs.

CHAPITRE VII.

DIRECTIONS DES CONTRIBUTIONS DIRECTES.

Loi du 3 frimaire an VIII, art. 3.

Art. **114.** Il sera établi, dans chaque département, une direction du recouvrement des impositions directes, composée d'un directeur, un inspecteur et un nombre de contrôleurs proportionné à l'étendue du département.

Id. art. 5.

Art. **115.** Le directeur des contributions sera chargé uniquement de la rédaction des matrices de rôles, d'après le travail préliminaire et nécessaire des répartiteurs, de l'expédition des rôles et de la vérification des réclamations faites par les contribuables, lesquelles ne pourront être jugées que par les corps administratifs, conformément aux lois existantes sur cette matière.

Loi du 3 frimaire an VII, art. 34.

Art. **116.** Les inspecteurs de l'agence des contributions directes (*et les contrôleurs*) remplissent auprès des répartiteurs les fonctions qui leur sont déléguées par la loi (1).

---

(1) Ces fonctions seront indiquées à leur ordre.

TITRE III.

ASSIETTE DES CONTRIBUTIONS.

CHAPITRE PREMIER.

CONTRIBUTION FONCIÈRE.

Dispositions générales.

Art. 117. La répartition de l'imposition ou contribution foncière est faite par égalité proportionnelle (1) sur toutes les propriétés foncières, à raison de leur revenu net imposable, sans autres exceptions que celles déterminées ci-après pour l'encouragement de l'agriculture, ou pour l'intérêt général de la société. Loi du 3 frimaire an VII, art. 2.

Art. 118. Le revenu net des terres est ce qui reste au propriétaire, déduction faite, sur le produit brut, des frais de culture, semence, récolte et entretien. Id. art. 3.

Art. 119. Le revenu imposable est le revenu net moyen, calculé sur un nombre d'années déterminé. Id. art. 4.

---

(1) Pour remplir ce vœu de la loi, on a eu recours au *cadastre*, c'est-à-dire à la levée des plans et à l'évaluation des propriétés. Aux termes de l'article 7 de la loi du 7 août 1850, dans toute commune cadastrée depuis trente ans au moins, il pourra être procédé à la révision et au renouvellement du cadastre sur la demande du conseil municipal de la commune, et sur l'avis conforme du conseil général du département, à la charge par la commune de pourvoir aux frais des nouvelles opérations.

Loi du 3 frimaire an VII, art. 5.

Art. 120. Le revenu net imposable des maisons, et celui des fabriques, forges, moulins et autres usines, sont tout ce qui reste au propriétaire, déduction faite, sur leur valeur locative calculée sur un nombre d'années déterminé, de la somme nécessaire pour l'indemniser du dépérissement et des frais d'entretien et de réparations.

Id. art. 97.

Art. 121. L'évaluation du revenu imposable et la cotisation des propriétés foncières de toute nature, seront faites sans avoir égard aux rentes constituées ou foncières, et autres prestations dont elles se trouveraient grevées ; sauf aux propriétaires à s'indemniser par des retenues comme il est dit ci-après, et dans les cas y déterminés (1).

Id. art. 98.

Art. 122. Les propriétaires, débiteurs d'intérêts et de rentes ou autres prestations perpétuelles constituées à prix d'argent ou foncières, créées avant la publication du décret des 20, 22 et 23 novembre 1790 concernant la contribution foncière, et qui étaient autorisés à faire la retenue des impositions alors existantes, feront la retenue à leurs créanciers, dans la proportion de la contribution foncière.

Id. art. 99

Art. 123. Ils feront aussi la retenue, dans la même proportion, sur les rentes et autres prestations foncières non supprimées, dont leurs fonds, édifices et usines se trouvent encore grevés, et dont la création est antérieure à la publication du décret précité des 20, 22 et 23 novembre 1790, quoique non autorisés à le faire par les anciennes lois ou usages; sans préjudice néanmoins de l'exécution des baux à rentes, faits sous la condition expresse de la non-retenue des impositions publiques,

---

(1) « Chaque propriété doit être évaluée sans égard aux charges dont elle « est grevée..... ; mais il (*le propriétaire*) est autorisé a retenir la con« tribution de la portion du revenu dont il ne jouit pas. » (*Recueil méthodique des lois et règlements sur le cadastre*, art. 329.)

ou avec toute autre clause de laquelle résulte la volonté conventionnelle des parties, que les contributions publiques soient à la charge du preneur, en sus de la rente ou prestation.

Art. 124. Les débiteurs de rentes viagères constituées avant la même époque, et qui étaient autorisés à faire la retenue des impositions publiques, ne feront la retenue que dans la proportion de l'intérêt que le capital eût porté en rentes perpétuelles, lorsque ce capital sera connu; et quand le capital ne sera pas connu, la retenue sera de la moitié de la proportion de la contribution foncière. Loi du 3 frimaire an VII, art. 100.

Art. 125. A l'avenir, les stipulations entre les contractants sur la retenue de la contribution foncière, seront entièrement libres; mais elle aura toujours lieu, à moins que le contrat ne porte la condition expresse de non-retenue. Id. art. 101.

Il n'est rien innové relativement aux contrats passés depuis la publication du décret des 20, 22 et 23 novembre 1790. Les différends qui pourraient survenir à leur égard, seront réglés d'après ce décret.

Art. 126. Toute propriété foncière doit être imposée dans la commune où elle est située. Loi du 2 messidor an VII, art. 2.

Art. 127. Toute propriété foncière doit être imposée sous le nom du propriétaire actuel, sauf le cas prévu par l'article 36 de la loi du 3 frimaire an VII, relative à la répartition de la contribution foncière (*art.* 219 *ci-après*). Id. art. 1er.

Art. 128. Tout propriétaire ou usufruitier ayant plusieurs fermiers dans la même commune, et qui voudra les charger de payer à son acquit la contribution foncière des biens qu'ils tiennent à ferme ou à loyer, devra remettre au percepteur une déclaration indiquant sommairement la division de son revenu imposable entre lui et ses fermiers. Loi du 4 août 1844, art. 6.

Cette déclaration sera signée par le propriétaire et par les fermiers.

Si le nombre des fermiers est de plus de trois, la déclaration sera transmise au directeur des contributions directes, qui opérera la division de la contribution, et portera, dans un rôle auxiliaire, la somme à payer par chaque fermier.

Les frais d'impression et de confection de ce rôle seront payés par les déclarants, à raison de 5 centimes par article.

Du mode d'évaluation du revenu imposable des propriétés foncières.

Loi du 3 frimaire an VII, art. 56.

Art. 129. Lorsqu'il s'agira d'évaluer le revenu imposable de terres labourables, soit actuellement cultivées, soit incultes, mais susceptibles de ce genre de culture, les répartiteurs (1) s'assureront d'abord de la nature des produits qu'elles peuvent donner, en s'en tenant aux cultures généralement usitées dans la commune, telles que froment, seigle, orge et autres graines de toute espèce, lin, chanvre, tabac, plantes oléagineuses, à teinture, etc. Ils supputeront ensuite quelle est la valeur du produit brut ou total qu'elles peuvent rendre année commune, en les supposant cultivées sans travaux ni dépenses extraordinaires, mais selon la coutume du pays, avec les alternats et assolements d'usage, et en formant l'année commune sur quinze années antérieures, moins les deux plus fortes et les deux plus faibles.

Id. art. 57.

Art. 130. L'année commune du produit brut de chaque article de terre labourable étant déterminée, les répartiteurs feront déduction, sur ce produit, des frais de culture, semence, récolte et entretien; ce qui en restera formera le revenu net imposable et sera porté comme tel aux états de sections.

Id. art. 58.

Art. 131. Les jardins potagers seront évalués d'après le produit de leur location possible, année commune, en prenant cette année commune sur quinze, comme pour l'évaluation du revenu des terres labourables.

---

(1) Depuis l'organisation du cadastre, ces diverses opérations sont exécutées par des propriétaires classificateurs.

Ils ne pourront, dans aucun cas, être évalués au-dessous du taux des meilleures terres labourables de la commune.

Art. 132. L'évaluation du revenu imposable des terrains enlevés à la culture pour le pur agrément, tels que parterres, pièces d'eau, etc., sera portée au taux de celui des meilleures terres labourables de la commune. Loi du 3 frimaire an VII, art. 59.

Art. 133. Lorsqu'il s'agira d'évaluer le revenu net imposable des vignes, les répartiteurs supputeront d'abord quelle est la valeur du produit brut ou total qu'elles peuvent rendre année commune, en les supposant cultivées sans travaux ni dépenses extraordinaires, mais selon la coutume du pays, en formant l'année commune sur quinze, comme pour les terres labourables. Id. art. 60.

Art. 134. L'année commune du produit brut des vignes étant déterminée, les répartiteurs feront déduction, sur ce produit brut, des frais de culture, de récolte, d'entretien, d'engrais et de pressoir. Id. art. 61.

Ils déduiront en outre un quinzième de ce produit, en considération des frais de dépérissement annuel, de replantation partielle, et des travaux à faire pendant les années où chaque nouvelle plantation est sans rapport.

Ce qui restera du produit brut après ces déductions, formera le revenu net imposable, et sera porté comme tel aux états de sections.

Art. 135. Lorsque la vigne ne dure qu'un certain nombre d'années, après lesquelles il faut la renouveler entièrement ou même l'arracher pour laisser reposer le terrain par une autre culture, l'expert doit combiner son évaluation d'après les considérations suivantes : Recueil méthodique, art. 347.

1° La quantité et la qualité du vin que la vigne produit;

2° La qualité du terrain sur lequel elle est plantée, et les produits que ce terrain pourrait donner, s'il était cultivé comme terre labourable.

3° La durée effective de la vigne;

4° Le nombre d'années pendant lequel le terrain est sans rapport comme vigne (1).

Recueil méthodique, art. 348.

Art. 136. La vigne est susceptible d'être distribuée en plusieurs classes dans la même commune.....

La classification doit être déterminée par la combinaison de la quantité, de la qualité et du prix des denrées.

Loi du 3 frimaire an VII, art. 62.

Art. 137. Le revenu imposable des prairies naturelles, soit qu'on les tienne en coupes régulières ou qu'on en fasse consommer les herbes sur pied, sera calculé d'après la valeur de leur produit, année commune, prise sur quinze, comme pour les terres labourables, déduction faite, sur ce produit, des frais d'entretien et de récolte.

Recueil méthodique, art. 357.

Art. 138..... Le produit brut d'un pré est..... la combinaison de la quantité, de la qualité et du prix du foin qu'il rapporte.

Id. art. 358.

Art. 139. La production du pré étant spontanée, il n'y a pas de frais de culture à déduire, si ce n'est les frais d'irrigation pour les prairies qui en sont susceptibles, la dépense d'engrais ou de terrage, suivant l'usage du pays, et, de temps en temps, le curement des fossés.

Les frais de récolte, fauchage, fanage, bottelage..... doivent être déduits sur le total du produit.

Ceux de transport au marché sont déjà déduits dans le tarif du prix des denrées.

Loi du 3 frimaire an VII, art. 63.

Art. 140. Les prairies artificielles ne seront évaluées que comme les terres labourables d'égale qualité.

---

(1) Voir, ci-dessus, la note relative à l'article 8.

Art. 141. L'évaluation du revenu imposable des terrains connus sous les noms de *pâtis*, *palus*, *marais*, *bas prés*, et autres dénominations quelconques, qui, par la qualité inférieure de leur sol ou par d'autres circonstances naturelles, ne peuvent servir que de simples pâturages, sera faite d'après le produit que le propriétaire serait présumé pouvoir en obtenir, année commune, selon les localités, soit en faisant consommer la pâture, soit en la louant sans fraude à un fermier auquel il ne fournirait ni bestiaux, ni bâtiments, et déduction faite des frais d'entretien. Loi du 3 frimaire an VII, art. 64.

Art. 142. Les terres vaines et vagues, les landes et bruyères, et les terrains habituellement inondés ou dévastés par les eaux, seront assujettis à la contribution foncière d'après leur produit net moyen, quelque modique qu'il puisse être; mais dans aucun cas leur cotisation ne pourra être moindre d'un décime par hectare (1). Id. art. 65.

Art. 143. Les particuliers ne peuvent s'affranchir de la contribution à laquelle les fonds désignés en l'article précédent doivent être soumis, qu'en renonçant à ces propriétés au profit de la commune dans laquelle elles sont situées. Id. art. 66.

La déclaration détaillée de cet abandon perpétuel sera faite par écrit au secrétariat de l'administration municipale (*de la sous-préfecture*) par le propriétaire ou par un fondé de pouvoir spécial.

Les cotisations des objets ainsi abandonnés, dans les rôles faits antérieurement à l'abandon, resteront à la charge de l'ancien propriétaire.

---

(1) Il est à remarquer que le chiffre d'un décime par hectare s'applique à la *cotisation* et non à l'*évaluation*. Pour ce dernier objet, le *Recueil méthodique* a consacré le taux de cinquante centimes, par une conséquence de la disposition de la loi du 11 frimaire an VIII, qui avait réglé au cinquième la proportion de l'impôt au revenu.

Recueil méthodique, art. 378

Art. 144. Les sables de la mer, les laisses de mer ou terrains abandonnés par ses eaux, lorsqu'ils sont réunis à des propriétés et devenus productifs, doivent être évalués à raison de ce produit.

Loi du 3 frimaire an VII, art. 67.

Art. 145. L'évaluation des bois en coupes réglées sera faite d'après le prix moyen de leurs coupes annuelles, déduction faite des frais d'entretien, de garde et de repeuplement.

Id. art. 68.

Art. 146. L'évaluation des bois taillis qui ne sont pas en coupes réglées sera faite d'après leur comparaison avec les autres bois de la commune.....

Id. art. 69.

Art. 147. Tous les bois au-dessous de l'âge de trente ans seront réputés taillis et seront évalués conformément aux dispositions des deux articles précédents.

Recueil méthodique, art. 368.

Art. 148. La plus-value que les bois de haute futaie acquièrent sur les bois taillis étant accidentelle et pouvant cesser après la coupe, n'est pas dès lors susceptible d'un allivrement cadastral fixe et immuable, et ces bois doivent être compris dans les expertises et les matrices cadastrales sur le même pied que ceux qui se trouvent en taillis dans la commune..... (1).

Id. art. 369.

Art. 149. En assimilant les futaies aux taillis, on doit néanmoins avoir égard à la classe de taillis à laquelle la futaie correspond.

Si, par exemple, une futaie est, par la nature de son sol et la qualité de ses arbres, d'une classe supérieure à la première classe des taillis, l'estimation doit être réglée à raison de ce que produirait un taillis de même classe.

---

(1) Le *Recueil méthodique* abroge ici les dispositions de l'article 70 de la loi du 3 frimaire an VII, portant : « Les bois âgés de trente ans au plus, et « non aménagés en coupes réglées, seront estimés à leur valeur au temps « de l'estimation, et cotisés, jusqu'à leur exploitation, comme s'ils produi- « saient un revenu égal à deux et demi pour cent de cette valeur. »

Si, au contraire, la meilleure classe des futaies ne correspondait qu'à la seconde classe des taillis, elle devrait recevoir l'estimation de cette seconde classe.

Art. 150. Si un taillis contient des arbres de haute futaie, on ne doit pas estimer la place que ces arbres occupent comme si elle était couverte de taillis, mais évaluer comme si ces arbres n'étaient pas plus âgés ni plus forts que les autres, l'intention du gouvernement étant de favoriser les propriétaires qui laissent croître leurs bois ou partie de leurs bois en futaies (1). Recueil méthodique, art. 370.

Art. 151. L'évaluation du revenu des forêts en futaie, aménagées ou non en coupes réglées, lorsqu'elles s'étendront sur le territoire de plusieurs communes..... sera portée aux états de sections et matrices des rôles de chaque commune, en proportion de l'étendue qui sera sur son territoire. Loi du 3 frimaire an VII, art. 71.

Art. 152. Les répartiteurs n'auront égard, dans l'évaluation du revenu imposable des terrains sur lesquels se trouvent des arbres forestiers, ni à l'avantage que le propriétaire peut tirer de ces arbres, ni à la diminution qu'ils apportent dans la fertilité du sol qu'ils ombragent (2). Id. art. 74.

Art. 153. Si ces arbres épars ou en bordure sont des arbres fruitiers, mais qu'ils ne forment pas le principal revenu, alors il faut ajouter à la valeur donnée à la terre, à raison de sa culture dominante, la plus-value résultant du produit des arbres. Recueil méthodique, art. 364.

Les terrains mêlés de plantations donnant un revenu sensible

---

(1) Aujourd'hui on ajoute au produit des coupes du taillis ce que le taillis produirait de plus si la futaie n'existait pas. (Arr. C. 31 décembre 1838, Somme, aff. Leboucher de Richemont.)

(2) « Le sol occupé par les arbres doit, dans tous les cas, être évalué. » (*Recueil méthodique*, art. 363.) Ces dispositions ne sont, d'ailleurs, applicables qu'aux arbres épars sur des terrains cultivés, et ne sauraient être invoquées avec fondement pour les arbres futaies existant dans les bois taillis. (Arr. C. cité à la note 1.)

doivent, sous la dénomination de *labours plantés*, *prés plantés* ou *terrains plantés*, faire l'objet d'une classification particulière.

Si les arbres forment le produit principal, alors le terrain rentre dans la classe des vergers.

Recueil méthodique, art. 371. Art. 154. Les bois de pins, de sapins, les plants de mûriers, les châtaigneraies, olivets, saussaies, etc., ne sont point compris sous la dénomination de futaie, et doivent être estimés d'après leur produit réel (1).

Id. art. 372. Art. 155. Les pépinières doivent être estimées comme terres labourables de première classe.

Id. art. 373. Art. 156. Les vergers sont des terrains dont la plantation en arbres fruitiers, tels que pommiers, poiriers, etc., forme la culture dominante et donne le principal revenu.

Ils doivent être évalués, d'abord, d'après le produit de la plantation, ensuite en y ajoutant la plus-value de la culture intermédiaire ou accessoire.

Id. art. 374. Art. 157. Les cultures mêlées, c'est-à-dire les terrains qui contiennent à la fois diverses productions, telles que des terres labourables ou des prés mêlés de vignes et d'arbres, sans que l'on puisse reconnaître quelle est la culture dominante, doivent être évaluées en réunissant leurs divers produits.

Id. art. 375. Art. 158. Les châtaigneraies, olivets, plants de mûriers, les aulnaies, saussaies, oseraies et autres plants de nature analogue, doivent être évalués en estimant d'abord cette culture dominante et y ajoutant les produits des cultures accessoires, s'il s'en trouve.

(1) On combine, pour les plantations qui en sont susceptibles, le produit annuel en fruits, résine, etc., avec le produit des coupes. (Décis. min.)

Art. 159. Les rizières, cultures en maïs, houblonnières, chenevières, cultures en tabac, champs de colzas, de pommes de terre et autres légumes, et toutes les autres cultures particulières à quelques départements, s'évaluent d'après les mêmes principes et par les mêmes procédés que les terres cultivées en froment, seigle, etc. Recueil méthodique, art. 376.

Art. 160. Les terrains enclos seront évalués d'après les mêmes règles et dans les mêmes proportions que les terrains non enclos d'égale qualité et donnant le même genre de production. On n'aura égard, dans la fixation de leur revenu imposable, ni à l'augmentation de produit qui ne serait évidemment que l'effet des clôtures, ni aux dépenses d'établissement et d'entretien de ces clôtures, quelles qu'elles puissent être. Loi du 3 frimaire an VII, art. 77.

Art. 161. Si un enclos contient plusieurs natures de biens, telles que bois, prés, terres labourables, jardins, vignes, étangs, etc., chaque nature de bien sera évaluée séparément, de la même manière que si le terrain n'était point enclos. Id. art. 78.

Art. 162. Le revenu imposable des étangs permanents sera évalué d'après le produit de la pêche, année commune, formée sur quinze, moins les deux plus fortes et les deux plus faibles, sous la déduction des frais d'entretien, de pêche et de repeuplement (1). Id. art. 79.

Art. 163. L'évaluation du revenu imposable des terrains alternativement en étang et en culture sera combinée d'après ce double rapport. Id. art. 80.

Art. 164. La superficie, tant en eau qu'en ce qu'on appelle *queue d'étang*, doit être déterminée, puisqu'elle fait partie du Recueil méthodique, art. 384.

(1) L'article 381 du *Recueil méthodique* ajoute à ces déductions les frais d'entretien de vannes et de chaussées.

territoire, et on doit répartir le produit annuel de l'étang sur cette superficie, pour en diviser la valeur par arpent métrique.

Cependant, lorsque les queues des étangs sont affermées séparément, soit comme pâtures, soit pour y faucher de grosses herbes, elles doivent être estimées distinctement de la superficie en eau.

Loi du 3 frimaire an VII, art. 81.

Art. 165. Les mines ne seront évaluées qu'à raison de la superficie du terrain occupé par leur exploitation, et sur le pied des terrains environnants.

Il en sera de même pour les carrières.

Recueil méthodique, art. 380.

Art. 166. Les tourbières ne sont de même évaluées qu'à raison de la superficie et sur le pied des terrains environnants.

Décret du 11 octobre 1810.

Art. 167. Les salins et marais salans et les salines seront cotisés à la contribution foncière dans les rôles des communes où ils sont situés; les bâtiments qui en dépendent seront imposés d'après leur valeur locative, et les terrains et emplacements sur le pied des meilleures terres labourables.

Loi du 5 floréal an XI, art. 1er.

Art. 168. Tous les canaux de navigation qui seront faits à l'avenir, soit aux frais du domaine public, soit aux dépens des particuliers, ne seront taxés à la contribution foncière qu'en raison du terrain qu'ils occupent comme terre de première qualité.

Id. art. 2.

Art. 169. A compter de l'an XI, les anciens canaux de navigation et les francs-bords, magasins et maisons d'éclusiers, dépendant du domaine public, ne seront taxés à cette contribution que dans la proportion énoncée dans l'article précédent.

Id. art. 3.

Les autres maisons d'habitation et usines dépendantes desdits canaux seront imposées comme les autres propriétés de la même nature.

Id. art. 4.

Art. 170. Les objets compris aux articles précédents seront

imposés dans chaque commune dans laquelle ils se trouvent situés.

Art. 171. Les plantations et autres natures de biens qui avoisinent les canaux et appartiennent aux mêmes propriétaires ne seront point compris dans l'évaluation générale du revenu du canal, mais resteront soumis à toutes les règles fixées pour les autres biens-fonds.

Loi du 3 frimaire an VII, art. 96.

Art. 172. La loi du 25 avril 1803 (5 floréal an XI) (1), pour la contribution foncière des canaux navigables, sera désormais applicable à tous les canaux de navigation existants, comme à ceux qui seraient construits par la suite.

Loi du 23 juillet 1820, art. 26.

Art. 173. Les canaux destinés à conduire les eaux à des moulins, forges ou autres usines, ou à les détourner pour l'irrigation, sont cotisés, mais à raison seulement de l'espace qu'ils occupent, et sur le pied des terres qui les bordent.

Loi du 3 frimaire an VII, art. 104.

Art. 174. La contribution foncière (*due par les compagnies concessionnaires de chemins de fer*) sera établie en raison de la surface des terrains occupés par le chemin de fer et par ses dépendances; la cote en sera calculée comme pour les canaux, conformément à la loi du 25 avril 1803 (*5 floréal an XI*) (2).

Les bâtiments et magasins dépendant de l'exploitation du chemin de fer seront assimilés aux propriétés bâties dans la localité.

Cahier des charges annexé à la loi du 15 juillet 1840, art. 32 et autres.

Art. 175. Les ponts appartenant à des particuliers ou à des

Recueil méthodique, art. 390.

---

(1) Cette parenthèse existe dans le texte.

(2) Les compagnies concessionnaires de chemins de fer, tenues au payement de l'impôt, sont passibles de la contribution foncière des sections du chemin comprises entre deux stations principales, à partir du 1er janvier de l'année qui suit immédiatement la reconnaissance définitive de chaque section. Pour les années antérieures à cette reconnaissance, la contribution est due par l'Etat, représenté par l'administration des ponts et chaussées. (Arr. C 5 août 1848, 3 juin 1852 et autres.)

compagnies d'actionnaires ne sont évalués qu'à raison des terrains qu'occupent les deux culées et sur le pied des meilleures terres labourables.

Recueil méthodique, art. 391.

Art. 176. Toute maison, bâtiment, usine, manufacture, enfin toute propriété bâtie est évaluée en deux parties, savoir : la superficie, sur le pied des meilleures terres labourables, et l'élévation, d'après la valeur locative, déduction faite de l'estimation de la superficie.

Loi du 3 frimaire an VII, art. 82.

Art. 177. Le revenu net imposable des maisons d'habitation, en quelque lieu qu'elles soient situées, soit que le propriétaire les occupe ou qu'il les fasse occuper par d'autres, à titre gratuit ou onéreux, sera déterminé d'après leur valeur locative, calculée sur dix années, sous la déduction d'un quart de cette valeur locative, en considération du dépérissement et des frais d'entretien et de réparations.

Id. art. 83.

Art. 178. Aucune maison d'habitation, occupée comme il est dit en l'article précédent, ne pourra être cotisée, quelle que soit l'évaluation de son revenu, au-dessous de ce qu'elle le serait à raison du terrain qu'elle enlève à la culture, évalué sur le pied du double des meilleures terres labourables de la commune si la maison n'a qu'un rez-de-chaussée, du triple si elle a un étage au-dessus du rez-de-chaussée, et du quadruple si elle en a plusieurs.

Le comble ou toiture, de quelque manière qu'il soit disposé, ne sera point compté pour un étage.

Recueil méthodique, art. 395.

Art. 179. Si une maison appartient à deux propriétaires, dont l'un ait le rez-de-chaussée et l'autre l'étage supérieur, le rez-de-chaussée est évalué :

1° Pour sa superficie ;

2° A raison de la valeur locative du rez-de-chaussée, aux déductions ci-dessus.

L'étage supérieur est évalué à raison de la valeur locative, à la déduction du quart, et sans déduction pour la superficie.

Art. 180. Les bâtiments servant aux exploitations rurales, tels que granges, écuries, caves, celliers, pressoirs et autres (1), destinés soit à loger les bestiaux des fermes et métairies, soit à serrer des récoltes, ainsi que les cours desdites fermes ou métairies, ne seront soumis à la contribution foncière qu'à raison du terrain qu'ils enlèvent à la culture, évalué sur le pied des meilleures terres labourables de la commune. Loi du 3 frimaire an VII, art. 85.

Art. 181. Lorsqu'il n'y aura point de terres labourables dans une commune, l'évaluation dont il s'agit aux..... articles précédents sera faite sur le pied des meilleures terres labourables de la commune voisine. Id. art. 86.

Art. 182. Le revenu net imposable des fabriques, manufactures, forges, moulins et autres usines, sera déterminé d'après leur valeur locative, calculée sur dix années, sous la déduction d'un tiers de cette valeur, en considération du dépérissement et des frais d'entretien et de réparations (1). Id. art. 87.

Art. 183. Les maisons, les fabriques et manufactures, forges, moulins et autres usines nouvellement construits, ne seront soumis à la contribution foncière que la troisième année après leur construction. Le terrain qu'ils enlèvent à la culture continuera d'être cotisé jusqu'alors comme il l'était avant. Id. art 88.

Il en sera de même pour tous autres édifices nouvellement construits ou reconstruits ; le terrain seul sera cotisé pendant les deux premières années.

---

(1) Les remises, écuries, granges et autres locaux situés dans l'intérieur des villes et qui sont tout a fait indépendants d'un corps de ferme ou domaine, doivent être compris dans l'évaluation des maisons dont ils font partie, et recevoir une estimation particulière s'ils en sont séparés. (Arr. C. 20 avril 1850, Gers, aff. Dupin.)

(1) L'article 397 du *Recueil méthodique* complete comme il suit la nomenclature des établissements qui donnent lieu à la deduction du tiers : « *Les forges, fourneaux, moulins à eau, à vent et sur bateaux, les bacs, les bains publics, les fabriques, briqueteries, tuileries, papeteries, verreries et autres manufactures ou usines de toute espèce.....* »

Loi du 3 frimaire an III, art. 102.

Art. 184. L'évaluation du revenu imposable des maisons et usines sera revisée et renouvelée tous les dix ans (1).

Loi du 18 juillet 1836, art. 2.

Art. 185. Les lois qui régissent la contribution foncière..... sont applicables aux bains et moulins sur bateaux, aux bacs, bateaux de blanchisserie et autres de même nature, lors même qu'ils ne sont point construits sur piliers ou pilotis, et qu'ils sont seulement retenus par des amarres.

Des exceptions.

Loi du 3 frimaire an VII, art. 103.

Art. 186. Les rues, les places publiques servant aux foires et marchés, les grandes routes, les chemins publics vicinaux et les rivières ne sont point cotisables (2).

Id. art. 105.

Art. 187. Les domaines nationaux non productifs exceptés de l'aliénation ordonnée par les lois, et réservés pour un service national, tels que les deux palais du Corps législatif, celui du Directoire exécutif, le Panthéon, les bâtiments destinés au logement des ministres et de leurs bureaux, les arsenaux, magasins, casernes, fortifications et autres établissements dont la destination a pour objet l'utilité générale, ne seront portés aux états de sections et matrices de rôles que pour mémoire; ils ne seront point cotisés.

---

(1) Les règles tracées pour l'etablissement des évaluations doivent être suivies dans le cas de révision. (Arr. C. 23 décembre 1844, Seine-Inférieure, aff. Dumonchel.)

(2) L'article 399 du *Recueil méthodique* porte : « Les rues, places publi- « ques, carrefours, fontaines publiques, les lieux publics servant aux foires « et aux marches, les ponts, les grandes routes, les chemins vicinaux, les « promenades publiques, boulevards, les rivieres, ruisseaux, lacs, les ro- « chers nus et arides, ne sont pas imposables. — Les promenades publi- « ques appartenant à des particuliers sont évaluées comme terrain de pur « agrément. » — Les édifices et bâtiments appartenant aux communes et servant aux halles et marches, sont imposables lorsqu'ils sont productifs de revenu. (Arr. C. 5 août 1854, ville de Lille.)

Art. 188. Les domaines nationaux déclarés aliénables par les lois, tels que les ci-devant églises non louées, tours, châteaux abandonnés ou en ruine, et autres semblables, seront compris, désignés et évalués aux états de sections et matrices de rôles, en la même forme et sur le même pied que les propriétés particulières de même nature; mais ils ne seront point cotisés tant qu'ils n'auront point été vendus ou loués. Loi du 3 frimaire an VII, art. 106

Art. 189. Ne sont pas imposables : Recueil méthodique, art. 403.

Les jardins, châteaux et bâtiments royaux, les palais du Sénat et du Corps législatif, les jardins et parcs en dépendant;

Le Panthéon, l'Hôtel des Invalides, l'École militaire, l'École polytechnique, la Bibliothèque, le Jardin des Plantes ;

Les bâtiments affectés au logement des ministres, du grand-maître de l'Université, des administrations et de leurs bureaux;

Les églises et les temples consacrés à un culte public, les cimetières ;

Les archevêchés, évêchés et séminaires, les presbytères et jardins y attenant ;

Les bâtiments occupés par les cours de justice et les tribunaux ;

Les lycées, prytanées, écoles et maisons royales d'éducation, les bibliothèques publiques, musées, jardins de botanique des départements, leurs pépinières et celles faites au compte du gouvernement par l'administration des forêts et les ponts et chaussées;

Les hôtels de préfecture, sous-préfecture et jardins y attenant, les maisons communales, maisons d'école appartenant aux communes;

Les hospices et jardins y attenant, dépôts de mendicité, prisons, maisons de détention ;

Les fortifications et glacis en dépendant, les arsenaux, magasins, casernes et autres établissements militaires ;

Les manufactures de poudres de guerre, les manufactures de tabacs et autres au compte du gouvernement, les haras, enfin tous les bâtiments dont la destination a pour objet l'utilité publique (1).

Recueil méthodique, art. 404.

Art. 190. Les propriétés énoncées à l'article précédent, appartenant à des particuliers, sont imposables d'après les principes qui les concernent respectivement (2).

Loi du 3 frimaire an VII, art. 108.

Art. 191. Les domaines nationaux productifs, déclarés aliénables, seront évalués et cotisés comme les propriétés particulières de même nature et d'égal revenu.

En cas de surtaxe, la régie poursuivra le dégrèvement, soit d'office, soit sur la dénonciation du fermier, en la forme ordinaire.

---

(1) Cet article fait plus que développer les dispositions de la loi de frimaire, qui n'exempte que les domaines *nationaux* affectés à un service public; il admet les départements et les communes au même bénefice d'immunité, en s'appuyant, comme on le voit en marge des premieres éditions du *Recueil méthodique*, sur un decret impérial du 11 août 1808. MM. Macarel et Boulatignier ayant contesté l'existence de ce decret, qui, en effet, n'a pas été inséré au *Bulletin des lois*, M. Reverchon fit, en 1852, de nouvelles recherches et constata qu'il existait réellement un décret portant la date indiquée, mais ce décret, relatif aux recettes et dépenses des departements pour 1809, étend uniquement l'exemption de la contribution foncière aux *bâtiments des préfectures et des sous-préfectures*. Dans cet état de choses, le conseil d'Etat a néanmoins pensé qu'il y avait lieu de continuer à appliquer, aussi largement qu'elles l'avaient été jusque-là, des immunités par elles-mêmes si équitables et qui, aujourd'hui, semblent constituer un droit acquis. L'article 403 du *Recueil méthodique* doit donc être considéré comme la règle de la jurisprudence actuelle; c'est-à-dire que l'on doit exempter de l'impôt foncier les bâtiments destinés à un usage public, soit qu'ils appartiennent a l'Etat, aux départements ou aux communes, et même, ainsi qu'il résulte de plusieurs arrêts, à des fabriques ou à des bureaux de bienfaisance, lesquels peuvent, sous certains rapports, être considérés comme des fractions de l'administration communale.

(2) Le conseil d'Etat considère aujourd'hui comme des propriétés particulières ne donnant pas lieu à l'exemption de la contribution foncière les écoles gratuites appartenant à des congrégations religieuses.

Art. 192. Les bois et forêts nationaux ne payeront point de contribution. Loi du 19 ventôse an IX, art. 1er.

Art. 193. Les propriétés de l'État, productives de revenus, contribueront aux dépenses des chemins vicinaux dans les mêmes proportions que les propriétés privées et d'après un rôle spécial dressé par le préfet. Loi du 21 mai 1836, art. 13.

Les propriétés de la couronne contribueront aux mêmes dépenses.....

Art. 194. Les propriétés de la couronne ne seront pas soumises à l'impôt; elles supporteront néanmoins toutes les charges communales et départementales. Afin de fixer leurs portions contributives dans ces charges, elles sont portées sur les rôles, et, pour leurs revenus estimatifs, de la même manière que les propriétés privées (1). Sénatus-consulte du 12 décembre 1852, art. 12.

Art. 195. Les propriétés du domaine privé seront, quant à l'impôt, soumises à toutes les lois qui régissent les autres propriétés. Elles seront cadastrées et imposées. Id art. 20.

Art. 196. La contribution foncière due par les propriétés appartenant aux communes, et par les marais et terres vaines et vagues situés dans l'étendue de leur territoire, qui n'ont aucun propriétaire particulier, ou qui auront été légalement abandonnés, sera supportée par les communes et acquittée par elles (2). Loi du 3 frimaire an VII, art. 109.

Il en sera de même des terrains connus sous le nom de *biens communaux*, tant qu'ils n'auront point été partagés.

---

(1) Cet article et le suivant sont la reproduction des articles 13 et 14 de la loi du 2 mars 1832 sur la liste civile.

(2) L'article 416 du *Recueil méthodique* reproduit ainsi ces dispositions : « Les propriétés appartenant aux communes autres que les maisons com« munales et les écoles, les biens communaux, les propriétés des hospices « et établissements publics autres que les maisons et jardins y attenant, « seront évalués comme les autres propriétés. »

La contribution due par des terrains, qui ne seraient communs qu'à certaine portion des habitants d'une commune, sera acquittée par ces habitants.

Loi du 26 germinal an XI, article 1er.

Art. 197. Les fermiers et locataires des biens communaux mis en ferme ou donnés à bail, comme les biens ruraux, terres, prés et bois, ou les moulins, usines ou maisons d'habitation, seront tenus de payer, à la décharge des communes, et en déduction du prix du bail, le montant des impositions de tout genre assises sur ces propriétés.

Id. art. 2.

Art. 198. Lorsqu'une commune possédera des domaines utiles dont chaque habitant profitera également. et qui ne seront pas susceptibles d'être affermés, comme des bois, pacages et marais communaux, ou des bâtiments servant à l'usage commun, et qu'elle n'aura pas de revenus suffisants pour payer la contribution due à raison desdits domaines, cette contribution sera répartie en centimes additionnels sur les contributions foncière, mobilière et somptuaire (1) de tous les habitants.

Id. art. 3.

Art. 199. Lorsque tous les habitants n'auront pas un droit égal à la jouissance du bien communal, la répartition de la contribution assise sur ce bien sera faite par le maire de la commune, avec l'autorisation du préfet, au prorata de la part qui en appartiendra à chacun.

Id. art. 4.

Art. 200. Lorsqu'une partie seulement des habitants aura droit à la jouissance, la répartition de la contribution n'aura lieu qu'entre eux, et toujours proportionnellement à leur jouissance respective.

Loi du 3 frimaire an VII, art. 110.

Art. 201. Les hospices et autres établissements publics acquitteront la contribution assise sur leurs propriétés foncières de toute nature, en principal et centimes additionnels.

---

(1) Aujourd'hui, sur les quatre contributions directes, la dépense étant *obligatoire* (Voir art. 91 et suiv.)

Art. 202. La cotisation des marais qui seront desséchés ne pourra être augmentée pendant les vingt-cinq premières années après le dessèchement (1). Loi du 3 frimaire an VII, art. 111.

Art. 203. La cotisation des terres vaines et vagues depuis quinze ans, qui seront mises en culture autre que celle désignée en l'article 114 (*art.* 205) ci-après, ne pourra être augmentée pendant les dix premières années après le défrichement. Id. art. 112.

Art. 204. La cotisation des terres en friche depuis dix ans, qui seront plantées ou semées en bois, ne pourra être augmentée pendant les trente premières années du semis ou de la plantation. Id. art. 113.

Art. 205. La cotisation des terres vaines et vagues ou en friche depuis quinze ans, qui seront plantées en vignes, mûriers ou autres arbres fruitiers, ne pourra être augmentée pendant les vingt premières années de la plantation. Id. art. 114.

Art. 206. Le revenu imposable des terrains déjà en valeur, qui seront plantés en vignes, mûriers ou autres arbres fruitiers, ne pourra être évalué, pendant les quinze premières années de la plantation, qu'au taux de celui des terres d'égale valeur non plantées. Id. art 115.

Art. 207. Le revenu imposable des terrains maintenant en valeur, qui seront plantés ou semés en bois, ne sera évalué, pendant les trente premières années de la plantation ou du semis, qu'au quart de celui des terres d'égale valeur non plantées. Id. art. 116.

Art. 208. Pour jouir de ces divers avantages et à peine d'en Id. art. 117.

---

(1) La même exemption est due au propriétaire qui a converti des marais ou des lais de mer en marais salants. (Arr. C. 3 mai 1831, Morbihan, aff. Gouvello.) Un autre arrêt du 9 janvier 1846 (Loire-Inferieure, aff. Allonneau) décide que l'exemption de vingt-cinq ans doit courir à partir de l'année qui suit celle pendant laquelle le dessèchement a été opéré.

être privé, le propriétaire sera tenu de faire au secrétariat de l'administration municipale (*de la sous-préfecture*), dans le territoire de laquelle les biens sont situés, avant de commencer les desséchements, défrichements et autres améliorations, une déclaration détaillée des terrains qu'il voudra ainsi améliorer (1).

Loi du 3 frimaire an VII, art. 118

Art. 209. Cette déclaration sera reçue par le secrétaire de l'administration municipale (*de la sous-préfecture*) sur un registre ouvert à cet effet, coté, parafé, daté et signé comme celui des mutations : elle sera signée tant par le secrétaire que par le déclarant ou son fondé de pouvoir.

Copie de cette déclaration sera délivrée au déclarant, moyennant la somme de 25 centimes, non compris le papier timbré et autres droits légalement établis.

Id art. 119.

Art. 210. Dans la décade qui suivra la déclaration, l'administration municipale (*le sous-préfet*) chargera l'agent municipal ou son adjoint (*le contrôleur*)..... d'appeler deux répartiteurs de faire avec eux la visite des terrains déclarés, de dresser procès-verbal de leur état présent, et de le communiquer, ainsi que la déclaration, aux autres répartiteurs. Ce procès-verbal sera affiché pendant deux décades, tant dans la commune de la situation des biens qu'au chef-lieu du canton : il sera rédigé sans frais et sur papier non timbré.

Id. art. 120.

Art. 211. Il sera libre aux répartiteurs et à tous autres contribuables de la commune de contester la déclaration, et même de faire à l'administration municipale (*au sous-préfet*) des observations sur le procès-verbal de l'état présent des terrains, et si la déclaration ne se trouve pas sincère, l'administration prononcera que le déclarant n'a pas droit aux avantages précités. Si, au con-

(1) Un arrêt du conseil d'Etat, du 15 février 1848 (Maine-et-Loire, aff des marais de la Dive), décide que la déclaration imposée par la loi du 3 frimaire an VII n'est point obligatoire en ce qui concerne les marais concédés par une loi.

traire, la sincérité de la déclaration est reconnue, l'administration municipale arrêtera que le propriétaire a droit de jouir de ces avantages (1).

Art. 212. Les semis et plantations de bois sur le sommet et le penchant des montagnes et sur les dunes seront exempts de tout impôt pendant vingt ans (2).

Code forestier du 21 mai 1827, article 225.

Art. 213. Les terrains précédemment desséchés ou défrichés, ou plantés en vignes ou en bois, ou autrement améliorés, qui jouissent de quelque exemption ou modération de contribution en vertu des lois antérieures à la présente, continueront d'en jouir jusqu'au temps où cette exemption ou modération devait cesser.

Loi du 3 frimaire an VII, art. 121.

Art. 214. Sur chaque matrice de rôle de la contribution foncière, à l'article de chacune des propriétés qui jouissent ou jouiront de quelques exemptions ou modérations temporaires données pour l'encouragement de l'agriculture, il sera fait mention de l'année où ces propriétés doivent cesser d'en jouir.

Id. art. 123.

Des changements annuels à faire aux matrices des rôles.

Art. 215. Les directeurs des contributions directes sont spé-

Loi du 15 septembre 1807, article 39.

---

(1) Les réclamations auxquelles peuvent donner lieu les dessèchements, défrichements, plantations de bois, etc., sont aujourd'hui soumises aux mêmes regles que les autres réclamations : elles sont instruites par les agents des contributions directes assistés des répartiteurs, et jugées par le conseil de préfecture.

(2) Il paraissait rationnel d'astreindre les propriétaires qui font planter en bois des terrains situés sur le penchant des montagnes ou sur les dunes, aux mêmes formalités que les propriétaires de la plaine. Le conseil d'Etat en a jugé autrement. Il a décidé (arr. 27 août 1839) que la déclaration prescrite par l'article 117 de la loi du 3 frimaire an VII n'etait point exigible dans l'espèce, le Code forestier du 21 mai 1827 n'en faisant aucune mention. Le même arrêt explique que le mot *montagne* ne doit pas être pris dans son acception rigoureuse, et qu'il y a lieu d'admettre au bénéfice de l'immunité les plantations faites sur les coteaux ou collines. (Voir l'arrêt précité, Yonne, aff. Tonnellier.)

cialement chargés de la tenue des livres de mutations des propriétés cadastrales.

Ils continueront de faire faire, chaque année, les recensements et autres opérations relatives aux rôles.....

Loi du 3 frimaire an VII, art. 32.

Art. 216..... Chaque année, l'agent municipal (*le maire*) de chaque commune ou son adjoint..... convoquera les répartiteurs pour examiner la matrice du rôle, y faire les changements convenables d'après les mutations survenues parmi les propriétaires.....

Id. art. 33.

Art. 217. Les changements annuels dont il s'agit..... consisteront en la formation d'un simple état ou relevé des mutations de propriétés survenues parmi les contribuables (1).

Id. art. 34.

Art. 218. L'état ou relevé des mutations sera arrêté et signé par les répartiteurs.....

Id. art. 36.

Art. 219. La note de chaque mutation de propriété sera inscrite..... à la diligence des parties intéressées ; elle contiendra la désignation précise de la propriété ou des propriétés qui en seront l'objet, et il y sera dit à quel titre la mutation s'en est opérée.

Tant que cette note n'aura point été inscrite, l'ancien propriétaire continuera d'être imposé au rôle, et lui ou ses héritiers naturels pourront être contraints au payement de l'imposition foncière, sauf leur recours contre le nouveau propriétaire.

---

(1) Le travail des mutations consiste à retrancher de l'article de matrice du propriétaire qui a fait une vente ou une cession, à quelque titre que ce soit, la propriété vendue ou cédée, et à ajouter cette propriété à l'article du nouveau possesseur, s'il est déjà inscrit à la matrice, et, dans le cas contraire, à lui ouvrir un article. Les déclarations de mutations sont constatées au moyen d'extraits de la matrice, appelés *feuilles de déclaration de mutations*, lesquelles sont transmises au directeur des contributions directes par les contrôleurs et servent ensuite à l'application des mutations sur les matrices cadastrales. Ces feuilles tiennent lieu aujourd'hui des *livres de mutations* et autres pièces dont il est parlé dans la loi du 3 frimaire an VII. (Voir l'instruction générale du 18 décembre 1853.)

CHAPITRE II.

CONTRIBUTION DES PORTES ET FENÊTRES.

Dispositions générales.

Art. 220. Il y aura pour l'an VII une contribution réglée de la manière suivante : Loi du 4 frimaire an VII, art. 1er.

Art. 221. Cette contribution est établie sur les portes et fenêtres donnant sur les rues, cours et jardins des bâtiments et usines, sur tout le territoire de la République..... Id. art. 2.

Art. 222...... La contribution des portes et fenêtres sera établie conformément au tarif ci-après, sauf les modifications proportionnelles qu'il sera nécessaire de lui faire subir pour remplir les contingents (1) : Loi du 21 avril 1832, art. 24.

POPULATION DES VILLES ET DES COMMUNES	POUR LES MAISONS A					POUR LES MAISONS A SIX OUVERTURES et au-dessus		
	1 Ouverture.	2 Ouvertures	3 Ouvertures.	4 Ouvertures	5 Ouvertures.	Portes cochères, charretières et de magasin.	Portes ordinaires et fenêtres du rez-de-chaussée, de l'entresol, des 1er et 2e étages.	Fenêtres du 3e étage et des étages supérieurs.
	fr. c.	fr. c.	fr. c.	fr. c.	fr. c.	fr. c.	fr. c.	fr. c.
Au-dessous de 5,000 âmes.	» 30	» 45	» 90	1 60	2 50	1 60	» 60	» 60
De 5,000 à 10,000 .	» 40	» 60	1 35	2 20	3 25	3 50	» 75	» 75
De 10,000 à 25,000 .	» 50	» 80	1 80	2 80	4 »	7 40	» 90	» 75
De 25,000 à 50,000 .	» 60	1 »	2 70	4 »	5 50	11 20	1 20	» 75
De 50,000 à 100,000 .	» 80	1 20	3 60	5 20	7 »	15 »	1 50	» 75
Au-dessus de 100,000 .	1 »	1 50	4 50	6 40	8 50	18 80	1 80	» 75

(1) « Si, d'après les matrices, la somme à imposer est au-dessus de la

Dans les villes et communes au-dessus de 5,000 âmes, la taxe correspondante au chiffre de leur population ne s'appliquera qu'aux habitations comprises dans les limites intérieures de l'octroi. Les habitations dépendantes de la banlieue seront portées dans la classe des communes rurales.

Ordonnance Roy du 4 mai 1846, art. 1er.

Art. 223. Il sera procédé au dénombrement de la population par le soin des maires.....

Id. art. 2.

Art. 224. Ne compteront pas dans le chiffre de la population servant de base à l'assiette des impôts..... les catégories suivantes :

Corps de troupes de terre et de mer;

Maisons centrales de force et de correction;

Maisons d'éducation correctionnelle et colonies agricoles pour les jeunes détenus;

Prisons départementales ;

Bagnes;

Dépôts de mendicité ;

Asiles d'aliénés;

Hospices ;

Colléges royaux et communaux ;

Écoles spéciales;

Séminaires ;

Maisons d'éducation et écoles avec pensionnat;

Communautés religieuses ;

Réfugiés à la solde de l'État;

Marins de commerce absents pour les voyages de long cours.

Décret du 17 mars 1852, art. 10.

Art. 225. La commission municipale de la ville de Paris est

« somme à payer..... par la commune, il sera fait une réduction propor-
« tionnelle par chaque cote.

« Si, au contraire, la somme à imposer est au-dessous de celle à payer.. ..,
« il sera fait pour chaque cote une augmentation proportionnelle. » (Loi du 13 floréal an x, art. 20.)

autorisée, conformément au vœu émis par elle....., à établir, pour la répartition de son contingent dans la contribution des portes et fenêtres, un tarif spécial combiné de manière à tenir compte à la fois de la valeur locative et du nombre des ouvertures.

Art. 226. La commission municipale de la ville de Lyon (1) est autorisée, conformément au vœu émis par elle....., à établir, dans chacune des anciennes communes dont la ville se compose, des tarifs spéciaux, combinés de manière à tenir compte à la fois de la valeur locative et du nombre des ouvertures, pour la répartition de leur contingent dans la contribution des portes et fenêtres. Loi du 22 juin 1854, art. 17.

Les délibérations prises à ce sujet, par la commission municipale, ne recevront leur exécution qu'après avoir été approuvées par un décret de l'Empereur, le conseil d'Etat entendu.

Art. 227. Le conseil municipal de Bordeaux est autorisé, conformément au vœu émis par lui....., à établir, pour la répartition de la contribution des portes et fenêtres, un tarif combiné de manière à tenir compte à la fois de la valeur locative et du nombre des ouvertures. Loi du 5 mai 1855, art. 14.

Les délibérations prises à ce sujet ne recevront leur exécution qu'après avoir été approuvées par un décret de l'Empereur, le conseil d'Etat entendu.

Des exceptions.

Art. 228. Ne sont pas soumises à la contribution établie par la présente, les portes et fenêtres servant à éclairer ou aérer les granges, bergeries, étables, greniers, caves et autres locaux non destinés à l'habitation des hommes..... Loi du 4 frimaire an VII, art. 5.

---

(1) La ville de Lyon a renoncé au bénéfice de cette disposition.

Loi du 21 avril 1832, art. 27.

Art. 229. Sont imposables les fenêtres dites *mansardes* et autres ouvertures pratiquées dans la toiture des maisons, lorsqu'elles éclairent des appartements habitables.....

Loi du 13 avril 1850, art. 8.

Art. 230. Les ouvertures pratiquées pour l'exécution des travaux d'assainissement seront exemptés pendant trois ans de la contribution des portes et fenêtres.

Loi du 21 avril 1832, art. 27.

Art. 231. Il ne sera compté qu'une seule porte charretière pour chaque ferme, métairie ou toute autre exploitation rurale.....

Id. art. 27.

Art. 232. Les portes charretières, dans les maisons à une, deux, trois, quatre et cinq ouvertures, ne seront comptées et taxées que comme portes ordinaires.....

Loi du 4 frimaire an VII, art. 2.

Art. 233. Les portes..... de magasin, de marchands en gros, commissionnaires et courtiers, payeront double contribution (1).

Loi du 20 juillet 1837, art. 3.

Art. 234. Les portes charretières des bâtiments à moins de six ouvertures, situés dans les villes de cinq mille âmes et au-dessus, et employés à usage de magasins, seront taxées comme les portes charretières des magasins établis dans les maisons à six ouvertures.

Les autres ouvertures des maisons ayant moins de six ouvertures continueront d'être taxées conformément au tarif contenu dans l'article 24 de la loi du 21 avril 1832.

Loi du 18 juillet 1836, art. 2.

Art. 235. Les lois qui régissent la contribution..... des portes

---

(1) *Double contribution*, parce que la loi de frimaire assimilait les portes dont il s'agit aux portes cochères, qui payaient cette taxe. La loi du 21 avril 1832 ayant assigné un nouveau tarif aux portes cochères, c'est d'après ce tarif que doivent, aujourd'hui, être imposées les portes de magasins, de marchands en gros, commissionnaires et courtiers. (Arr. C. 1er août 1834)

et fenêtres sont applicables aux bains et moulins sur bateau, aux bacs, bateaux de blanchisserie et autres de même nature.....

Art. 236. Les propriétaires des manufactures ne seront taxés que pour les fenêtres de leurs habitations personnelles et de celles de leurs concierges et commis. En cas de difficultés sur ce que l'on doit considérer comme manufactures, il y sera statué par le conseil de préfecture.

Loi du 4 germinal an XI, art. 19.

Art. 237. Ne seront pas également soumises à ladite contribution les portes et fenêtres des bâtiments employés à un service public civil, militaire ou d'instruction, ou aux hospices (1).

Loi du 4 frimaire an VII, art. 5.

Art. 238. Les fonctionnaires, les ecclésiastiques et les employés civils et militaires logés gratuitement dans des bâtiments appartenant à l'État, aux départements, aux arrondissements, aux communes ou aux hospices, seront imposés nominativement pour les portes et fenêtres des parties de ces bâtiments servant à leur habitation personnelle.

Loi du 21 avril 1832, art. 27.

Rédaction de la matrice.

Art. 239. L'assiette et le recouvrement de la contribution ci-dessus établie sont placés sous la surveillance et l'inspection de l'agence des contributions directes.

Loi du 4 frimaire an VII, art 10.

Art. 240. Les commissaires répartiteurs, assistés du contrôleur des contributions directes, rédigeront la matrice de la contribution des portes et fenêtres.....

Loi du 21 avril 1832, art. 27.

---

(1) Suivant la jurisprudence, cette disposition est générale et s'applique à tous les bâtiments affectés à un service public, même lorsqu'ils appartiennent à des particuliers. Il n'en est pas de même en ce qui concerne la contribution foncière. (Voir, plus haut, les articles 187 et 188.)

CHAPITRE III.

CONTRIBUTION PERSONNELLE ET MOBILIÈRE.

Dispositions générales.

Loi du 21 avril 1832, art. 12.

Art. 241. La contribution personnelle et mobilière est due par chaque habitant français et par chaque étranger de tout sexe, jouissant de ses droits et non réputé indigent.

Sont considérés comme jouissant de leurs droits les veuves et les femmes séparées de leurs maris, les garçons et filles majeurs ou mineurs ayant des moyens suffisants d'existence, soit par leur fortune personnelle, soit par la profession qu'ils exercent, lors même qu'ils habitent avec leur père, mère, tuteur ou curateur.

Id. art. 13.

Art. 242. La taxe personnelle n'est due que dans la commune du domicile réel ; la contribution mobilière est due pour toute habitation meublée située, soit dans la commune du domicile réel, soit dans toute autre commune.

Lorsque, par suite de changement de domicile, un contribuable se trouvera imposé dans deux communes, quoique n'ayant qu'une seule habitation, il ne devra la contribution que dans la commune de sa nouvelle résidence (1).

Id. art. 15.

Art. 243. Les fonctionnaires, les ecclésiastiques et les employés civils et militaires logés gratuitemeut dans des bâtiments appartenant à l'État, aux départements, aux arrondissements, aux communes et aux hospices, sont imposables d'après la valeur locative des parties de ces bâtiments affectées à leur habitation personnelle.

---

(1) Voir la note de l'article 369.

Art. 244. Les habitants qui n'occupent que des appartements garnis ne seront assujettis à la contribution mobilière qu'à raison de la valeur locative de leur logement, évalué comme un logement non meublé. Loi du 21 avril 1832, art. 16.

Art. 245. Les centimes additionnels généraux et particuliers, ajoutés au principal du contingent personnel et mobilier de la commune, ne porteront que sur les cotisations mobilières; la taxe personnelle sera imposée en principal seulement. Id. art. 19.

Des Exceptions.

Art. 246. Ne seront pas compris dans l'évaluation des loyers d'habitation, les magasins, boutiques, auberges, usines et ateliers pour raison desquels les contribuables payent patente, les bâtiments servant aux exploitations rurales, non plus que les locaux destinés au logement des élèves dans les écoles et pensionnats, et aux bureaux des fonctionnaires publics. Loi du 26 mars 1831, art. 3.

Art. 247. Les parties de bâtiments consacrées à l'habitation personnelle devront seules être comprises dans l'évaluation des loyers (1). Loi du 21 avril 1832, art. 17.

Officiers de terre et de mer.

Art. 248. Les officiers d'état-major des divisions et des places, les officiers sans troupes, les commissaires ordonnateurs et ordinaires, les inspecteurs en chef, les inspecteurs et sous-inspecteurs aux revues, les officiers civils, tant du département de la guerre que de celui de la marine, seront cotisés à la contribu- Arrêté consulaire du 28 thermidor an X, art. 1er.

---

(1) « Dans les loyers d'habitation, on ne comprendra que la partie des « bâtiments servant à l'habitation. » (L. 3 nivôse an VII, art. 25.)

« N'y seront pas compris les magasins, boutiques, auberges, usines et « ateliers pour raison desquels les habitants payent patente. » (Id., art. 26.)

tion personnelle et mobilière, au lieu de la résidence où les fixe leur service.

Arrêté consulaire du 28 thermidor an x, art. 3.

Art. 249. Les autres officiers, soit de terre, soit de mer, qui n'ont point de résidence fixe et n'ont d'habitation que celle de leur garnison, ne seront pas compris aux rôles de la contribution personnelle et mobilière.

Loi du 21 avril 1832, art. 14.

Art. 250. Les officiers de terre et de mer ayant des habitations particulières, soit pour eux, soit pour leurs familles, les officiers sans troupes, officiers d'état-major, officiers de gendarmerie et de recrutement, les employés de la guerre et de la marine dans les garnisons et dans les ports, les préposés de l'administration des douanes, sont imposables à la contribution personnelle et mobilière, d'après le même mode et dans la même proportion que les autres contribuables (1).

Déc. du 12 juillet 1807, art. 1er.

Art. 251. La contribution personnelle et mobilière des officiers, tant de terre que de mer, désignés dans l'arrêté du 28 thermidor an x, ainsi que celle des employés de la guerre et de la marine, dans les garnisons et dans les ports, sera perçue par forme de retenue sur leurs appointements.

Loi du 31 juillet 1821, art. 23.

Art. 252. La cotisation des officiers sans troupe à la contribution personnelle et mobilière continuera.... d'être recouvrée au moyen de la retenue que le payeur est autorisé à en faire sur leur traitement.

Déc. du 12 juillet 1807, art. 2.

Art. 253. Le directeur des contributions directes dressera des

(1) Les officiers avec troupes ayant une habitation particulière ne sont imposables à la contribution personnelle et mobiliere qu'autant que la valeur locative de cette habitation excede celle du logement auquel ils ont droit dans les bâtiments de l'Etat, ou l'indemnité de logement qui leur est accordée par les règlements militaires; et ils ne sont imposables qu'en raison de l'excédant. (Arr. C. 21 février 1855, Ille-et-Vilaine, aff. Lambinet.)

états particuliers, qui présenteront le montant des cotes des officiers et employés ci-dessus, et les remettra au payeur, après les avoir fait certifier véritables par le préfet.

Art. 254. Les payeurs feront la retenue des cotes sur les appointements de ces officiers et employés, par douzième, proportionnellement non aux termes échus des contributions, mais à la somme payée sur le traitement. Ils enverront le montant, chaque mois pour le mois précédent, dans la caisse du receveur particulier de l'arrondissement où résidera le payeur. Déc. du 12 juillet 1807, art. 3.

Art. 255. Le receveur particulier, après s'être chargé en recette du montant de la retenue, tiendra la main à ce que les cotes soient exactement émargées sur les rôles par les percepteurs. Id. art. 4.

Art. 256. Lorsque les officiers et employés changeront de résidence, le payeur donnera avis à celui de l'arrondissement où ces officiers ou employés se transporteront, de la somme qui restera encore à recouvrer sur chacun d'eux. Ce dernier en exercera la retenue dans la proportion établie par l'article 3 du présent décret (*article 254 ci-dessus*). Il en versera le produit au receveur général de son département, qui demeurera chargé, sur l'indication du payeur, de transmettre ce produit au receveur général dans le département duquel les officiers ou employés auront été primitivement imposés. Id. art. 5.

Villes ayant un Octroi.

Art. 257. Dans les villes ayant un octroi, le contingent personnel et mobilier pourra être payé en totalité ou en partie par les caisses municipales, sur la demande qui en sera faite aux préfets par les conseils municipaux (1). Ces conseils détermine- Loi du 21 avril 1832, art. 20.

(1) La faculté du remplacement a été créée par l'article 73 de la loi du 24 avril 1806, ainsi conçu : « Le remplacement du montant des taxes « somptuaire et mobilière des villes ayant un octroi pourra être opéré, à « compter de l'an 1807, par une perception sur les consommations. »

ront la portion du contingent qui devra être prélevée sur les produits de l'octroi. La portion à percevoir au moyen d'un rôle sera répartie en cotes mobilières seulement.

Les délibérations prises par les conseils municipaux ne recevront leur exécution qu'après avoir été approuvées par ordonnance royale.

Loi du 25 mars 1817, art. 48.

Art. 258. Le mode de perception pour remplacement sera réglé par des ordonnances.

Loi du 3 juillet 1846, art. 5.

Art. 259. Dans les villes où....... les conseils municipaux demanderont qu'une partie du contingent personnel et mobilier soit prélevée sur les caisses municipales, la portion du contingent restant à percevoir au moyen d'un rôle pourra, déduction faite des faibles loyers qui seront jugés devoir être exemptés de toute cotisation, être répartie, en vertu des délibérations desdits conseils, soit au centime le franc des loyers d'habitation, soit d'après un tarif gradué en raison de la progression ascendante de ces loyers.

Les délibérations prises à ce sujet ne recevront leur exécution qu'après avoir été approuvées par ordonnance royale.

Rédaction de la Matrice.

Loi du 21 avril 1832, art. 17.

Art. 260. Les commissaires répartiteurs, assistés du contrôleur des contributions directes, rédigeront la matrice du rôle de la contribution personnelle et mobilière. Ils porteront sur cette matrice tous les habitants jouissant de leurs droits et non réputés indigents, et détermineront les loyers qui devront servir de base à la répartition individuelle......

Il sera formé annuellement un état des mutations survenues pour cause de décès, de changement de résidence, de diminution ou d'accroissement de loyer.

Les répartiteurs pourront faire usage, pour 1832, des éléments d'après lesquels étaient fixées les cotes individuelles antérieurement à 1831 (1).

Art. 261. Lors de la formation de la matrice, le travail des répartiteurs sera soumis au conseil municipal, qui désignera les habitants qu'il croira devoir exempter de toute cotisation, et ceux qu'il jugera convenable de n'assujettir qu'à la taxe personnelle (2). Loi du 21 avril 1832, art. 18.

CHAPITRE IV.

CONTRIBUTION DES PATENTES.

Dispositions générales.

Art. 262. Tout individu, Français ou étranger, qui exerce en France, un commerce, une industrie, une profession non compris dans les exceptions déterminées par la loi, est assujetti à la contribution des patentes (3). Loi du 25 avril 1844, art. 1er.

(1) Par suite de ces dernières dispositions, on a pensé, dans plusieurs départements, qu'il y avait lieu de comprendre au nombre des éléments de la contribution mobilière la fortune presumée des contribuables; mais cette base n'est pas admissible. La loi du 21 avril 1832 n'a entendu permettre que l'emploi des éléments de nature a amener a une juste appréciation de la *valeur locative* de l'habitation des contribuables. (Arr. C. 28 février 1836, Haut-Rhin, aff. Prévost.)

(2) Suivant l'interprétation donnée à cet article par l'Administration, il ne s'agit ici que de la *formation* de la matrice; aussi les changements annuels ne sont-ils pas soumis au conseil municipal : l'état est signé par les répartiteurs seuls et par le contrôleur des contributions directes.

(3) La contribution des patentes a été établie par l'article 7 du décret du 2-17 mars 1791, ainsi conçu : « A compter du 1er avril prochain, il sera « libre a toute personne de faire tel négoce ou d'exercer telle profession, « art ou métier qu'elle trouvera bon; mais elle sera tenue de se pourvoir « auparavant d'une patente, d'en acquitter le prix suivant les taux.... dé- « terminés, et de se conformer aux règlements de police qui sont ou pour- « ront être faits. »

Loi du 25 avril 1844, art. 2.

Art. 263. La contribution des patentes se compose d'un droit fixe et d'un droit proportionnel.

Id. art. 3.

Art. 264. Le droit fixe est réglé conformément aux tableaux A, B, C (*annexés à la loi du* 25 *avril* 1844, *aux tableaux D, E, F annexés à la loi du* 18 *mai* 1850, *et au tableau des modifications apportées aux tarifs et tableaux concernant les patentes, annexé à la loi du 4 juin* 1858).

Il est établi :

Eu égard à la population et d'après un tarif général, pour les industries et professions énumérées dans le tableau A (*annexé à la loi du* 25 *avril* 1844 *dans le tableau D annexé à la loi du* 18 *mai* 1850, *et dans la première partie du* § 2 *du tableau annexé à la loi du* 4 *juin* 1858);

Eu égard à la population et d'après un tarif exceptionnel pour les industries et professions portées dans le tableau B (*annexé à la loi du* 25 *avril* 1844, *dans le tableau E annexé à la loi du* 18 *mai* 1850, *et dans la partie du tableau annexé à la loi du* 4 *juin* 1858, *indiquée comme se rattachant au tableau B*);

Sans égard à la population pour celles qui font l'objet du tableau C (*annexé à la loi du* 25 *avril* 1844 *et du tableau F annexé à la loi du* 18 *mai* 1850, *ainsi que pour celles qui sont mentionnées comme se rattachant au tableau C, dans le tableau annexé à la loi du* 4 *juin* 1858).

Id. art. 4.

Art. 265. Les commerces, industries et professions non dénommés dans ces tableaux, n'en sont pas moins assujettis à la patente. Le droit fixe auquel ils doivent être soumis est réglé d'après l'analogie des opérations ou des objets de commerce, par un arrêté spécial du préfet, rendu sur la proposition du directeur des contributions directes, et après avoir pris l'avis du maire.

Tous les cinq ans, des tableaux additionnels contenant la nomenclature des commerces, industries et professions classés par voie d'assimilation, depuis trois années au moins, seront soumis à la sanction législative (1).

Art. 266. Pour les professions dont le droit fixe varie en raison de la population du lieu où elles sont exercées, les tarifs seront appliqués d'après la population qui aura été déterminée par la derniere ordonnance de dénombrement. Loi du 25 avril 1844, art. 5.

Néanmoins, lorsque ce dénombrement fera passer une commune dans une catégorie supérieure à celle dont elle faisait précédemment partie, l'augmentation du droit fixe ne sera appliquée que pour moitié pendant les cinq premières années (2).

Art. 267. Dans les communes dont la population totale est de 5,000 âmes et au-dessus, les patentables exerçant dans la banlieue des professions imposables eu égard à la population, payeront le droit fixe d'après le tarif applicable à la population non agglomérée. Id. art. 6.

Les contribuables exerçant lesdites professions dans la partie agglomérée payeront le droit fixe d'après le tarif applicable à la population totale.

Art. 268. Ne compteront pas dans le chiffre de la population Ordonnance roy. du 4 mai 1846, art. 2.

---

(1) Cette disposition n'a été exécutée que deux fois depuis 1844 : lois des 18 mai 1850 et 4 juin 1858.

(2) Suivant la jurisprudence adoptée par l'Administration, ces tempéraments sont exclusivement applicables aux changements de catégorie résultant du mouvement naturel de la population ; il n'y a pas lieu de les appliquer lorsque le changement est le résultat de réunion de communes. Les patentables des communes nouvellement constituées doivent être imposés d'après le tarif afférent à leur nouvelle population, aussitôt que ce tarif peut être appliqué dans le rôle, ce qui doit ordinairement avoir lieu dans l'année qui suit immédiatement l'acte qui a prononcé la réunion. (Inst. du 31 juillet 1858, art. 12.) Voir, pour les cas de réclamations, les articles 49 et 50 du présent Recueil.

servant de base à l'assiette des impôts..... les catégories suivantes :

Corps de troupes de terre et de mer ;

Maisons centrales de force et de correction ;

Maisons d'éducation correctionnelle et colonies agricoles pour les jeunes détenus ;

Prisons départementales ;

Bagnes ;

Dépôts de mendicité ;

Asiles d'aliénés ;

Hospices ;

Colléges royaux et communaux ;

Ecoles spéciales ;

Séminaires ;

Maisons d'éducation et écoles avec pensionnat ;

Communautés religieuses ;

Réfugiés à la solde de l'Etat ;

Marins de commerce absents pour les voyages de long cours.

Loi du 25 avril 1844, art. 7.

Art. 269. Le patentable qui exerce (*dans un même établissement* (1)) plusieurs commerces, industries ou professions, ne peut être assujetti qu'à un seul droit fixe.

Ce droit est toujours le plus élevé de ceux qu'il aurait à payer s'il était assujetti à autant de droits fixes qu'il exerce de professions.

Loi du 18 mai 1850, art. 17.

Art. 270. Les patentables exerçant (*dans un même établissement*) plusieurs des professions tarifées au tableau C, annexé à la loi du 25 avril 1844, et au tableau F annexé à la présente loi (*du 18 mai* 1850), en raison du nombre d'ouvriers, de machines

---

(1) Les articles 7 de la loi du 25 avril 1844 et 17 de la loi du 18 mai 1850, ne s'appliquent aujourd'hui qu'aux patentables qui exercent plusieurs professions *dans un même établissement*. Ces modifications resultent de l'article 9 de la loi du 4 juin 1858. (Art. 271 du présent Recueil.)

ou instruments, seront imposés d'après tous ces moyens de production, sans toutefois que le droit fixe puisse dépasser le maximum établi pour celle des industries exercées qui est passible du droit fixe le plus élevé.

Art. 271. Le patentable ayant plusieurs établissements, boutiques ou magasins de même espèce ou d'espèces différentes, est, quelle que soit sa classe ou sa catégorie comme patentable, imposable au droit fixe entier pour l'établissement, la boutique ou le magasin donnant lieu au droit fixe le plus élevé, soit en raison de la population, soit en raison de la nature du commerce, de l'industrie ou de la profession. Loi du 4 juin 1858, art 9.

Il est imposable, pour chacun des autres établissements, boutiques ou magasins, à la moitié du droit fixe afférent au commerce, à l'industrie ou à la profession qui y sont exercés.

Les droits fixes et demi-droits fixes sont imposables dans les communes où sont situés les établissements, boutiques ou magasins qui y donnent lieu (1).

---

(1) Les demi-droits fixes additionnels ont eté créés par la loi du 18 mai 1850, article 19.

Lorsqu'il y a lieu de considérer comme étant exercés dans un établissement secondaire un commerce, une industrie ou une profession qui ne sont passibles que d'une fraction du droit fixe ordinaire, on regle le droit afférent à l'établissement dont il s'agit à raison seulement de la moitié de cette fraction du droit fixe, de sorte que le demi-droit fixe est, en réalité, inferieur à la moitié du droit énoncé au tarif. Par exemple, celui dont l'établissement secondaire consiste en un commerce exercé sous échoppe ne payera qu'un quart du droit afférent à la classe dans laquelle ce commerce est range. (Inst. du 31 juillet 1858, art. 24.)

Les architectes, les avocats, les avoués et autres patentables exerçant l'une des professions désignées au tableau G annexé à la loi du 18 mai 1850, n'étant passibles, pour lesdites professions, que du droit proportionnel, on ne peut leur appliquer littéralement les dispositions des articles 19 de la loi du 18 mai 1850 et 9 de la loi du 4 juin 1858. Lorsqu'ils joignent à l'exercice de la profession libérale celui d'une profession des tableaux A, B, C, D, E, F, ils doivent le droit fixe afférent à cette seconde profession et le droit proportionnel au quinzième sur leur habitation, ainsi que sur les locaux servant à l'exercice de la profession libérale. (Arr. C. 23 mars 1854, Pas-de-Calais, aff. Martinet.)

Loi du 25 avril 1844, art. 8.

Art. 272. Le droit proportionnel est fixé au vingtième de la valeur locative pour toutes les professions imposables, sauf les exceptions énumérées au tableau D annexé à la présente loi (*du* 25 *avril* 1844).

Id. art. 9.

Art. 273. Le droit proportionnel est établi sur la valeur locative, tant de la maison d'habitation que des magasins, boutiques, usines, ateliers, hangars, remises, chantiers et autres locaux servant à l'exercice des professions imposables.

Il est dû, lors même que le logement et les locaux occupés sont concédés à titre gratuit.

La valeur locative est déterminée, soit au moyen de baux authentiques, soit par comparaison avec d'autres locaux dont le loyer aura été régulièrement constaté ou sera notoirement connu, et, à défaut de ces bases, par voie d'appréciation.

Le droit proportionnel, pour les usines et les établissements industriels, est calculé sur la valeur locative de ces établissements, pris dans leur ensemble et munis de tous leurs moyens matériels de production.

Id. art. 10

Art. 274. Le droit proportionnel est payé dans toutes les communes où sont situés les magasins, boutiques, usines, ateliers, hangars, remises, chantiers et autres locaux servant à l'exercice des professions imposables.

Si, indépendamment de la maison où il fait sa résidence habituelle et principale et qui, dans tous les cas, sauf l'exception ci-après, doit être soumise au droit proportionnel, le patentable possède, soit dans la même commune, soit dans des communes différentes, une ou plusieurs maisons d'habitation, il ne paye le droit proportionnel que pour celles de ces maisons qui servent à l'exercice de sa profession.

Si l'industrie pour laquelle il est assujetti à la patente ne constitue pas sa profession principale, et s'il ne l'exerce pas lui-même, il ne paye le droit proportionnel que sur la maison d'habitation de l'agent préposé à l'exploitation.

Art. 275. Le patentable qui exerce dans le même local ou dans des locaux non distincts plusieurs industries ou professions passibles d'un droit proportionnel différent, paye ce droit d'après le taux applicable à la profession pour laquelle il est assujetti au droit fixe. Loi du 25 avril 1844, art. 11.

Dans le cas où les locaux sont distincts, il ne paye, pour chaque local, que le droit proportionnel attribué à l'industrie ou à la profession qui y est spécialement exercée.

Dans ce dernier cas, le droit proportionnel n'en demeure pas moins établi sur la maison d'habitation, d'après le taux applicable à la profession pour laquelle le patentable est imposé au droit fixe.

Art. 276. Dans les communes dont la population est inférieure à 20,000 âmes, mais qui, en vertu d'un nouveau dénombrement, passent dans la catégorie des communes de 20,000 âmes et au-dessus, les patentables des septième et huitième classes ne seront soumis au droit proportionnel que dans le cas où une seconde ordonnance de dénombrement aura maintenu lesdites communes dans la même catégorie (1). Id. art. 12.

Art. 277. La contribution des patentes est due, pour l'année entière, par tous les individus exerçant au mois de janvier une profession imposable. Id. art. 23.

En cas de cession d'établissement, la patente sera, sur la demande du cédant, transférée à son successeur ; la mutation de cote sera réglée par le préfet.

En cas de fermeture des magasins, boutiques et ateliers, par suite de faillite déclarée, les droits ne seront dus que pour le passé et le mois courant. Sur la réclamation des parties intéressées, il sera accordé décharge du surplus de la taxe.

Ceux qui entreprennent, après le mois de janvier, une profession sujette à patente ne devront la contribution qu'à partir du

(1) Voir, plus haut, la note relative à l'article 266.

1er du mois dans lequel ils ont commencé d'exercer, à moins que, par sa nature, la profession ne puisse pas être exercée pendant toute l'année. Dans ce cas, la contribution sera due pour l'année entière, quelle que soit l'époque à laquelle la profession aura été entreprise.

Les patentés qui, dans le cours de l'année, entreprennent une profession d'une classe supérieure à celle qu'ils exerçaient d'abord, ou qui transportent leur établissement dans une commune d'une plus forte population, sont tenus de payer, en outre, un supplément de droit fixe.

Il est également dû un supplément de droit proportionnel par les patentables qui prennent des maisons ou locaux d'une valeur locative supérieure à celle des maisons ou locaux pour lesquels ils ont été primitivement imposés, et par ceux qui entreprennent une profession passible d'un droit proportionnel plus élevé.

Loi du 4 juin 1858, art. 13.

Art. 278. Sont (*également*) imposables au moyen de rôles supplémentaires, les individus omis aux rôles primitifs qui exerçaient, avant le 1er janvier de l'année de l'émission de ces rôles, une profession, un commerce ou une industrie sujets à patente, ou qui, antérieurement à la même époque, auraient apporté dans leur profession, commerce ou industrie, des changements donnant lieu à des augmentations de droits.

Toutefois, les droits ne sont dus qu'à partir du 1er janvier de l'année pour laquelle le rôle primitif a été émis.

A l'égard des changements survenus dans le cours de ladite année, la contribution n'est perçue qu'à partir du 1er du mois dans lequel la profession a été embrassée ou le changement introduit.

Dans tous les cas, les douzièmes échus ne sont pas immédiatement exigibles; le recouvrement en est fait par portions égales, en même temps que celui des douzièmes non échus.

Loi du 25 avril 1844, art. 27.

Art. 279. Tout patentable est tenu d'exhiber sa patente, lorsqu'il en est requis par les maires, adjoints, juges de paix et tous autres officiers ou agents de police judiciaire.

Art. 280. Tout individu transportant des marchandises de commune en commune, lors même qu'il vend pour le compte de marchands ou fabricants, est tenu d'avoir une patente personnelle, qui est, selon les cas, celle de colporteur avec balle, avec bêtes de somme ou avec voiture. Loi du 25 avril 1844, art. 18.

Art. 281. Les marchandises mises en vente par les individus non munis de patente, et vendant hors de leur domicile, seront saisies ou séquestrées aux frais du vendeur, à moins qu'il ne donne caution suffisante jusqu'à la représentation de la patente ou la production de la preuve que la patente a été délivrée. Si l'individu non muni de patente exerce au lieu de son domicile, il sera dressé un procès-verbal qui sera transmis immédiatement aux agents des contributions directes. Id art. 28.

Exceptions.

Art. 282. Ne sont pas assujettis à la patente : Id art. 13.

1° Les fonctionnaires et employés salariés, soit par l'État, soit par les administrations départementales ou communales, en ce qui concerne seulement l'exercice de leurs fonctions.

2° . . . . (1);

3° Les sages-femmes. . . . . ;

Les peintres, sculpteurs, graveurs et dessinateurs considérés comme artistes et ne vendant que les produits de leur art;

Les professeurs de belles-lettres, sciences et arts d'agrément. . . . . ; les instituteurs primaires;

Les éditeurs de feuilles périodiques;

Les artistes dramatiques (2);

---

(1) Ce paragraphe exemptait les *notaires*, les *avoués*, les *avocats au conseil*, les *greffiers*, les *commissaires-priseurs* et les *huissiers*, compris aujourd'hui dans le tableau G annexé à la loi du 18 mai 1850.

(2) Dans ce paragraphe figuraient les *avocats*, les *docteurs en médecine ou en chirurgie*, les *officiers de santé*, les *vétérinaires*, les *architectes*

4° Les laboureurs et cultivateurs, seulement pour la vente et la manipulation des récoltes et fruits provenant des terrains qui leur appartiennent ou par eux exploités, et pour le bétail qu'ils y élèvent, qu'ils y entretiennent ou qu'ils y engraissent (1) ;

Les concessionnaires de mines pour le seul fait de l'exploitation et de la vente des matières par eux extraites ;

Les propriétaires ou fermiers de marais salans;

Les propriétaires ou locataires louant accidentellement une partie de leur habitation personnelle;

Les pêcheurs, même lorsque la barque qu'ils montent leur appartient;

5° Les associés en commandite, les caisses d'épargne et de prévoyance administrées gratuitement, les assurances mutuelles régulièrement autorisées;

6° Les capitaines de navire de commerce ne naviguant pas pour leur compte ;

Les cantiniers attachés à l'armée;

Les écrivains publics ;

Les commis et toutes les personnes travaillant à gages, à façon et à la journée, dans les maisons, ateliers et boutiques des personnes de leur profession, ainsi que les ouvriers travaillant chez eux ou chez les particuliers, sans compagnons, apprentis, enseigne ni boutique. Ne sont point considérés comme compagnons ou apprentis, la femme travaillant avec son mari, ni les enfants non mariés travaillant avec leurs père et mère, ni le simple manœuvre dont le concours est indispensable à l'exercice de la profession (2) ;

Les personnes qui vendent en ambulance dans les rues, dans

---

considérés comme artistes, ne se livrant pas, même accidentellement, à des entreprises de construction, les *chefs d'institution*, les *maîtres de pension*, devenus imposables en vertu de la même loi.

(1) Voir l'article 287 ci-après.

(2) Voir, comme complement à ce paragraphe, les articles 20 de la loi du 18 mai 1850, 13 de la loi du 10 juin 1853, et 11 de la loi du 4 juin 1858 (Art. 288, 289 et 290 du présent Recueil.)

les lieux de passage et dans les marchés, soit des fleurs, de l'amadou, des balais, des statues et figures en plâtre, soit des fruits, des légumes, des poissons, du beurre, des œufs, du fromage et autres menus comestibles;

Les savetiers, les chiffonniers au crochet, les porteurs d'eau à la bretelle ou avec voiture à bras, les rémouleurs ambulants, les gardes-malades.

Art. 283. Ils (*les porteurs de contraintes*) ne sont pas assujettis au droit de patente. Arrêté consulaire du 16 thermidor an VIII, art. 18.

Art. 284. Les fabricants à métiers à façon ayant moins de dix métiers, seront exemptés de patente. Loi du 10 juin 1853, art. 13.

Art. 285. Les commis-voyageurs des nations étrangères seront traités, relativement à la patente, sur le même pied que les commis-voyageurs français chez ces mêmes nations. Loi du 25 avril 1844, art. 19.

Art. 286. Tous ceux qui vendent en ambulance des objets non compris dans les exceptions déterminées par l'article précédent (*article* 278 *ci-dessus*), et tous marchands sous échoppe ou en étalage, sont passibles de la moitié des droits que payent les marchands qui vendent les mêmes objets en boutique. Toutefois, cette disposition n'est point applicable aux bouchers, épiciers et autres marchands ayant un étal permanent et occupant des places fixes dans les halles et marchés. Id. art. 14.

Art. 287. Ne sont point considérées comme donnant lieu à l'exemption de patente prévue à l'article 13 de la loi du 25 avril 1844 (*article* 278 *ci-dessus*), les transformations de récoltes et fruits pratiquées au moyen d'agents chimiques, de machines ou ustensiles autres que ceux servant aux travaux habituels de l'agriculture. Loi du 18 mai 1850, art. 14.

Art. 288. L'exemption des droits de patente prononcée par l'article 13, § 6, de la loi du 25 avril 1844 (*article* 278 *ci-des-* Loi du 4 juin 1858, art. 11.

sus), en faveur des ouvriers travaillant chez eux ou chez les particuliers sans compagnon, apprenti, enseigne ni boutique, est applicable aux ouvriers travaillant dans ces conditions pour leur propre compte et avec des matières à eux appartenant, comme à ceux qui travaillent à la journée ou à façon.

Ne sont point considérés comme compagnons ou apprentis la femme travaillant avec son mari, ni les enfants non mariés travaillant avec leurs père et mère, ni le simple manœuvre dont le concours est indispensable à l'exercice de la profession.

Loi du 18 mai 1850, art. 20.

Art. 289. Les patentables des quatre dernières classes du tableau A annexé à la loi du 25 avril 1844 et du tableau D annexé à la présente loi (*du* 18 *mai* 1850), qui exercent pour leur compte des professions consistant en un travail de fabrication, confection ou main-d'œuvre, ne seront imposés qu'à la moitié des droits, lorsqu'ils travailleront sans compagnon ni apprenti.

Loi du 4 juin 1858, art. 10.

Art. 290. Dans les établissements, à raison desquels le droit fixe de patente est réglé d'après le nombre des ouvriers, les individus au-dessous de seize ans et au-dessus de soixante-cinq ne seront comptés dans les éléments de cotisation que pour la moitié de leur nombre (1).

Loi du 25 avril 1844, art. 15.

Art. 291. Les mari et femme séparés de biens ne doivent qu'une patente, à moins qu'ils n'aient des établissements distincts, auquel cas chacun d'eux doit avoir sa patente et payer séparément les droits fixe et proportionnel.

Id. art. 16.

Art. 292. Les patentes sont personnelles et ne peuvent servir

---

(1) Mais il est de jurisprudence, en ce qui concerne les établissements de l'espèce, qu'on doit compter comme ouvriers la femme travaillant dans l'établissement de son mari, et les enfants même non mariés, travaillant dans l'établissement de leur père ou de leur mère. (Voir notamment Arr. C 9 mars 1853, Meurthe, aff. Simon, et 16 avril 1856, Nord, aff. Barbry-Candeille.)

qu'à ceux à qui elles sont délivrées. En conséquence, les associés en nom collectif sont tous assujettis à la patente.

Toutefois, l'associé principal paye seul le droit fixe en entier; les autres associés ne sont imposés qu'à la moitié de ce droit, même quand ils ne résident pas tous dans la même commune que l'associé principal.

Le droit proportionnel est établi sur la maison d'habitation de l'associé principal, et sur tous les locaux qui servent à la société pour l'exercice de son industrie.

La maison d'habitation de chacun des autres associés est affranchie du droit proportionnel, à moins qu'elle ne serve à l'exercice de l'industrie sociale.

Art. 293. Le droit fixe de patente exigible des associés en nom collectif ne sera que du vingtième du droit fixe payé par l'associé principal pour les associés habituellement employés comme simples ouvriers dans les travaux de l'association (1). **Loi du 18 m 1850, art. 23.**

Art. 294. Les sociétés ou compagnies anonymes ayant pour but une entreprise industrielle ou commerciale sont imposées à un seul droit fixe, sous la désignation de l'objet de l'entreprise, sans préjudice du droit proportionnel. **Loi du 25 avri 1844, art. 17.**

La patente assignée à ces sociétés ou compagnies ne dispense aucun des sociétaires ou actionnaires du payement des droits de patente auxquels ils peuvent être personnellement assujettis pour l'exercice d'une industrie particulière.

Art. 295. Les dispositions du dernier paragraphe de l'article 17 de la loi du 25 avril 1844 (*article précédent*), concernant la patente due par les sociétaires ou actionnaires des sociétés ou compagnies anonymes, lorsqu'ils exercent une industrie particu- **Loi du 18 mai 1850, art. 24.**

---

(1) Si la coopération de ces associés se réduisait, en réalité, à un simple travail manuel, il y aurait lieu de les affranchir de tout droit de patente, par application de l'article 11 de la loi du 4 juin 1858. (Art. 288 ci-dessus.)

lière, sont déclarées applicables aux gérants et associés solidaires des sociétés en commandite.

Rédaction des matrices et formules de patentes.

Loi du 25 avril 1844, art. 20.

Art. 296. Les contrôleurs des contributions procéderont annuellement au recensement des imposables et à la formation des matrices de patentes.

Le maire sera prévenu de l'époque de l'opération du recensement, et pourra assister le contrôleur dans cette opération, ou se faire représenter, à cet effet, par un délégué.

En cas de dissentiment entre les contrôleurs et les maires ou leurs délégués, les observations contradictoires de ces derniers seront consignées dans une colonne spéciale.

La matrice, dressée par le contrôleur, sera déposée, pendant dix jours, au secrétariat de la mairie, afin que les intéressés puissent en prendre connaissance et remettre au maire leurs observations. A l'expiration d'un second délai de dix jours, le maire, après avoir consigné ses observations sur la matrice, l'adressera au sous préfet.

Le sous-préfet portera également ses observations sur la matrice et la transmettra au directeur des contributions directes, qui établira les taxes conformément à la loi, pour tous les articles non contestés. A l'égard des articles sur lesquels le maire ou le sous-préfet ne sera pas d'accord avec le contrôleur, le directeur soumettra la contestation au préfet avec son avis motivé. Si le préfet ne croit pas devoir adopter les propositions du directeur, il en sera référé au Ministre des finances.

Le préfet arrête les rôles et les rend exécutoires.

A Paris, l'examen de la matrice des patentes aura lieu, pour chaque arrondissement municipal, par le maire, assisté, soit de l'un des membres de la commission des contributions, soit de l'un des agents attachés à cette commission, délégué, à cet effet, par le préfet.

Art. 297. Est ajouté à l'article 20 de la loi du 25 avril 1844 (*article précédent*) le paragraphe additionnel suivant : Loi du 18 m 1850, art. 21.

Les matrices (*de la ville de Paris*) revêtues des observations du maire de chaque arrondissement, seront centralisées à la commission des contributions qui, après y avoir aussi consigné ses observations, les transmettra au directeur des contributions, comme il est dit au cinquième paragraphe.

Art. 298. Les formules de patentes sont expédiées par le directeur des contributions directes..... Loi du 25 avr 1844, art. 26.

Les formules de patentes sont visées par le maire et revêtues du sceau de la commune.

Art. 299. Les agents des contributions directes peuvent, sur la demande qui leur en est faite, délivrer des patentes avant l'émission du rôle, après toutefois que les requérants ont acquitté entre les mains du percepteur les douzièmes échus, s'il s'agit d'individus domiciliés dans le ressort de la perception, ou la totalité des droits, s'il s'agit des patentables désignés en l'article 24 ci-dessus (*article* 453 *du présent Recueil*), ou d'individus étrangers au ressort de la perception. Id. art. 30.

Art. 300. Le patenté qui aura égaré sa patente, ou qui sera dans le cas d'en justifier hors de son domicile, pourra se faire délivrer un certificat par le directeur ou par le contrôleur des contributions directes. Ce certificat fera mention des motifs qui obligent le patenté à le réclamer, et devra être sur papier timbré. Id. art. 31.

Centimes additionnels.

Art. 301. Les formules de patentes sont affranchies du droit de timbre établi par l'article 26 de la loi du 25 avril 1844 (1). Loi du 4 jn 1858, art. 12.

---

(1) Aux termes de cet article, les formules de patentes devaient être expédiées sur des feuilles timbrees de un franc vingt-cinq centimes.

En remplacement de ce droit, il est ajouté quatre centimes additionnels au principal de la contribution des patentes.

Loi du 20 juillet 1837, art. 4.

Art. 302. A dater du 1er janvier 1838, il sera ajouté trois centimes additionnels au principal de la contribution des patentes, pour tenir lieu du droit de timbre des livres de commerce, qui en seront alors affranchis. Aucune partie de ces centimes additionnels n'entrera dans le calcul de la portion du droit des patentes qui est attribuée aux communes.

Loi du 25 avril 1844, art. 32.

Art. 303. Il est ajouté au principal de la contribution des patentes cinq centimes par franc, dont le produit est destiné à couvrir les décharges, réductions, remises et modérations, ainsi que les frais d'impression et d'expédition des formules de patentes.

En cas d'insuffisance des cinq centimes, le montant du déficit est prélevé sur le principal des rôles.

Il est, en outre, prélevé sur le principal huit centimes dont le produit est versé dans la caisse municipale.

TARIF GÉNÉRAL

DES

DROITS DE PATENTE.

TARIF GÉNÉRAL

DES DROITS DE PATENTE.

TABLEAU A

Annexe a la loi du 25 avril 1844.

TABLEAU D

Annexé à la loi du 18 mai 1850, et premiere partie du § 2 du tableau annexé à la loi du 4 juin 1858.

TARIF GÉNÉRAL

DES PROFESSIONS IMPOSÉES EU EGARD A LA POPULATION.

CLASSES.	DROIT FIXE DANS LES COMMUNES							
	au-dessus de 100,000 âmes.	de 50,001 a 100,000 âmes.	de 30,001 a 50,000 âmes.	de 20,001 a 30,000 âmes	de 10,001 a 20,000 âmes.	de 5,001 a 10,000 âmes.	de 2,001 a 5,000 âmes.	de 2,000 âmes et au-dessous
1re...	300f	240f	180f	120f	80f	60f	45f	35f
2e...	150	120	90	60	45	40	30	25
3e....	100	80	60	40	30	25	22	18
4e....	75	60	45	30	25	20	18	12
5e....	50	40	30	20	15	12	9	7
6e....	40	32	24	16	10	8	6	4
7e...	20	16	12	8	*8	*5	*4	*3
8e....	12	10	8	6	*5	*4	*3	*2

Le signe * veut dire exemption du droit proportionnel.

Sont réputés :

Marchands en gros. — Ceux qui vendent habituellement à d'autres marchands (Loi du 18 mai 1850)

Marchands en demi-gros. — Ceux qui vendent habituellement aux détaillants et aux consommateurs (Loi des 25 avril 1844 et 18 mai 1850).

Marchands en detail. — Ceux qui ne vendent habituellement qu'aux consommateurs (Lois des 25 avril 1844 et 18 mai 1850).

PREMIÈRE CLASSE.

Aiguilles à coudre et à tricoter (Marchand d') en gros.
Bas et bonneterie (Marchand de) en gros.
Beurre frais ou salé (Marchand de) en gros.
Blondes (Marchand de) en gros.
Bois à brûler (Marchand de); celui qui, ayant chantier ou magasin, vend au stere ou par quantité équivalente ou supérieure.
Bois de marine ou de construction (Marchand de).
Bois merrain (Marchand de) en gros, s'il vend par bateau ou charrette.
Bois de sciage (Marchand de) en gros.
Bronzes, dorures et argentures sur metaux (Marchand de) en gros.
Cachemires de l'Inde (Marchand de).
Caisse d'escompte (Tenant).
Caisse ou comptoir d'avances ou de prêts (Tenant).
Caisse ou comptoir de recettes et de payements (Tenant).
Châles (Marchand de) en gros.
Changeur de monnaies.
Chapeaux de feutre, de soie et de paille (Marchand de) en gros.
Chapellerie (Marchand de matières premières pour la).
Charbon de bois (Marchand de) en gros.
Chiffonnier (Marchand) en gros; celui qui a magasin et qui vend habituellement par quantités excédant 2,000 kilogr.
Cloutier (Marchand) en gros.
Coton en laine (Marchand de) en gros.
Coton filé (Marchand de) en gros.
Coutellerie (Marchand de) en gros.
Crin frisé (Marchand de) en gros.
Cristaux (Marchand de) en gros.
Cuirs en vert étrangers (Marchand de) en gros.
Cuirs tannés, corroyés, lissés, vernissés (Marchand de) en gros.
Denrées coloniales (Marchand de) en gros.
Dentelles (Fabricant de) en gros.
Dentelles (Marchand de) en gros.
Diamants et pierres fines (Marchand de)
Droguiste (Marchand) en gros.
Eaux-de-vie (Marchand d') en gros.
Epicerie (Marchand d') en gros.
Epingles (Marchand d') en gros.
Escompteur.
Faïence (Marchand de) en gros.
Fanons ou barbes de baleine (March de) en gros.
Fer en barres (Marchand de) en gros, lui qui vend habituellement par part d'au moins 500 kilogrammes.
Fleurets et filoselle (Marchand de) en gr
Fromages secs. (Marchand de) en gros.
Fruits secs (Marchand de) en gros.
Graines fourragères, oléagineuses et autr (Marchand de) en gros; celui qui ve habituellement par quantités équiv lentes à 10 hectolitres et au-dessus
Horlogerie (Marchand en gros de pieces d
Huiles (Marchand d') en gros.
Inhumations et pompes funebres (Entr prise des) dans les villes autres que Par
Laine brute ou lavée (Marchand de) gros.
Laine filée ou peignée (Marchand de) gros.
Lait (Marchand expéditeur de).
Liége brut (Marchand de) en gros.
Lin ou chanvre brut ou filé (Marchand d en gros.
Liqueurs (Marchand de) en gros.
Mercerie (Marchand de) en gros.
Metaux (Marchand de), en gros, autres qu l'or, l'argent, le fer en barre et la fonte
Miel et cire brute (Marchand expédite de).
Mine de plomb (Marchand de) en gros.
Œufs ou volailles (Marchand expéditeur d)
Os pour la fabrication du noir animal (Marchand d') en gros.
Papetier (Marchand) en gros.
Parfumeur (Marchand) en gros.

astels (Marchand de) en gros.
eaussier (Marchand) en gros.
elleteries et fourrures (Marchand de) en gros, s'il tire habituellement des pelleteries de l'etranger, ou s'il en envoie.
endules et bronzes (Marchand de) en gros.
'erres fines (Marchand de).
anches (Marchand de) en gros.
ume et duvet (Marchand de) en gros.
oisson salé, marine, sec et fumé (Marchand de) en gros.
rcelaine (Marchand de) en gros.
uincaillerie (Marchand de) en gros.
ésines et autres matieres analogues (Marchand de) en gros.
ogues ou œufs de morue (Marchand de) en gros.
uge végétal (Marchand de) en gros.
bans pour modes (Marchand de) en gros
ran (Marchand de) en gros.
ngsues (Marchand de) en gros.
l (Marchand de) en gros.
Soie (Marchand de) en gros.
Soies de porc ou de sanglier (Marchand de) en gros.
Sucre brut et raffiné (Marchand de) en gros.
Suif fondu (Marchand de) en gros.
Tabac (Marchand de) dans le departement de la Corse, en gros.
Tabac en feuilles (Marchand de).
Teinture (Marchand en gros de matières premieres pour la).
The (Marchand de) en gros.
Tissus de laine, de fil, de coton, de soie ou de crin (Marchand de) en gros.
Ventes à l'encan (Directeur d'un établissement de).
Verres blancs et cristaux (Marchand de) en gros.
Vinaigre (Marchand de) en gros.
Vins (Marchand de) en gros; vendant habituellement des vins par pieces ou paniers de vins fins, soit aux marchands en détail et aux cabaretiers, soit aux consommateurs.

DEUXIÈME CLASSE.

attoir public (Concessionnaire ou fermier d').
guilles à coudre et à tricoter (Marchand d') en demi-gros.
s et bonneterie (Marchand de) en demi-gros.
urre frais ou salé (Marchand de) en demi-gros.
'outier (Marchand fabricant) ayant ate'er et magasin.
ondes (Marchand de) en demi-gros.
is a brûler (Marchand de); celui qui, 'ayant ni chantier ni magasin, vend sur bateau ou sur les ports, au stere ou ar quantité équivalente ou superieure.
is de teinture (Marchand de) en demi-gros.
rrossier (Fabricant).
apeaux de feutre, de soie et de paille (Marchand de) en demi-gros.
Charbon de terre épuré ou non (Marchand de) en gros; celui qui vend habituellement par voiture de 1,000 kilogrammes et au-dessus.
Cloutier (Marchand) en demi-gros.
Condition pour les soies (Entrepreneur ou fermier d'une).
Coton filé (Marchand de) en demi-gros
Coutellerie (Marchand de) en demi-gros.
Crin frisé (Marchand de) en demi-gros.
Cristaux (Marchand de) en demi-gros.
Dentelles (Marchand de) en demi-gros.
Dentelles (Fabricant de) en demi-gros.
Diorama, panorama, néorama, géorama (Directeur de).
Droguiste (Marchand) en demi-gros.
Eaux-de-vie (Marchand d') en demi-gros
Entrepôt (Concessionnaire, exploitant ou fermier des droits d'emmagasinage dans un).

Entreprise générale du balayage, de l'arrosage ou de l'enlevement des boues.
Epicerie (Marchand d') en demi-gros.
Epingles (Marchand d') en demi-gros.
Fanons ou barbes de baleine (Marchand de) en demi-gros.
Fleurets et filoselle (Marchand de) en demi-gros.
Huiles (Marchand d') en demi-gros.
Joaillier (Fabricant et marchand) ayant atelier et magasin.
Laine filée ou peignée (Marchand de) en demi-gros.
Lin ou chanvre brut ou filé (Marchand de) en demi-gros.
Merceries (Marchand de) en demi-gros.
Métaux (Marchand en demi-gros de) autres que l'or, l'argent, le fer en barres, la fonte.
Nouveautés (Marchand de) n'occupant pas plus de cinq personnes préposées à la vente.
Or et argent (Marchand d').
Orfévre (Marchand fabricant) avec atelier et magasin.
Quincaillier en demi-gros.
Rubans pour modes (Marchand de) en demi-gros.
Sel (Marchand de) en demi-gros.
Serrurerie (Marchand expéditeur d'objets de).
Soie (Marchand de) en demi-gros.
Soies de porc ou de sanglier (Marchand de) en demi-gros.
Sucre brut et raffiné (Marchand de) demi-gros.
Suif fondu (Marchand de) en demi-gros.
Tabletterie (Marchand expéditeur de)
Thé (Marchand de) en demi-gros.
Tissus de laine, de fil, de coton, de ou de crin (Marchand de), en demi-g
Verres blancs et cristaux (Marchand en demi-gros.
Verroterie et gobeleterie (Marchand de) demi-gros.

TROISIÈME CLASSE.

Affineur d'or, d'argent ou de platine.
Agréeur.
Ardoises (Marchand d') en gros. Celui qui expédie par bateaux ou voitures.
Bâtiments (Entrepreneur de).
Bazar de voitures (Tenant).
Bière (Entrepositaire ou marchand en gros de).
Bijoutier (Marchand) n'ayant point d'atelier.
Bimbelotier (Marchand) en gros.
Bœufs (Marchand de).
Bois de sciage (Marchand de). Si, ayant chantier ou magasin, il ne vend qu'aux menuisiers, ébénistes, charpentiers et aux particuliers.
Bois d'ébénisterie (Marchand de).
Bois en grume ou de charronnage (Marchand de).
Bouchons (Marchand de) en gros.
Broderies (Fabricant et marchand de) gros.
Caractères d'imprimerie (Fondeur de)
Carton ou carton-pierre (Marchand f cant d'ornements en pâte de).
Châles (Marchand de) en détail.
Chardons pour le cardage (Marchand en gros.
Chocolat (Marchand de) en gros.
Chocolat (Fabricant de), avec machine vapeur ou ouvriers.
Cidre (Marchand de) en gros.
Cirage ou encaustique (Fabricant de), à machine à vapeur ou ouvriers.
Comestibles (Marchand de).
Confiseur.
Conserves alimentaires (Marchand de)
Coraux (Préparateur de).
Coraux bruts (Marchand de).
Cuirs en vert du pays (March. de) en gr

éménagements (Entrepreneur de), s'il a plusieuis voitures.

entelles (Entrepreneur de fabrication de). Celui qui, fournissant le fil, et moyennant un prix convenu, fait fabriquer pour les maisons qui lui donnent des dessins.)

istillateur-liquoriste.

roguiste (Marchand) en détail.

au filtrée ou clarifiée et dépurée (Entrepreneur d'un établissement d').

ncre à ecrire (Fabricant et marchand en gros d').

ponges (Marchand d') en gros.

quipements militaires (Marchand d'objets d').

ssayeur pour le commerce,

er en meubles (Marchand de).

ondeur d'or et d'argent.

uits secs (Marchand de) en demi-gros.

antier (Marchand-fabricant).

lacier-limonadier.

arpes (Facteur et marchand de). ayant boutique ou magasin.

orloger

ôtel garni (Maître d'), tenant un restaurant à la carte.

oublon (Marchand de) en gros.

ydromel (Fabricant et marchand d').

primeur-libraire.

primeur-typographe

primerie (Marchand de presses, caracteres et ustensiles d').

struments de musique (Marchand expéditeur d').

ambons (Marchand expéditeur de).

oaillier (Marchand), n'ayant point d'atelier.

attes (Marchand de) en gros.

ibraire-éditeur.

inger (Fournisseur).

iqueurs (Fabricant de).

arbre (Marchand de) en gros.

odes (Marchand de).

Nacre brute (Marchand de).

Navires (Constructeur de).

Orfévre (Marchand), sans atelier.

Pacotilleur. (Celui qui expédie par petites quantités dans les colonies ou à l'étranger des marchandises diverses, et qui reçoit en retour, soit de l'argent, soit des marchandises d'une autre nature.)

Pâtissier expéditeur.

Pavage des villes (Entrepreneur de).

Pendules et bronzes (Marchand de) en détail.

Pharmacien.

Pianos et clavecins (Facteurs et marchands en boutique ou magasin de).

Plaqué ou double d'or et d'argent (Fabricant et marchand d'objets en).

Plume et duvet (Marchand de) en détail.

Plumes à écrire (Marchand expéditeur de).

Poisson salé, mariné, sec et fumé (Marchand de) en demi-gros.

Restaurateur a la carte.

Saleur de viandes.

Sarraux ou blouses (Marchand de) en gros.

Sellier-carrossier.

Soie (Marchand de) en détail.

Soudes végétales indigènes (Marchand en gros de).

Tabac (Marchand de) en demi-gros, dans le département de la Corse.

Tabletterie (Marchand de matières premieres pour la).

Tailleur (Marchand) avec magasin d'étoffes.

Tapis de laine et tapisseries (Marchand de).

Tissus de laine, de fil, de coton, de soie ou de crin (Marchand de) en détail.

Tournerie de Saint-Claude (Marchand expéditeur d'articles de).

Tourteaux (Marchand de).

Traiteur, donnant à manger chez lui, ou portant en ville.

Varech (Marchand de) en gros.

Voilier pour son compte.

QUATRIÈME CLASSE.

Agent d'affaires.
Aiguilles a coudre et a tricoter (Marchand d'), en détail.
Alambics et autres grands vaisseaux en cuivre (Fabricant ou marchand d').
Amidon (Marchand d') en gros.
Anchois (Saleur d').
Apparaux (Maître d').
Appreciateur au Mont-de-Piété.
Aubergiste.
Balais (Marchand expéditeur de).
Baleines (Marchand de brins de).
Bas et Bonneterie (Marchand de) en detail.
Billards (Fabricant de) ayant magasin.
Billard (Maître de).
Blondes (Marchand de) en detail.
Bois de teinture (Marchand de) en détail.
Boisselier (Marchand) en gros.
Bottier ou cordonnier (Marchand). Celui qui tient magasin de chaussures.
Boucher (Marchand).
Boules à teinture (Fabricant de).
Brodeur sur etoffes, en or et en argent.
Broderies (Vente de) en demi-gros.
Bronzes, dorures et argentures sur métaux (Marchand de) en détail.
Cafetier.
Caoutchouc, gutta-percha et autres matieres semblables (Fabricant ou marchand d'objets confectionnés ou d'étoffes garnies en).
Cartier (Fabricant de cartes à jouer).
Cercles et societes littéraires (Entrepre- d'etablissements pour les); celui qui fournit aux cercles le local chauffé et eclairé, ainsi que les journaux, revues, brochures et le mobilier de toute espèce qui leur est nécessaire.
Chapeaux de feutre, de soie ou de paille (Fabricant de).
Charcutier.
Charpentier (Entrepreneur-fournisseur).
Chasublier (Marchand).
Chaudières en cuivre (Fabricant de).
Chaus-ons de lisiere (Marchand de) en gr
Chevaux (Marchand de).
Cire à cacheter (Fabricant de).
Cirier (Marchand).
Cochons (Marchand de).
Commissionnaire au Mont-de-Piéte.
Cordier (Fabricant de câbles et corda[illegible] pour la marine ou la navigation inte rieure).
Corroyeur (Marchand).
Coton filé (Marchand de) en détail.
Cotrets sur bateaux (Marchand de).
Couleurs et vernis (Fabricant et march[illegible] de).
Courses de chevaux (Entrepreneur d'eta blissement pour les).
Couverts et autres objets en fer battu etame (Fabricant et marchand de) gros, par procédés ordinaires.
Couvertures de soie, bourre, laine et [illegible] ton, etc. (Marchand de).
Couvreur (Entrepreneur).
Crin frisé (Marchand de).
Cuirs tannés, corroyés, lissés, vernis (Marchand de) en détail.
Décors et ornements d'architecture (Mar chand de).
Dentelles (Marchand de).
Dentelles (Fabricant de) en détail.
Dorures et argentures sur métaux (Fabri cant ou marchand de) en détail.
Dorures pour passementeries (Marchand de
Eaux minerales naturelles ou factic (Marchand d').
Ecorces de bois pour tan (Marchand d'
Encriers perfectionnés (syphoide, pompe inoxydable, etc.) (Fabricant ou mar chand d').
Estaminet (Maître d').
Estampeur en or et en argent.
Facteur de denrées et marchandises par tout ailleurs qu'a Paris).

Farines (Marchand de) en gros.
Fécules (Marchand de) en gros.
Fer en barres (Marchand de) en détail, celui qui vend habituellement par quantité inférieure à 500 kilogrammes.
Fer vieux (Marchand de) en gros.
Fils de chanvre ou de lin (Marchand de) en détail.
Fleurets et filoselle (Marchand de) en detail.
Fonte ouvragée (Marchand de).
Fosses mobiles inodores (Entrepreneur de).
Fourreur.
Fromages de pâte grasse (Marchand de) en gros.
Fromages secs (Marchand de) en demi-gros.
Garde du commerce.
Graines fourragères, oléagineuses et autres (Marchand de), en demi-gros; celui qui vend habituellement par sacs ou balles.
Grainetier-fleuriste (Expéditeur).
Grains (Marchand de) en gros.
Grains et farines (Commissionnaire en).
Graveur sur cylindres.
Herboriste expéditeur.
Hongroyeur ou hongrieur.
Horlogerie (Marchand de fournitures d').
Hôtel garni (Maître d').
Houblon (Marchand de) en demi-gros.
Huiles (Marchand d') en détail.
Instruments pour les sciences (Facteurs et marchands d'), ayant boutique ou magasin.
Jardin public (Tenant un).
Laine brute ou lavée (Marchand de) en détail.
Laine filée (Marchand de) en détail.
Laineur.
Lait (Marchand de) en gros; celui qui vend aux crémiers, laitiers, cafetiers, etc.
Légumes secs (Marchand de) en gros.
Limonadier non glacier.
Liqueurs (Marchand de) en détail.
Lustres (Fabricant et marchand de).
Maçonnerie (Entrepreneur de).
Maillechort et autres compositions métalliques (Fabricant ou marchand en gros d'objets en).
Mandataire salarié pour l'administration des faillites (s'il en fait sa profession habituelle).
Manége d'équitation (Tenant un).
Mâts (Constructeur de).
Mécanicien.
Menuisier (Entrepreneur).
Merceries (Marchand de) en detail.
Métaux (Marchand de) (autres que l'or, l'argent, le fer en barres et la fonte) en détail.
Meules de moulins (Fabricant de).
Miel et cire brute (Marchand non expéditeur de).
Moutardier (Marchand) en gros.
Moutons et agneaux (Marchand de).
Mulets et mules (Marchand de).
Nécessaires (Marchand de).
Nougat (Fabricant expéditeur de).
Oranges, citrons (Marchand d'), expéditeur.
Orgues d'églises (Facteur d').
Ornemaniste.
Papetier (Marchand) en détail.
Pastels (Marchand de) en détail.
Pâtissier non expéditeur.
Peaussier (Marchand) en détail.
Peaux en vert ou crues (Marchand de).
Peinture (Entrepreneur de) en bâtiments.
Pelleteries et fourrures (Marchand de) en détail.
Pierre artificielle ou factice (Fabricant d'objets en).
Plâtrier et plafonneur, entrepreneur.
Plieur d'étoffes.
Polytypage (Fabricant de).
Pommes à cidre (Marchand de) en gros.
Pommes de pin et d'autres arbres résineux (Marchand de) en gros.
Pommes de terre (Marchand de) en gros; celui qui vend habituellement par quantité équivalente à 20 hectolitres et au-dessus.
Pompes à incendie (Fabricant de).
Poterie (Marchand de) en gros.
Presseur de poisson de mer.
Presseur de sardines.
Quincaillier en détail.
Receveur de rentes.

Registres (Fabricant de).
Représentant du commerce (celui qui, n'étant pas courtier et n'ayant ni boutique ni magasin, achete ou vend pour le compte des marchands, moyennant une remise proportionnelle au prix des achats ou des ventes).
Restaurateur et traiteur à la carte et a prix fixe.
Rubans pour modes (Marchand de) en détail.
Sabots (Marchand de) en gros.
Sabotier (Fabricant expediteur).
Safran (Marchand de) en demi-gros.
Sangsues (Marchand de) en demi gros.
Sécheur de morue (celui qui se charge de laver et faire secher en plein air la morue apportee en vert du banc de Terre-Neuve).
Serrurier (Entrepreneur).
Serrurier (Mecanicien).
Serrurier en voitures suspendues.
Sondes (Fabricant de grandes).
Suif en branches (Marchand de).
Suif fondu (Marchand de) en détail.
Tapissier (Marchand).
Thé (Marchand de) en detail.
Tôle vernie (Fabricant d'ouvrages en).
Tonneaux, barriques, etc. (Fabrique de), pour expeditions maritimes ou commerciales.
Tourbe (Marchand de) en gros.
Truffes (Marchand de).
Tulles (Marchand de) en détail.
Tuyaux en fil de chanvre pour les pompes a incendie et les arrosements (Fabricant de).
Vaches ou veaux (Marchand de).
Vanneries (Marchand expediteur de).
Verres a vitres (Marchand de).
Vinaigrier en detail.
Vins (Marchand de) en detail, vendant habituellement, pour être consommés hors de chez lui, des vins au panier ou à la bouteille.
Vins (Voiturier marchand de).
Voiturier marchand de sel.
Volailles truffees (Marchand de).

CINQUIÈME CLASSE.

Accouchement (Chef de maison d').
Acier poli (Fabricant d'objets en), pour son compte.
Affineur de métaux autres que l'or, l'argent et le platine.
Agrafes (Fabricant d') par les procédés ordinaires, pour son compte.
Agreeur, degustateur ou inspecteur des eaux-de-vie, celui qui constate, à la requête et aux frais des parties intéressees, le poids et le goût des alcools ou leur identite avec les echantillons pris au moment des expeditions.
Albâtre (Fabricant ou marchand d'objets en).
Almanachs ou annuaires (Editeur propriétaire d').
Appareils et ustensiles pour l'eclairage au gaz (Fabricant d').
Apprêteur de chapeaux de paille.
Apprêteur d'étoffes pour les particuliers.
Armurier.
Aubergiste ne logeant qu'à pied ou a cheval.
Bains publics (Entrepreneur de).
Balancier (Marchand).
Bals publics (Entrepreneur de).
Bijoutier (Fabricant) pour son compte, sans magasin.
Bijoux en faux (Marchand de).
Blanchisseur de toiles et fils pour les particuliers.
Blatier avec voiture.
Bois à brûler (Marchand de). — Celui qui, n'ayant ni chantier, ni magasin, ni bateau, vend par voiture au domicile des consommateurs.
Bois à brûler (Marchand de). — Celui qui,

n'ayant ni chantier, ni magasin, ni bateau, vend par voiture au domicile du consommateur le bois tire directement de la coupe dont il n'est pas adjudicataire.

Bois de bateaux (Marchand de)

Bois de boissellerie (Marchand de).

Bois de volige (Marchand de).

Bois feuillard (Marchand de).

Boîtes et bijoux à musique (Fabricant de mécaniques pour), pour son compte.

Boîtes de pendules en zinc doré ou bronzé (Fabricant ou marchand de).

Boucher à la cheville (celui qui revend la viande achetée par quartiers).

Bouclerie (Fabricant de), pour son compte.

Bougies (Marchand de).

Boulanger.

Bouteilles de verre (Marchand de).

Boutons de metal, corne, cuir bouilli, etc. (Fabricant de), pour son compte.

Brocanteur en boutique ou magasin.

Broches et cannelets pour la filature (Fabricant de), pour son compte.

Broderies (Fabricant et marchand de) en detail.

Bureau de distribution d'imprimés, de cartes de visites, annonces, etc. (Entrepreneur d'un).

Bureau d'indication et de placement (Tenant un).

Cabaretier et marchand de biere ou de cidre en detail ayant billard.

Calandreur d'etoffes neuves.

Caractères mobiles en metal (Fabricant de).

Carrossier raccommodeur.

Cartonnage fin (Fabricant et marchand de).

Cercles ou societes (Fournisseur des objets de consommation dans les).

Chandelles (Marchand de) en détail.

Chapeaux de paille (Marchand de) en detail.

Chapellerie en fin.

Chapellerie (Marchand de fournitures pour la).

Charbon de bois (Marchand de) en demigros.

Charbon de terre épuré ou non (Marchand de) en demi-gros (celui qui vend habituellement aux détaillants et aux consommateurs par quantités inférieures à 1,000 kilogrammes).

Chasse (Marchand d'ustensiles de).

Chaudronnier (Marchand).

Cheminees dites *economiques* (Fabricant et marchand de).

Chevaux (Loueur de).

Chevaux (Tenant pension de).

Cheveux (Marchand de).

Chiffonnier (Marchand) en demi-gros; celui qui, avec ou sans magasin, vend habituellement par quantites de 1,000 à 2,000 kilogrammes.

Chocolat (Marchand de) en détail.

Cloches de toutes dimensions (Marchand de).

Cloutier (Marchand) en détail.

Coffretier-malletier en cuir

Colle solide ou en poudre pour la clarification des vins et liqueurs (Fabricant de).

Colleur d'étoffes.

Cornes brutes (Marchand de).

Coutelier (Marchand en detail).

Cremier-glacier.

Crics (Fabricant et marchand de)

Crin frise (Apprêteur de).

Cristaux (Marchand de) en détail.

Culottier en peau (Marchand).

Curiosité (Marchand en boutique d'objets de).

Cylindres pour filature (Tourneur et couvreur de).

Décatisseur.

Dechireur ou dépeceur de bateaux.

Dents et rateliers artificiels (Fabricant ou marchand de).

Dés à coudre en métal autre que l'or et l'argent (Fabricant de), pour son compte.

Distillateur d'essences et eaux parfumées et médicinales.

Eaux-de-vie (Marchand d') en détail.

Ebéniste (Marchand), ayant boutique ou magasin.

Eclairage à l'huile pour le compte des particuliers (Entrepreneur d').

Emplacement pour dépôt de marchandises (Exploitant un); celui qui, propriétaire ou locataire d'un emplacement, reçoit des marchandises en dépôt moyennant rétribution.
Eperonnier, pour son compte.
Epicier en détail.
Eponges (Marchand d') en détail.
Equipage (Maître d').
Etain (Fabricant de feuilles d').
Etriers (Fabricant d'), pour son compte.
Etrilles (Fabricant d'), pour son compte.
Ferblantier-Lampiste.
Ferronnier.
Fleurs artificielles (Fabricant et marchand de).
Fondeur en fer, en bronze ou en cuivre (avec des creusets ordinaires).
Forces (Fabricant de), pour son compte.
Forgeron de petites pièces (canons, platines).
Fourrages (Marchand de), par bateaux, charrettes ou voitures.
Frangier (Marchand).
Galonnier (Marchand).
Gantier (Marchand).
Glaces (Marchand de) (Miroitier).
Glacier.
Gymnase (Maître de).
Instruments de chirurgie en métal (Fabricant et marchand d').
Ivoire (Marchand d'objets en).
Jaugeur juré pour les liquides.
Jeu de paume (Maître de).
Joaillier (Fabricant), pour son compte.
Lampiste.
Lapidaire en pierres fausses (Fabricant ou marchand), ayant boutique ou magasin.
Laveur de laines.
Layetier-emballeur.
Libraire.
Liége brut (Marchand de) en détail.
Loueur de voitures suspendues.
Lunetier (Marchand).
Lutherie (Marchand de fournitures de).
Luthier (Fabricant), pour son compte.
Magasinier.
Maréchal expert.
Maroquinier, pour son compte.
Marrons et châtaignes (Marchand expéditeur de).
Mégissier, pour son compte.
Menuisier-mécanicien.
Métiers à bas (Forgeur de), pour son compte.
Meubles (Marchand de).
Meules à aiguiser (Fabricant et marchand de).
Meules de moulin (Marchand de).
Mine de plomb (Marchand de) en détail.
Minerai de fer (Marchand de), ayant magasin.
Miroitier.
Modiste.
Monteur d'agrès et de manœuvres de navires.
Monteur de boîtes de montres, pour son compte.
Monuments funèbres (Entrepreneur de).
Moulures (Fabricant de), pour son compte
Moulures (Marchand de), en boutique.
Musique (Marchand de).
Nacre de perles (Fabricant d'objets en), pour son compte.
Nacre de perles (Marchand d'objets en).
Natation (Tenant une école de).
Orfévre (Fabricant), pour son compte.
Orgues portatives (Facteur d'), pour son compte.
Osier (Marchand d'), vendant par voiture ou par bateau.
Papier peint pour tentures (Marchand de)
Papier ou taffetas préparés pour usages médicinaux (Marchand de).
Parc aux charrettes (Tenant un).
Parfumeur (Marchand) en détail.
Passementier (Marchand).
Pavés (Marchand de).
Peignes de soie (Marchand de).
Peintre-vernisseur en voitures ou équipages.
Perles fausses (Marchand de).
Pierres brutes (Marchand de).
Pierres lithographiques (Marchand de).
Planches (Marchand de) en détail.
Plombier.

Plumassier (Fabricant et marchand).

Plumes à écrire (Marchand de), non-expéditeur.

Poisson frais (Marchand de), expéditeur ou vendant par fortes parties aux détaillants.

Pompes de métal (Fabricant de).

Porcelaine (Marchand de) en détail.

Poudrette (Marchand de).

Relais (Entrepreneur de), même lorsqu'il est maître de poste.

Résines et autres matières analogues (Marchand de), en détail.

Restaurateur et traiteur à prix fixe seulement.

Rogues ou œufs de morue (Marchand de), en détail.

Rôtisseur.

Rouge végétal (Marchand de), en détail.

Saleur d'olives.

Sang (Marchand de).

Seaux à incendie (Fabricant de).

Sellier-harnacheur.

Serrurier non entrepreneur.

Soies de porc ou de sanglier (Marchand de), en detail.

Soufflets (Fabricant et marchand de gros) pour les forgerons, bouchers, etc.

Sparterie pour modes (Fabricant de).

Sucre brut et raffiné (Marchand de), en détail.

Tableaux (Marchand de).

Taffetas gommés ou cirés (Marchand de).

Taillandier.

Tailleur (Marchand d'habits neufs).

Tailleur (Marchand), sans magasin d'étoffes, fournissant sur échantillons.

Tapis peints ou vernis (Marchand de).

Tir au pistolet (Maître de).

Toiles cirées et vernies (Marchand de).

Toiles métalliques (Fabricant de), pour son compte.

Tôle vernie (Marchand d'ouvrages en).

Traçons (Maître de).

Tricots à l'aiguille (Fabricant ou marchand de).

Ustensiles de chasse et de pêche (Marchand d').

Vannier-emballeur pour les vins.

Verres blancs et cristaux (Marchand de) en détail.

Vidange (Entrepreneur de).

Vins (Marchand de) en detail, donnant à boire chez lui et tenant billard.

Voilier-emballeur; celui qui, au débarquement, ouvre les balles ou sacs de marchandises, les répare ou en confectionne de neufs, ou qui fournit des tentes ou des bâches pour abriter les marchandises deposées sur les quais.

Voiturier ou roulier (ayant plusieurs équipages).

SIXIÈME CLASSE.

Abeilles (Marchand d').

Affiches (Entrepreneur de la pose et de la conservation des).

Agaric (Marchand d').

Agent dramatique.

Aiguilles, clefs et autres petits objets pour montres ou pendules (Fabricant d'), pour son compte.

Allumettes chimiques (Fabricant et marchand d').

Amidon (Marchand d') en détail.

Anatomie (Fabricant de pièces d').

Anatomie (Tenant un cabinet d').

Anes (Marchand d').

Annonces et avis divers (Entrepreneur d'insertions d').

Appréciateur d'objets d'art.

Apprêteur de peaux.

Apprêteur de plumes, laines, duvet et autres objets de literie.

Ardoises (Marchand d'). Celui qui vend par millier aux maçons et aux entrepreneurs de bâtiments.

Arrimeur.

Arrosage (Entreprise particulière d').
Artificier.
Assortisseur (Marchand de petits coupons d'etoffes).
Baies de genievre (Marchand de).
Bains de riviere en pleine eau, bains de mer ou à la lame (Entrepreneur de).
Balancier (Fabricant), pour son compte.
Balançons (Marchand de).
Balayage (Entreprise partielle de).
Bandagiste
Bardeaux (Marchand de)
Barometres (Fabricant ou marchand de).
Barques, bateaux ou canaux (Constructeur de).
Bateaux à laver (Exploitant de).
Battendier.
Batteur d'or et d'argent.
Baudruche (Apprêteur de).
Beurre frais ou salé (Marchand de), en détail.
Biberons (Fabricant de), pour son compte.
Biere ou cidre (Marchand de) en détail.
Bijoutier en faux (Fabricant), pour son compte.
Billards (Fabricant de), sans magasins.
Bisette (Fabricant et marchand de).
Blanc de craie (Fabricant et marchand de).
Blanchisseur de linge, ayant un établissement de buanderie.
Blatier avec bêtes de somme.
Bluteaux ou blutoirs (Fabricant et marchand de).
Bois merrains (Marchand de), s'il ne vend qu'aux tonneliers et aux particuliers.
Boiseries (Marchand de vieilles).
Boisselier (Marchand) en détail.
Bombagiste.
Bombeur de verres.
Bossetier.
Bottier ou cordonnier travaillant sur commande.
Boucher en petit bétail (ne vendant que veau, mouton, agneau, chevreau).
Bouchonnier.
Bouchons (Marchand de) en détail.
Boues (Entreprise partielle de l'enlèvement des).
Bouilleur ou brûleur d'eau-de-vie.
Bouillon et bœuf cuit (Marchand de).
Bourre de soie (Marchand de).
Bourrelier.
Boyaudier.
Brasseur à façon.
Bretelles et jarretières (Fabricant de), pour son compte.
Bretelles et jarretieres (Marchand de).
Briou (Fabricant de).
Briques (Marchand de).
Briquets phosphoriques et autres (Fabricant de).
Brocanteur d'habits en boutique.
Brossier (Fabricant), pour son compte.
Brossier (Marchand).
Buffletier (Marchand).
Buis ou racines de buis (Marchand de).
Bustes et figures en plâtre ou en terre (Mouleur ou marchand de).
Cabaretier.
Cabinet de lecture (Tenant un), où l'on donne à lire les journaux et les nouveautés littéraires.
Cabinets d'aisances publics (Tenant).
Cadrans de montres et de pendules (Fabricant de), pour son compte.
Cadres pour glaces et tableaux (Marchand de).
Cafe naturel et café de chicorée en poudre (Marchand de).
Cafetieres, bouillotes, marabouts (Fabricant ou marchand de).
Caisses de tambour (Facteur de).
Calfat (Radoubeur de navires).
Cannelles et robinets en cuivre (Fabricant de), pour son compte.
Cannes (Marchand de) en boutique.
Cantinier, dans les prisons, hospices et autres établissements publics.
Caparaçonnier, pour son compte.
Capsules métalliques (Fabricant de), pour boucher les bouteilles.
Cardes (Fabricant de) par les procédés ordinaires, pour son compte.
Carreaux à carreler (Marchand de).
Carrés de montres (Fabricant de), pour son compte.

Cartes de géographie (Marchand de).
Cartes à jouer (Marchand de).
Cartons pour bureaux et autres (Fabricant de), pour son compte.
Carton en feuilles (Fabricant de), pour son compte.
Casquettes, toques, bonnets carrés et autres (Fabricant ou marchand de).
Cendres (Laveur de).
Cercles ou cerceaux (Marchand de).
Chaînes de fil, laine ou coton, préparées pour la fabrication des tissus (March. de).
Chaises fines (Marchand et fabricant de).
Chamoiseur, pour son compte.
Chandeliers en fer et en cuivre (Fabricant de), pour son compte.
Chanvre (Marchand de), en détail.
Chapelier en grosse chapellerie.
Charcutier revendeur.
Chargement et déchargement des bateaux (Entrepreneur du).
Charpentier.
Charrée (Marchand de).
Charron.
Châsses de lunettes (Fabricant de), pour son compte.
Chaussons autres qu'en lisière (Fabricant de).
Chaux (Marchand de).
Chef de ponts et pertuis.
Chocolat (Fabricant de) n'employant ni machine à vapeur, ni ouvriers.
Cimentier (Marchand); celui qui vend des mastics et ciments qu'il n'a point fabriqués, ou qu'il a fabriqués par des procédés ne donnant pas lieu à l'application des droits determinés au tableau des professions imposées sans égard à la population.
Ciseleur.
Clinquant (Fabricant de), pour son compte
Cloches (Fondeur de), sans boutique ni magasin.
Clochettes (Fondeur de).
Coffretier-malletier en bois.
Coiffeur.
Cols, collets et rabats (Fabricant de), pour son compte.
Cols, collets et rabats (Marchand de).
Combustibles (Marchand de), en boutique.
Commissionnaires porteurs pour les fabricants de tissus.
Commissionnaire accrédité près la douane; celui qui, avec l'autorisation de l'administration, assiste, pour le compte et aux frais des voyageurs, à la vérification de leurs effets dans les bureaux des douanes.
Coquetier avec voiture.
Cordes harmoniques (Fabricant de), pour son compte.
Cordes métalliques (Fabricant de), pour son compte.
Cordier (Marchand).
Corne (Apprêteur de), pour son compte.
Corne (Fabricant de feuilles transparentes de), pour son compte.
Corsets (Fabricant et marchand de).
Cosmorama (Directeur de).
Costumier.
Coupeur de poils (Marchand), pour son compte.
Courtier-gourmet-piqueur de vins.
Courtier en soie.
Couturière (Marchande).
Couverts et autres objets en fer battu ou étamé (Fabricant et marchand de) en detail.
Couvreur (Maître).
Crayons (Marchand de).
Crépins (Marchand de).
Crinières (Fabricant de), pour son compte.
Crins plats (Marchand de).
Cuir bouilli et verni (Fabricant ou marchand d'objets en).
Cuirs et pierres à rasoirs (Fabricant et marchand de).
Cuivre de navires (Marchand de vieux).
Dalles (Marchand de).
Damasquineur.
Decoupoirs (Fabricant de), pour son compte.
Deménagements (Entrepreneur de), s'il a une seule voiture.
Dentelles (Facteur de).
Dépeceur de voitures.

Dessinateur pour fabrique.

Dessinateur de parcs et jardins.

Diamants pour vitriers et miroitiers (Monteur de), pour son compte.

Doreur, argenteur et applicateur d'autres métaux que l'or et l'argent.

Doreur sur bois.

Drèche ou marc de l'orge qui a servi à faire la bière (Marchand de).

Ebéniste (Fabricant), pour son compte, sans magasin.

Ecrans (Fabricant d'), pour son compte.

Emailleur, pour son compte.

Emballeur non layetier.

Encre à écrire (Fabricant et marchand d') en détail.

Enduit contre l'oxydation (Applicateur d').

Enjoliveur (Marchand).

Epingles (Fabricant d') par les procédés ordinaires.

Essayeur de soie.

Estampes et gravures (Marchand d').

Etameur de glaces.

Eventailliste (Marchand fabricant), ayant boutique ou magasin.

Facteur de fabrique.

Fagots et bourrées (Marchand de), vendant par voiture.

Faïence (Marchand de).

Farines (Marchand de) en détail.

Fécules (Marchand de) en détail.

Ferblantier.

Feuilles de cuivre imitant l'or battu (Marchand de).

Feutre (Fabricant et marchand de), pour la papeterie, le doublage des navires, plateaux vernis, etc.

Filagraniste.

Filasse de nerfs (Fabricant de), pour son compte.

Filets pour la pêche, la chasse, etc. (Fabricant de).

Fileur (Entrepreneur).

Filotier.

Fleurs artificielles (Marchand d'apprêts et papiers pour).

Fleurs d'oranger (Marchand de).

Fondeur d'étain, de plomb ou fonte de chasse.

Fontaines à filtrer (Fabricant et marchand de).

Force motrice (Loueur de); celui qui, possesseur d'un établissement qu'il n'emploie pas pour son propre compte à la production industrielle, en loue, à plus ou moins longs termes, la force motrice à tout individu qui se présente.

Forgeron (celui qui fait ou répare les instruments et outils aratoires).

Formaire (pour la fabrication du papier), pour son compte.

Fouleur de bas et autres articles de bonneterie.

Fouleur de feutre pour les chapeliers.

Fourbisseur (Marchand).

Fournaliste.

Fourneaux potagers (Fabricant et marchand de).

Fourrage (Débitant de), à la botte ou en petite partie au poids.

Fripier.

Fromages de pâte grasse (Marchand de) en détail.

Fromages secs (Marchand de) en détail.

Fruitier oranger.

Fruits secs (Marchand de) en détail.

Fruits secs pour boissons (Marchand de).

Fumiste.

Garde-robes inodores (Fabricant et marchand de).

Gibernes (Fabricant de), pour son compte

Glace; eau congelée (Marchand de).

Globes terrestres et célestes (Fabricant et marchand de).

Gommeur d'étoffes.

Graine de moutarde blanche (Marchand de).

Grains et graines (Marchand de) en détail

Graine de vers à soie (Marchand de).

Grainetier-fleuriste en détail.

Graveur sur métaux (fabriquant les timbres secs et gravant sur bijoux).

Grue (Maître de).

Harpes (Facteur de), n'ayant ni boutique ni magasin.

Herboriste-droguiste.

Histoire naturelle (Marchand d'objets d').

Horloger-rhabilleur (Marchand).

Horlogerie (Fabricant de pièces d'), pour son compte.
Huîtres (Marchand d').
Images (Fabricant ou marchand d').
Imprimeur-lithographe, éditeur.
Infirmerie d'animaux (Tenant une).
Instruments aratoires (Fabricant d').
Instruments de chirurgie en gomme élastique (Fabricant d').
Instruments de musique à vent, en bois ou en cuivre (Facteur d').
Instruments de musique en cuivre (Facteur de pièces d'), pour son compte.
Instruments pour les sciences (Facteur d'), sans boutique ni magasin.
Ivoire (Fabricant d'objets en), pour son compte.
Jais ou jaiet (Fabricant ou marchand d'objets en).
Kaolin, pétunzé, manganèse (Marchand de).
Lamineur par les procédés ordinaires.
Lanternier.
Lattes (Marchand de) en détail.
Lavoir public (Tenant un).
Layetier.
Levure ou levain (Marchand de).
Lin (Marchand de) en détail.
Lin ou chanvre (Fabricant de) (celui qui, après avoir roui et battu le lin ou le chanvre, le vend par bottes).
Linge de table et de ménage (Loueur de).
Linger.
Liseur de dessins (celui qui fait les dispositions nécessaires pour reproduire, dans les tissus, les dessins donnés par les fabricants).
Lithochrome, imprimeur.
Lithochromies (Marchand de).
Lithographies (Marchand de).
Lithophanies pour stores (Fabricant et marchand de).
Loueur de tableaux et dessins.
Loueur en garni.
Lunetier (Fabricant).
Lustreur de fourrures.
Maçon (Maître).
Maillechort et autres compositions métalliques (Marchand d'objets en) en détail.
Maison particulière de retraite (Tenant une).
Marbre factice (Fabricant et marchand d'objets en).
Marbrier.
Maréchal ferrant.
Masques (Fabricant et marchand de).
Matériaux (Marchand de vieux).
Menuisier.
Mercerie (Marchand de menue).
Metteur en œuvre pour son compte.
Meubles et outils d'occasion (Marchand de).
Moireur d'étoffes, pour son compte.
Monteur de métiers.
Mosaïques (Marchand de).
Mulquinier. Celui qui prépare le fil pour les chaînes servant à la fabrication des tissus.
Naturaliste (Marchand).
Nécessaires (Fabricant de), pour son compte.
Nourrisseur de vaches et de chèvres pour le commerce du lait.
Oranges et citrons (Marchand d'), en boutique et en détail.
Os (Fabricant d'objets en), pour son compte.
Outres (Fabricant d'), pour son compte.
Outres (Marchand d').
Paille (Fabricant de tissus pour les chapeaux de), pour son compte.
Paillettes et paillons (Fabricant de), pour son compte.
Pain à cacheter et à chanter (Fabricant et marchand de).
Pain d'épices (Fabricant ou marchand en boutique de).
Pantoufles (Marchand de).
Papiers de fantaisie, papiers déchiquetés, papier végétal (Fabricant de), pour son compte.
Papiers pour emballage et pour sacs (Marchand de).
Parapluies (Fabricant et marchand de).
Parcheminier, pour son compte.
Parqueteur (Menuisier).
Pâtes alimentaires (Marchand de)
Paveur.

Peaux de lièvres et de lapins (Marchand de), en boutique.
Peignes à sérancer (Fabricant de), pour son compte.
Peignes d'écaille, d'ivoire, de corne, de buis, etc. (Fabricant de), pour son compte.
Peignes (Marchand de), en boutique.
Peintre en bâtiments non entrepreneur.
Pension bourgeoise (Tenant).
Pension particuliere de vieillards (Tenant).
Perles fausses (Fabricant de), pour son compte.
Peseur et mesureur juré.
Photographe.
Pianos et clavecins (Facteur de), n'ayant ni boutique ni magasin.
Pianos (Loueur de).
Pierres à brunir (Fabricant et marchand de).
Pierres bleues (Marchand de) pour le blanchissage du linge.
Pierres fausses (Fabricant de).
Pierres taillees (Marchand de).
Pinceaux (Fabricant de), pour son compte.
Pipes assorties (Marchand de).
Piqueur de cartons (celui qui prépare les cartons destinés à reproduire, dans les tissus, les dessins donnés par les fabricants).
Plafonneur et plâtrier.
Plants, arbres ou arbustes (Marchand de) (celui qui ne se borne pas à vendre des plants, arbres ou arbustes provenant des terrains par lui cultivés).
Plâtre (Marchand de).
Plomb de chasse Fabricant ou Marchand de).
Plumes métalliques (Marchand fabricant de).
Poêlier en faience, fonte, etc.
Polisseur d'objets en or, argent, cuivre, acier, écaille, os, corne, etc.
Ponton-débarcadere (Exploitant de).
Porces pour les papetiers (Fabricant de).
Portefeuilles (Fabricant de), pour son compte.
Portefeuilles (Marchand de).
Potier d'étain.
Poudre d'or, de bronze et autres métaux (Fabricant et marchand de).
Poulieur (Fabricant).
Queues de billard (Fabricant de), pour son compte.
Quilles ou mail (Maître de jeu de).
Ramonage (Entrepreneur de).
Rampiste.
Ressorts de bandages pour les hernies (Fabricant de), pour son compte.
Ressorts de montres et de pendules (Fabricant de), pour son compte.
Sabots garnis (Fabricant ou marchand de), celui qui fabrique ou vend des sabots élegants garnis en cuir verni, en velours, en drap, etc.
Sacs de toile (Fabricant et marchand de)
Salpêtrier.
Sarraux ou blouses (Marchand de) en détail.
Sculpteur en bois, pour son compte.
Sécheur de garance (celui qui fait sécher la garance récoltée par les propriétaires qui n'ont pas les appareils nécessaires pour la faire sécher eux-mêmes).
Son, recoupe et remoulage (Marchand de)
Sparterie (Fabricant et marchand d'objets en).
Sphères (Fabricant de).
Stucateur.
Sumac (Marchand de).
Tabac (Marchand de) en détail, dans le departement de la Corse.
Table d'hôte (Tenant une).
Tabletier (Marchand).
Tabletterie (Fabricant d'objets en), pour son compte.
Tambours, grosses caisses, tambourins Fabricant de).
Tamisier (Fabricant et marchand).
Tan (Marchand de).
Tapissier à façon.
Tartrier.
Teinturier pour les particuliers.
Terrassier (Maître).
Tireur d'or et d'argent.
Tissus grossiers et communs (Marchand de), sans assortiment.

Tôlier.
Tonnelier (Maître).
Tourneur sur métaux.
Tourneur en marbre ou en pierre.
Tours et autres ouvrages pour la coiffure, en cheveux, soie, etc. (Fabricant ou marchand de).
Tourteaux (Marchand de) en détail.
Tréfileur par les procédés ordinaires.
Troupes de passage (Entrepreneur du logement des).
Tuiles (Marchand de).
Vannerie (Marchand de) en détail.
Vannier (Fabricant en vannerie fine).
Vérificateur de bâtiments.
Vernisseur sur cuir, feutre, carton et métaux
Verres bombés (Marchand de).
Verroterie et gobeleterie (Marchand de) en détail.
Vignettes et caracteres à jour (Fabricant de), pour son compte.
Vignettes et caracteres à jour (Marchand en boutique de).
Vins (Marchand de), en detail, donnant à boire chez lui, et ne tenant pas billard.
Vis (Fabricant de) par procédés ordinaires, pour son compte.
Vitraux (Faiseur ou ajusteur de), pour son compte.
Vitrier en boutique.
Voilier à façon.
Volaille ou gibier (Marchand de).
Yeux artificiels (Fabricant d').

SEPTIÈME CLASSE.

Accordeur de pianos, harpes et autres instruments.
Acheveur en métaux.
Acier poli (Fabricant d'objets en) à façon
Alambic (Loueur d'); celui qui loue les ustensiles nécessaires pour la fabrication de l'eau-de-vie.
Alevin (Marchand d').
Alléges (Maître d').
Anes (Loueur d').
Apprêteur de barbes ou fanons de baleine.
Apprêteur de bas et autres objets de bonneterie.
Archets (Fabricant d')
Arçons (Fabricant ou ferreur d').
Armurier rhabilleur.
Armurier à façon.
Arpenteur.
Attelles pour colliers de bêtes de trait (Fabricant et marchand d').
Avironnier.
Badigeonneur.
Balancier (Fabricant) à façon.
Ballons pour lampes (Fabricant de), pour son compte.
Bandagiste à façon.
Bardeaux (Fabricant de), pour son compte.
Bâtier.
Battoirs de paume (Fabricant de).
Baugeur.
Biberons (Fabricant de) à façon.
Bijoutier à façon.
Bijoutier en faux (Fabricant) à façon.
Bimbeloterie (Fabricant d'objets de), sans boutique ni magasin.
Bimbelotier (Marchand) en détail.
Blanchisseur de chapeaux de paille.
Blanchisseur de fin.
Blanchisseur sur pré.
Boisselier.
Boîtes et bijoux à musique (Fabricant de mécaniques pour) à façon.
Bonbons et confiseries (Revendeur de).
Bottes remontées (Marchand de).
Boules vulnéraires, dites *d'acier* ou de *Nancy* (Fabricant de).
Bouquetière (Marchande) en boutique.
Bouquiniste.
Bourrelets d'enfants (Fabricant et marchand de).

Bourses, gants, mitaines, réseaux et autres ouvrages à mailles (Fabricant de).
Boutons de soie (Fabricant de), pour son compte.
Briquets phosphoriques et autres (Marchand de).
Brocanteur dans les ventes (sans boutique ni magasin).
Broches pour la filature (Rechargeur de).
Broderies (Blanchisseur et apprêteur de).
Broderies (Dessinateur-imprimeur de).
Broderies (Fabricant de) a façon.
Bronze (Metteur en) (celui qui met en couleur de bronze des pendules, candélabres et autres objets en metaux).
Brunisseur.
Buanderie (Loueur d'établissement de); celui qui loue à tout venant un établissement de buanderie, muni de ses ustensiles et appareils.
Buffletier (Fabricant), pour son compte.
Bustes en cire pour les coiffeurs (Fabricant de).
Cabinet de figures en cire (Tenant un).
Cabinet de lecture où l'on donne à lire les journaux seulement (Tenant un).
Cabinet particulier de tableaux, d'objets d'histoire naturelle ou d'antiquités (Tenant un).
Cabriolets (Maître de station de) (celui qui loue des emplacements où, moyennant une rétribution, les cabriolets peuvent stationner).
Calandreur de vieilles étoffes ou de chapeaux de paille).
Cambreur de tiges de bottes.
Camées faux ou moulés (Fabricant de).
Canelles et robinets en cuivre (Fabricant de) à façon.
Cannes (Fabricant de), pour son compte.
Cannetille (Fabricant de).
Caractéres d'imprimerie (Fondeur de) à façon.
Caractères d'imprimerie (Graveur en).
Caractères mobiles en bois ou en terre cuite (Fabricant et marchand de).
Carcasses ou montures de parapluies (Fabricant de), pour son compte.
Cardeur de laine, de coton, de bourre de soie, filoselle, etc.
Carreleur.
Carrioles (Loueur de).
Cartons en feuilles (Fabricant de) à façon
Ceinturonnier, pour son compte.
Cendres ordinaires (Marchand de).
Chapelets (Fabricant et marchand de).
Chapelier à façon.
Charbonnier-cuiseur; celui qui, pour le compte des exploitants, entreprend de transformer le bois en charbon.
Charnières en fer, cuivre ou fer-blanc (Fabricant de) par les procédés ordinaires, pour son compte.
Charpentier à façon (travaillant à la journée pour des maîtres ou pour des particuliers qui lui fournissent la matière)
Charron à façon (travaillant à la journée pour des maîtres ou pour des particuliers qui lui fournissent la matiere)
Chasublier à façon.
Chaudronnier-rhabilleur.
Chaussons en lisière et autres (Marchand de).
Chenille en soie (Fabricant de), pour son compte.
Chevaux (Courtier de).
Chevres et chevreaux (Marchand de).
Chiffonnier en détail; celui qui, avec ou sans magasin, vend habituellement par quantités inférieures à 1,000 kilogr.
Chineur.
Cirage ou encaustique (Marchand ou fabricant de), n'employant ni ouvrier ni machine à vapeur.
Cloutier au marteau, pour son compte.
Coiffes de femmes (Faiseuse et marchande de).
Colle de pâte, de peau, de graisse, de latine (Fabricant ou marchand de).
Colleur de chaînes pour fabrication tissus.
Colliers de chiens (Fabricant et marchand de).
Confiseur en chambre.
Coquetier avec bêtes de somme.
Cordes harmoniques (Fabricant de) à façon

Cordes métalliques (Fabricant de) à façon.
Cordier (Fabricant de menus cordages, tels que cordes, ficelles, longes, traits, etc.).
Cordons, lacets, tresses, ganses, en fil, soie, laine, coton, etc. (Fabricant de), pour son compte.
Corroyeur à façon.
Cosmétiques (Marchand de).
Coton cardé ou gommé (Marchand de).
Coupeur de poils à façon.
Courroies (Apprêteur de), pour son compte.
Courtier de bestiaux.
Courtier de mouture (celui qui se charge de faire moudre le grain des particuliers dans les moulins exploités par d'autres).
Coutelier à façon.
Couturière en corsets, en robes ou en linge.
Couvreur en paille ou en chaume.
Couvreur à façon.
Crémier ou laitier.
Crépin en buis (Fabricant d'articles de), pour son compte.
Criblier.
Cristaux (Tailleur de).
Crochets pour les fabriques d'étoffes (Fabricant de), pour son compte.
Cuivre vieux (Marchand de).
Déchets de soie, laine, coton, débris de cocons (Marchand de).
Découpeur en marqueterie.
Décrueur de fil.
Dégraisseur.
Denteleur de scies.
Dentiste, non pourvu du diplôme de docteur en médecine, de chirurgien ou d'officier de santé.
Dépolisseur de verres.
Diamants pour vitriers et miroitiers (Monteur de), à façon.
Doreur sur tranches, sur cuir, sur papier.
Drogues (Pileur de).
Ebéniste (Fabricant) à façon.
Ecailles d'ables ou ablettes (Marchand d').
Echalas (Marchand d').
Echelles, fourches, râteaux et râteliers (Fabricant et marchand d').
Ecorcheur ou équarrisseur d'animaux.
Emailleur à façon.
Embouchoirs (Faiseur d').
Enjoliveur (Fabricant), pour son compte.
Eperonnier à façon.
Epicier-regrattier. S'il ne vend qu'au petit poids et à la petite mesure quelques articles d'épiceries, et joint à ce commerce la vente de quelques autres objets, comme poterie de terre, charbon en détail, bois à la falourde, etc.
Epinglier-grillageur.
Equarrisseur de bois.
Equipeur-monteur.
Essence d'Orient (Fabricant d').
Estampeur ou repousseur en métaux autres que l'or et l'argent.
Etoffes (Crépeur d') (celui qui, après le tissage, crêpe les étoffes pour en faire ressortir le duvet).
Etriers (Fabricant d') à façon.
Etrilles (Fabricant d') à façon.
Eventailliste (Fabricant), pour son compte.
Expert pour le partage et l'estimation des propriétés.
Expert visiteur de navires.
Fendeur de brins de baleine ou de jonc.
Fendeur en bois.
Ferblantier en chambre.
Ferrailleur.
Finisseur en horlogerie.
Fleuriste travaillant pour le compte des marchands.
Fontaines en grès, à sable (Marchand de).
Forces (Fabricant de) à façon.
Forets (Fabricant de).
Forgeron de petites pièces, à façon.
Formier.
Fouets, cravaches (Fabricant ou marchand de), pour son compte.
Fournier ou cuiseur (celui qui fait cuire le pain, la viande ou autres aliments pour les particuliers).
Fourreaux pour sabres, épées, baïonnettes (Fabricant de), pour son compte.
Frangier (Fabricant), pour son compte.
Fretin (Marchand de).
Friseur de draps et autres étoffes de laine.

Friteur ou friturier en boutique.
Fruitier.
Gabare (Maître de) ou gabarier.
Gaînier (Fabricant), pour son compte.
Galettes, gaufres, brioches et gâteaux (Marchand de), en boutique.
Galochier.
Galonnier (Fabricant), pour son compte.
Gantier dresseur; celui qui examine la couture et la qualité des gants reçus de fabrique, les lustre et leur donne le dernier apprêt.
Gargotier.
Gauffreur d'étoffes, de rubans, etc.
Gaules et perches (Marchand de).
Graines fourragères, oléagineuses et autres (Marchand de) en detail.
Grainier ou grainetier.
Gravatier.
Graveur en caractères d'imprimerie.
Graveur sur metaux. Se bornant à graver des cachets ou des planches pour factures et autres objets dits *de ville.*
Grueur.
Guêtrier.
Guillocheur.
Guimpier.
Hameçons (Fabricant d').
Herboriste. Ne vendant que des plantes médicinales, fraîches ou sèches.
Hongreur.
Horloger-repasseur.
Horloger-rhabilleur (non marchand).
Horlogerie (Fabricant de pièces d') à façon.
Horloges en bois (Fabricant ou marchand d').
Imprimeur en taille-douce pour objets dits *de ville.*
Imprimeur-lithographe (non éditeur).
Imprimeur sur porcelaine, faïence, verre, cristaux, émail, etc.
Instruments de musique en cuivre (Facteur de pieces d') a façon.
Ivoire (Fabricant d'objets en) à façon.
Joaillier à façon.
Lait d'ânesse (Marchand de).
Lamier-rotier, pour son compte.
Lapidaire à façon.
Layettes d'enfant (Marchand de).
Légumes secs (Marchand de) en detail.
Librairie (Agent de).
Lie de vin (Marchand de).
Linge (Marchand de vieux).
Liqueurs et eaux-de-vie (Débitant de)
Logeur.
Logeur de chevaux et autres bêtes de somme
Loueur de livres.
Loueur de bêtes de trait pour le halage et pour le renfort aux voituriers sur les routes de terre.
Lunettes (Fabricant de verres de).
Luthier (Fabricant) à façon.
Maçon à façon.
Marbreur sur tranches.
Marchande à la toilette.
Maroquinier à façon.
Mecanicien à façon (travaillant pour des maîtres ou pour des particuliers qui lui fournissent la matiere).
Mégissier à façon.
Menuisier a façon (travaillant pour des maîtres ou pour des particuliers qui lui fournissent la matière).
Mesures linéaires, regles et équerres (Fabricant de), pour son compte.
Metiers à bas (Forgeur de) a façon.
Metreur de bâtiments, de bois, de pierres
Metteur en œuvre à façon.
Monteur en bronze.
Monteur de boîtes de montres (à façon)
Moulures (Fabricant de) à façon.
Moutardier (Marchand) en détail.
Muletier.
Nacre de perle (Fabricant d'objets en) à façon.
Naturaliste préparateur (à façon).
Navetier (Fabricant).
Noir de fumée et noir animal (Marchand de)
Oignons (Cuiseur ou grilleur d').
Oiselier.
Orfévre à façon.
Orge (Exploitant un moulin à perler l').
Orgues portatives (Facteur d') à façon
Ouate (Fabricant et marchand d').
Outils, instruments et harnais à l'usage des ouvriers tisseurs (Marchand d').
Outres (Fabricant d') à façon.

Ovaliste.
Paille (Fabricant de tissus pour chapeaux de), a façon.
Paille (Fabricant de tresses, cordonnets, etc., en).
Paille teinte (Fabricant et marchand de).
Paille coupée pour chaises (Marchand de).
Pain (Marchand de) en boutique.
Pantoufles (Fabricant de), pour son compte.
Papiers de fantaisie, papiers déchiquetés, papier végétal (Fabricant de) a façon.
Papiers imprimes et vieux papiers (Marchand de).
Passementier (Fabricant) pour son compte, lorsqu'il fabrique des articles dont la confection n'exige point l'emploi de métiers.

Le passementier qui emploie des métiers est imposable, en raison de leur nombre, sur le même pied que les fabricants à métiers. — Le passementier qui s'occupe des deux especes de fabrication est imposable comme le patentable qui a plusieurs etablissements.

Pastilleur (celui qui fait en pâte sucree de petites figures, des fleurs et autres objets).
Patachier.
Pâtissier-brioleur.
Pédicure.
Peigneur de chanvre, de lin ou de laine.
Peigneur ou gratteur de toiles de coton.
Peintre en armoiries, attributs et décors.
Peintre ou doreur, soit sur verre ou cristal, soit sur porcelaine, etc., pour son compte.
Perruquier.
Pierre de touche (Marchand de).
Piquonnier.
Plafonneur et plâtrier à façon.
Planches ou ifs a bouteilles (Fabricant de).
Planeur en métaux.
Plaqueur.
Plumeaux (Marchand fabricant de), pour son compte.
Poires à poudre (Fabricant de), pour son compte.
Poisson (Marchand en détail de).
Pompes de bois et pieces pour la conduite des eaux (Fabricant de).
Poterie de terre (Marchand de).
Presseur d'étoffes pour les teinturiers et les dégraisseurs.
Presurier.
Queues de billard (Fabricant de) à façon.
Raquettes ou volants (Fabricant de), pour son compte.
Raseur de velours.
Registres (Fabricant de) à façon.
Regrattier.
Relieur de livres.
Rentrayeur ou conservateur de tapis, de couvertures de laine et de coton.
Repasseuse de linge avec ouvrieres ou apprenties.
Ressorts de bandages pour les hernies (Fabricant de), a façon.
Ressorts de montres et de pendules (Fabricant de) à façon.
Revendeuse à la toilette, pour son compte.
Roseaux (Marchand de).
Roseaux prepares pour le tissage (Marchand de).
Rouettes ou harts pour lier les trains de bois (Marchand de).
Routoir ou fosse a rouir le lin ou le chanvre (Exploitant de).
Ruches pour les abeilles (Fabricant de), pour son compte.
Sangsues (Marchand de) en détail.
Scieur de long.
Sculpteur en bois à façon.
Seaux ou baquets en sapin (Fabricant de), pour son compte.
Séchoir à linge (Exploitant un).
Sel (Marchand de) en detail.
Sellier a façon.
Serrurier a façon (travaillant pour des maîtres qui lui fournissent la matiere).
Sertisseur ou monteur à façon (celui qui monte des pierres fines ou fausses).
Socques (Fabricant et marchand de) en bois.
Soufflets ordinaires (Fabricant et marchand de).
Tableaux (Restaurateur de).
Tabletterie (Fabricant d'objets en) à façon.

Tailleur d'habits à façon.
Tailleur de pierres.
Tapisseries à la main (Fabricant de).
Toiles grasses (Fabricant de) pour emballage.
Toiles métalliques (Fabricant de) à façon.
Tondeur ou presseur de drap et autres étoffes de laine.
Tonneaux (Marchand de).
Tonnelier.
Tonnelier à façon (celui qui ne travaille qu'à la réparation ou à l'entretien chez les marchands et les fabricants, ou chez les particuliers).
Torcher.
Tourneur en bois (Marchand), vendant en boutique divers objets en bois faits au tour.
Treillageur.
Tripier, cuiseur ou échaudeur d'abats, abatis et issues.
Ustensiles de ménage (Marchand de vieux).
Vaisselle et ustensiles de bois (Fabricant et marchand de).
Vernisseur sur cuir, feutre, carton ou métaux (à façon).
Vin, bière, cidre (Débitant au petit détail de); celui qui vend au pot et à la bouteille et ne donne pas à boire chez lui
Vitraux (Faiseur ou ajusteur de), à façon

HUITIÈME CLASSE.

Accoutreur.
Affiloirs (Marchand d').
Agrafes (Fabricant d') par procédés ordinaires, à façon.
Aiguilles, clefs et autres petits objets pour montres et pendules (Fabricant d'), à façon.
Aiguilles (Fabricant d') à coudre ou à faire des bas, par procédés ordinaires, à façon.
Aiguilles pour les métiers à faire des bas (Monteur d').
Allumettes et amadou (Fabricant et marchand d').
Appeaux pour la chasse (Fabricant d').
Apprêteur de chapeaux de feutre.
Approprieur de chapeaux.
Arçonneur.
Artiste en cheveux.
Assembleur ou brocheur.
Balais de bouleau, de bruyère et de grand millet (Marchand de), avec voiture ou bêtes de somme.
Ballons pour lampes (Fabricant de) à façon.
Barbier.
Bardeaux (Fabricant de) à façon.
Batelier.
Bâtonnier.
Baudelier.
Blanchisseur de linge, sans établissement de buanderie.
Blanchisseur de bas de soie.
Bobines pour les manufactures (Fabricant de).
Bois à brûler (Marchand de), qui vend à la falourde, au fagot et au cotret.
Bois de galoches et de socques (Faiseur de).
Boisselier (Fabricant) à façon.
Bottier ou cordonnier à façon. Celui qui travaille pour des maîtres qui lui fournissent la matière.
Bouchons de flacons (Ajusteur de).
Bouclerie (Fabricant de) à façon.
Boutons de métal, corne, cuir bouilli (Fabricant de) à façon.
Boutons de soie (Fabricant de) à façon.
Bretelles et jarretières (Fabricant de) à façon.
Brioleur avec bêtes de somme.
Briquetier à façon.
Brocanteur d'habits sans boutique.
Broches et cannelets pour la filature (Fabricant de) à façon.
Brosses (Fabricant de bois pour).
Brossier (Fabricant) à façon.
Broyeur à bras.

Bûches, briquettes factices, mottes à brûler (Marchand de).
Buffletier (Fabricant) à façon.
Cabas (Faiseur de).
Cadrans de montres et de pendules (Fabricant de) à façon.
Café tout préparé (Débitant de).
Cafetières, bouillottes ou marabouts (Fabricant de) à façon.
Cages, souricières et tournettes (Fabricant de).
Canevas (Dessinateur de).
Cannes (Fabricant de) a façon.
Caparaçonnier à façon.
Carcasses ou montures de parapluies (Fabricant de) à façon.
Carcasses pour modes (Fabricant de.)
Cardes (Fabricant de) à façon, par les procédés ordinaires.
Carrés de montres (Fabricant de) à façon.
Cartons pour les bureaux et autres (Fabricant de) à façon.
Casquettes, toques, bonnets carrés et autres (Fabricant de), à façon.
Castine et marne (Marchand de).
Ceinturonnier à façon.
Cerclier.
Chaises communes (Fabricant et marchand de).
Chaises à porteur (Loueur de).
Chaises (Empailleur de).
Chamoiseur à façon.
Chandeliers en fer ou en cuivre (Fabricant de) à façon.
Chapeaux (Marchand de vieux) en boutique ou en magasin.
Chapeaux (Fabricant de coiffes de).
Chapeaux (Garnisseur de).
Charbon de bois (Marchand de) en detail.
Charbon de terre epuré ou non (Marchand de) en détail.
Charbonnier voiturier.
Charnières en fer, cuivre ou fer-blanc (Fabricant de) par procédés ordinaires, à façon.
Charrettes (Loueur de).
Châsses de lunettes (Fabricant de) à façon.
Chaussons en lisière (Fabricant de).
Chenille en soie (Fabricant de) à façon.
Chevilleur.
Clinquant (Fabricant de) à façon.
Cloutier au marteau, à façon.
Colleur de papiers peints.
Coloriste, enlumineur.
Cols, collets et rabats (Fabricant de), à façon.
Coquetier sans voiture ni bêtes de somme.
Cordes à puits et liens d'ecorces (Fabricant de).
Cordons, lacets, tresses, ganses en fil, soie, laine, coton, etc. (Fabricant de), à façon.
Corne (Apprêteur de) à façon.
Corne (Fabricant de feuilles transparentes de) à façon.
Cotrets (Débitant de).
Courroies (Apprêteur de) à façon.
Couverts et autres objets en fer battu ou étamé (Fabricant de), à façon.
Crépin en buis (Fabricant d'articles de) à façon.
Crin (Apprêteur, crêpeur ou friseur de) à façon.
Crinières (Frbricant de) à façon.
Crochets pour les fabriques d'étoffes (Fabricant de) à façon.
Cuillers d'étain (Fondeur ambulant de).
Cylindres pour filature (Garnisseur de).
Decoupeur d'étoffes ou de papiers.
Découpoirs (Fabricant de) à façon.
Décrotteur en boutique.
Dés à coudre, en métal autre que l'or et l'argent (Fabricant de), à façon.
Ecrans (Fabricant d') à façon.
Elastiques pour bretelles, jarretières, etc. (Fabricant d').
Emeri et rouge à polir (Marchand d').
Encadreur d'estampes.
Enjoliveur (Fabricant) à façon.
Epileur.
Etameur ambulant d'ustensiles de cuisine.
Etoupes (Marchand d').
Etuis et sacs de papier (Fabricant d').
Eventailliste (Fabricant) à façon.
Fagots et bourrées (Marchand de) en détail, vendant au fagot.

Faînes (Marchand de).
Falourdes (Débitant de).
Ferreur de lacets.
Feuilles de blé de Turquie (Marchand de).
Figures en cire (Mouleur de) à façon.
Filasse de nerfs (Fabricant de) à façon.
Formaire pour la fabrication du papier, à façon.
Fouets et cravaches (Fabricant de) à façon.
Fourreaux pour sabres, épées, baïonnettes (Fabricant de), à façon.
Frangier à façon.
Frappeur de gaze.
Fuseaux (Fabricant de).
Gaînier à façon.
Galonnier à façon.
Garnisseur d'étuis pour instruments de musique.
Garnitures de parapluies et cannes, telles que bouts, anneaux, crosses, manches, etc. (Fabricant de).
Gibernes (Fabricant de) à façon.
Graveur de musique.
Graveur sur bois.
Harmonicas (Facteur d').
Instruments pour les sciences (Fabricant d'), à façon.
Lamier-rotier à façon.
Langueyeur de porcs.
Limailles (Marchand de).
Limes (Tailleur de).
Livrets (Fabricant de) pour les batteurs d'or ou d'argent.
Loueur en garni. (S'il ne loue qu'une chambre.)
Loueur d'abris sur les marchés.
Maillechort et autres compositions métalliques (Fabricant d'objets en) à façon.
Marrons (Marchand de) en détail.
Matelassier.
Mèches et veilleuses (Marchand et fabricant de).
Mesures linéaires, règles et équerres (Fabricant de), à façon.
Modiste à façon.
Moireur d'étoffes à façon.
Moules de boutons (Fabricant de).
Nattier.
Nécessaires (Fabricant de) à façon.
Nerfs (Batteur de).
Œillets métalliques (Fabricant d').
Opticien à façon (travaillant pour des maîtres qui lui fournissent la matière).
Oribus (Faiseur et marchand d').
Os (Fabricant d'objets en) à façon.
Osier (Marchand d'), vendant à la botte ou par petites quantités.
Ourdisseur de fils.
Paillassons (Fabricant de).
Paillettes et paillons (Fabricant de) à façon.
Pantoufles (Fabricant de) à façon.
Papiers verrés ou émerisés (Fabricant de).
Parcheminier à façon.
Passementier (Fabricant) à façon, lorsqu'il fabrique des articles dont la confection n'exige point l'emploi de métiers.

Le passementier à façon qui emploie dix métiers ou au-dessus est imposable à la moitié des droits qu'il devrait payer s'il fabriquait pour son compte. Le passementier qui s'occupe des deux espèces de fabrication est imposable comme le patentable qui a plusieurs établissements.

Pâte de rose (Fabricant de bijoux en).
Peignes à sérancer (Fabricant de) à façon
Peignes d'écaille, d'ivoire, de corne, de buis, etc. (Fabricant de), à façon.
Peignes en canne ou roseaux pour le tissage (Fabricant et marchand de).
Peintre ou doreur, soit sur verre ou cristal, soit sur porcelaine, etc., à façon.
Pelles de bois (Fabricant et marchand de).
Perceur de perles.
Perles fausses (Fabricant de) à façon.
Pinceaux (Fabricant de) à façon.
Pipes de terre (Marchand de) en détail.
Piqueur de cartes à dentelles.
Piqueur de grès.
Plieur de fils de soie à façon.
Plumassier à façon.
Plumeaux (Fabricant de) à façon.
Plumes à écrire (Apprêteur de).
Poires à poudre (Fabricant de) à façon.
Pois d'iris (Fabricant de).
Portefeuilles (Fabricant de) à façon.

Porteur d'eau filtrée ou non filtrée, avec cheval et voiture.
Puits (Maître cureur de).
Raquettes ou volants (Fabricant de) à façon.
Régleur de papier.
Remiseur de charrettes à bras et de hottes.
Rémouleur ou repasseur de couteaux.
Reperceur.
Repriseuse de châles.
Rognures de peaux (Marchand de).
Rognures de papier (Marchand de).
Rouleaux (Tourneur de) pour la filature.
Ruches pour les abeilles (Fabricant de) à façon.
Sable (Marchand de).
Sabotier (Fabricant).
Sabots (Marchand de) en détail.
Satineur ou lisseur de papier.
Sciure de bois (Marchand de).
Seaux ou baquets en sapin (Fabricant de) à façon.
Souliers vieux (Marchand de).
Têtes en carton servant aux marchandes de modes (Fabricant de).
Tôlier à façon.
Tourbe (Marchand de) en détail.
Tourneur en bois (Fabricant), sans boutique.
Vannier (Fabricant de vannerie commune).
Vignettes et caractères à jour (Fabricant de) à façon.
Vis (Fabricant de) par procédés ordinaires, à façon.
Voiturier ou roulier n'ayant qu'un équipage.

TABLEAU B

Annexé à la loi du 25 avril 1844.

TABLEAU E

Annexé à la loi du 18 mai 1850, et partie du tableau annexé à la loi du 4 juin 1850, désignée comme se rattachant au Tableau B.

PROFESSIONS

IMPOSÉES EU ÉGARD A LA POPULATION D'APRÈS UN TARIF EXCEPTIONNEL.

Agent de change.
A Paris........................ 1,000f
Dans les villes de 100,000 âmes et au-dessus................ 250
De 50,000 à 100,000 âmes...... 200
De 30,000 à 50,000, et dans les villes de 15,000 à 30,000 âmes qui ont un entrepôt réel...... 150
Dans les villes de 15,000 à 30,000 âmes, et dans les villes d'une population inférieure à 15,000 âmes qui ont un entrepôt réel..................... 100f
Dans toutes les autres communes. 75
Assureur maritime.
A Paris........................ 250
Dans les villes de 50,000 âmes et au-dessus.................. 200
Dans les villes de 30,000 à 50,000 âmes, et dans celles de

15,000 à 30,000 âmes qui ont un entrepôt réel............ 150 f
Dans les villes de 15,000 à 30,000 âmes et dans les villes au-dessous de 15,000 âmes qui ont un entrepôt réel......... 100
Dans toutes les autres communes. 50

Banquier.
A Paris...................... 1,000
Dans les villes d'une population de 50,000 âmes et au-dessus.. 500
Dans les villes de 30,000 à 50,000 âmes, et dans celles de 15,000 à 30,000 âmes qui ont un entrepôt réel............ 400
Dans les villes de 15,000 à 30,000 âmes, et dans les villes d'une population inférieure à 15,000 âmes qui ont un entrepôt réel.................... 300
Dans toutes les autres communes. 200

Cabriolets, fiacres et autres voitures semblables, sous remise ou sur place (Entreprise de)........... 10
Plus 2 francs par voiture en circulation dans les villes au-dessus de 100,000 âmes; 1 fr. 50 c. dans celles de 50,000 âmes à 100,000 âmes; 1 franc dans celles au-dessous de 50,000 âmes. Le tout jusqu'au maximum de 1,000 francs.

Commissionnaire en marchandises.
A Paris...................... 400
Dans les villes d'une population de 50,000 âmes et au-dessus.. 300
Dans les villes de 30,000 à 50,000 âmes, et dans celles de 15,000 à 30,000 âmes qui ont un entrepôt réel............ 200
Dans les villes de 15,000 à 30,000 âmes, et dans les villes d'une population inférieure à 15,000 âmes qui ont un entrepôt réel.................... 150
Dans toutes les autres communes. 75

Commissionnaire entrepositaire.
A Paris...................... 250
Dans les villes de 50,000 âmes et au-dessus.................. 200 f
Dans les villes de 30,000 à 50,000 âmes, et dans celles de 15,000 à 30,000 âmes qui ont un entrepôt réel............ 150
Dans les villes de 15,000 à 30,000 âmes, et dans les villes d'une population inférieure à 15,000 âmes qui ont un entrepôt réel.................... 100
Dans toutes les autres communes. 50

Commissionnaire de transports par terre et par eau.
A Paris...................... 250
Dans les villes de 50,000 âmes et au-dessus.................. 200
Dans les villes de 30,000 à 50,000 âmes, et dans celles de 15,000 à 30,000 âmes qui ont un entrepôt réel............ 150
Dans les villes de 15,000 à 30,000 âmes, et dans les villes d'une population inférieure à 15,000 âmes qui ont un entrepôt réel.................... 100
Dans toutes les autres communes. 50

Courtier d'assurances.
A Paris...................... 250
Dans les villes de 50,000 âmes et au-dessus.................. 200
Dans les villes de 30,000 à 50,000 âmes, et dans celles de 15,000 à 30,000 âmes qui ont un entrepôt réel............ 150
Dans les villes de 15,000 à 30,000 âmes, et dans les villes d'une population inférieure à 15,000 âmes qui ont un entrepôt réel.................... 100
Dans toutes les autres communes. 50

Courtier de navires.
A Paris...................... 250
Dans les villes de 50,000 âmes et au-dessus.................. 200
Dans les villes de 30,000 à 50,000 âmes, et dans celles de 15,000 à 30,000 âmes qui ont un entrepôt réel............ 150

Dans les villes de 15,000 à 30,000 âmes, et dans les villes d'une population inférieure à 15,000 âmes qui ont un entrepôt réel.................... 100f
Dans toutes les autres communes. 50
Courtier de marchandises.
A Paris...................... 250
Dans les villes de 50,000 âmes et au-dessus.................. 200
Dans les villes de 30,000 à 50,000 âmes, et dans celles de 15,000 à 30,000 âmes qui ont un entrepôt réel............ 150
Dans les villes de 15,000 à 30,000 âmes, et dans les villes d'une population inférieure à 15,000 âmes qui ont un entrepôt réel 100
Dans toutes les autres communes. 50
Courtier en marchandises domicilié dans une ville de 50,000 âmes et au-dessus, bien que breveté pour une commune de population inférieure 200
Eau (Entrepreneur de distribution d').
Fournissant la ville de Paris, en tout ou en partie............ 600
Fournissant une ville de 50,000 âmes et au-dessus........... 400
Fournissant une ville de 30,000 à 50,000 âmes.............. 200
Fournissant une ville de 15,000 à 30,000 âmes.............. 150
Fournissant une ville au-dessous de 15,000 âmes............. 75
Entrepreneur d'éclairage à l'huile.
A Paris...................... 300
Dans les villes de 50,000 âmes et au-dessus................ 150
Dans les villes de 30,000 à 50,000 âmes................ 100
Dans les villes de 15,000 à 30,000 âmes 50
Dans toutes les autres communes. 25
Facteur aux halles de Paris.
Pour les farines, le beurre, les œufs, les fromages et le poisson salé 150f
Pour les grains, graines et grenailles, la marée, les huîtres et les cuirs 100
Pour le poisson d'eau douce, la volaille, le gibier, les agneaux, cochons de lait, veaux de rivière et de pré salé, les veaux, les charbons de bois arrivés par eau, les draps, les toiles, les fourrages 75
Pour le charbon de bois arrivé par terre ou pour le charbon de terre 50
Pour les fruits et légumes 25
Gaz pour l'éclairage (Fabrique de).
Pour les fabriques qui fournissent l'éclairage de tout ou partie :
Des villes de 50,000 âmes et au-dessus...................... 400
Des villes de 30,000 âmes et au-dessus 200
Des villes de 15,000 à 30,000 âmes...................... 150
Des villes au-dessous de 15,000 âmes 75
Inhumations et pompes funèbres de Paris (Entreprise des).......... 1,000
Magasin de plusieurs espèces de marchandises (Tenant un), lorsqu'il occupe habituellement plus de cinq personnes préposées à la vente : 25 francs par personne dans les villes d'une population de plus de 100,000 âmes; 20 francs dans celles d'une population de 50,000 à 100,000; et 15 francs dans les villes d'une population inférieure à 50,000 âmes. Le tout jusqu'au maximum de 2,000 francs.
Magasin de vêtements (Tenant un), lorsqu'il occupe habituellement plus de cinq personnes préposées à la vente : 25 francs par personne dans les villes d'une population de 100,000 âmes; 20 francs dans celles d'une population de 50,000 âmes à 100,000, et 15 francs dans les villes d'une population inférieure à 50,000 âmes. Le tout jusqu'au maximum de 2 000 francs.

Monnaies (Directeur des).
A Paris .... 1,000 f
Dans toutes les autres villes 500
Négociant.
A Paris 400
Dans les villes de 50,000 âmes et au-dessus 300
Dans les villes de 30,000 à 50,000 âmes, et dans celles de 15,000 à 30,000 âmes qui ont un entrepôt réel 200
Dans les villes de 15,000 à 30,000 âmes, et dans les villes d'une population inférieure à 15,000 âmes qui ont un entrepôt réel 150
Dans toutes les autres communes. 100
Omnibus (Entreprise d') 10
Plus 1 franc par place des voitures en circulation dans les villes au-dessus de 100,000 âmes; 75 centimes dans celles de 50,000 à 100,000 âmes, et 50 centimes dans celles au-dessous de 50,000 âmes. Le tout jusqu'au maximum de 1,000 francs.
Le droit par place sera réduit de moitié pour les places dont le prix est au-dessous de 20 centimes.
Pont (Concessionnaire ou fermier de péage sur un).
Dans l'intérieur de Paris 200
Dans l'intérieur d'une ville de 50,000 âmes et au-dessus..... 100
Dans l'intérieur d'une ville de 20,000 à 50,000 âmes 75
Dans les autres communes d'une population inférieure à 20,000 âmes, lorsque le pont réunit deux parties :
D'une route impériale .... 75 f
D'une route départementale..... 50
D'un chemin vicinal de grande communication 25
D'un chemin vicinal 15
Lorsque le pont réunit deux routes ou chemins de classes différentes, le droit fixe est établi d'après la moyenne des taxes afférentes aux deux classes.
Roulage (Entrepreneur de).
A Paris 300
Dans les villes de 50,000 âmes et au-dessus 200
Dans les villes de 30,000 à 50,000 âmes, et dans celles de 15,000 à 30,000 âmes qui ont un entrepôt réel 150
Dans les villes de 15,000 à 30,000 âmes, et dans les villes d'une population inferieure à 15,000 âmes qui ont un entrepôt réel 100
Dans toutes les autres communes. 75
Signaux télégraphiques à l'entrée des ports (Entrepreneur de).
Dans les villes de 50,000 âmes et au-dessus 100
Dans les villes de 30,000 à 50,000 âmes, et dans celles de 15,000 à 30,000 âmes qui ont un entrepôt réel 75
Dans les villes de 15,000 à 30,000 âmes, et dans les villes au-dessous de 15,000 âmes qui ont un entrepôt réel 50
Dans toutes les autres communes. 25
Vins (Marchand de) ayant son établissement dans l'entrepôt réel de la ville de Paris 100

TABLEAU C

Annexé à la loi du 25 avril 1844.

TABLEAU F

Annexé à la loi du 18 mai 1850, et partie du tableau annexé à la loi du 4 juin 1858, désignée comme se rattachant au tableau C.

PROFESSIONS

IMPOSÉES SANS ÉGARD A LA POPULATION.

1re PARTIE.

DROIT PROPORTIONNEL AU QUINZIÈME.

Armateur pour le long cours.

40 centimes par chaque tonneau, jusqu'au maximum de 1,000 francs.

Armateur pour le grand et le petit cabotage, la pêche de la baleine et celle de la morue, et armateur au bornage.

25 centimes par chaque tonneau, jusqu'au maximum de 400 francs.

Assurances non mutuelles, dont les opérations s'étendent :

A plus de vingt départements. 1,000 f
De six à vingt départements.. 500
A moins de six départements. 300

Banque de France, y compris ses comptoirs 20,000

Banque dans les départements :

Ayant un capital de 2 millions et au-dessous 1,000

Par chaque million de capital en sus, 200 francs, jusqu'au maximum de 2,000 francs.

Barques et bateaux pour le transport des marchandises sur les fleuves, rivieres et canaux (Entrepreneur, maître ou patron de).

5 centimes par chaque tonneau de la capacité brute des barques et bateaux, jusqu'au maximum de 300 francs.

Si le conducteur n'est qu'un homme à gages, la patente est due par l'entrepreneur, le maître ou le patron qui l'emploie.

Bateaux et paquebots à vapeur pour le transport des voyageurs (Entreprise de).

Pour voyages de long cours... 300 f
Sur fleuves, rivières et le long des côtes.................. 200

Bateaux et paquebots à vapeur pour le transport des marchandises (Entreprise des)................ 200

Bateaux à vapeur remorqueurs (Entreprise de) 150

Canaux navigables avec péage, ou canaux d'irrigation (Concessionnaire de)..................... 200

Plus 20 francs par myriamètre complet, en sus du premier, jusqu'au maximum de 1,000 francs.

Coches d'eau (Entreprise de)...... 100

Credit foncier de France (Société du). 5,000

Crédit mobilier (Société générale du)......................... 5,000 f
Défrichement et desséchement (Compagnie de).................... 300
Fournisseurs généraux :
D'objets concernant l'habillement, l'armement, la remonte, le harnachement et l'équipement des troupes, etc.......... 1,000
De subsistances aux armées..... 1,000
De chauffage et de lumière aux troupes.................... 1,000
Fournisseur des objets ci-dessus indiqués, par division militaire ... 150
Fournisseurs de chauffage et de lumière aux troupes dans les garnisons...................... 25
Fournisseur de fourrages aux troupes dans les garnisons......... 100
Fournisseurs de vivres et fourrages aux troupes dans les gîtes d'étape. 25
Fournisseurs de vivres aux troupes dans les garnisons............ 50

Marchand forain :

Avec voiture à un seul collier... 60 f
Avec voiture à deux colliers.... 120
Avec voiture à trois colliers et au-dessus, ou ayant plus d'une voiture.................... 200
Avec bête de somme............ 40
Avec balle.................... 15
(Les droits ci-dessus sont réduits de moitié lorsque le marchand forain ne vend que des balais, de la boissellerie, des bouteilles, des pierres à aiguiser, de la poterie ou de la vannerie.)

Péage sur une route (Concessionnaire des droits de), lorsque la longueur de la route n'excède pas un myriamètre. 15 f
Poterie (Marchand forain sur bateau de) :

Pour un bateau............... 30
Pour deux bateaux............ 60
Pour trois bateaux et au-dessus.. 100

Tontine (Société de).............. 300

2e PARTIE.

DROIT PROPORTIONNEL

Au 20e : 1° sur la maison d'habitation ;
2° sur les magasin de vente complétement séparés de l'établissement.
au 25e : sur l'établissement industriel.

Amidon (Fabrique d')............ 10 f
Plus 3 francs par ouvrier, jusqu'au maximum de 200 francs.
Ardoisières (Exploitant d')........ 10
Plus 3 francs par ouvrier, jusqu'au maximum de 400 francs.
Blanc de baleine (Raffinerie de)... 15 f
Plus 3 francs par ouvrier, jusqu'au maximum de 200 francs.
Bougies, cierges, etc. (Fabrique de). 15
Plus 3 francs par ouvrier, jusqu'au maximum de 300 francs.
Brais, goudrons, poix, résines et autres matieres analogues (Fabrique de)...................... 25 f
Briques (Fabrique de)............ 5
Plus 2 francs par ouvrier ou par série d'ouvriers momentanément employés, équivalente à un ouvrier employé complétement, jusqu'au maximum de 100 francs.
Cafe de chicorée (Fabrique de).... 15
Plus 3 francs par ouvrier, jusqu'au maximum de 200 francs.
(Ne sont point comptés les ouvriers qui ne sont employés qu'à

la culture de la chicorée.)

Capsules ou amorces de chasse (Fabricant de) .... 50 f

Cendres gravelées (Fabrique de)... 25

Chandelles (Fabrique de) 10

Plus 3 francs par ouvrier, jusqu'au maximum de 100 francs.

Chaux naturelle (Fabrique de).

1 franc par mètre cube de la capacité brute des fours, jusqu'au maximum de 200 francs.

(Le droit sera réduit de moitié pour les fours dans lesquels on cuira moins de huit fois par an.)

Chaux artificielle (Fabrique de).

1 fr. 50 c. par mètre cube de la capacité brute des fours, jusqu'au maximum de 300 francs.

(Le droit sera réduit de moitié pour les fours dans lesquels on cuira moins de huit fois par an.)

Cire (Blanchisserie de) 15

Plus 3 francs par ouvrier, jusqu'au maximum de 200 francs.

Coke (Fabrique de) 15

Plus 3 francs par four, jusqu'au maximum de 300 francs.

Colle forte (Fabrique de)......... 15

Plus 3 francs par chaque ouvrier, jusqu'au maximum de 200 francs.

Colle végétale pour les papeteries (Fabrique de) 15

Plus 3 francs par ouvrier, jusqu'au maximum de 100 francs.

Conserves alimentaires (Fabrique de)........................... 15

Plus 3 francs par ouvrier, jusqu'au maximum de 300 francs.

Crayons (Fabrique de) 15

Plus 3 francs par ouvrier, jusqu'au maximum de 300 francs.

Creusets (Fabrique de)........... 25

Encre d'impression (Fabricant d').. 15

Plus 3 francs par ouvrier, jusqu'au maximum de 200 francs.

ngrais (Marchand d')............ 25

sprit ou eau-de-vie de vin (Fabrique d') .... 50 f

(Ce droit sera réduit de moitié pour les fabricants qui fabriquent moins de 100 hectolitres.)

Esprit ou eau-de-vie de marc de raisin, cidre, poiré, fécules et autres substances analogues (Fabrique d')...................... 25

(Ce droit sera réduit de moitié pour les fabricants qui fabriquent moins de 1000 hectolitres.)

Etain pour glaces (Fabrique d') ... 15

Plus 3 francs par ouvrier, jusqu'au maximum de 300 francs.

Fécules de pommes de terre (Fabrique de).................... 15

Plus 3 francs par ouvrier, jusqu'au maximum de 200 francs.

Fontainier, sondeur et foreur de puits artésiens............... . 50

Formes à sucre (Fabrique de)..... 15

Plus 3 francs par ouvrier, jusqu'au maximum de 100 francs.

Fromages de Roquefort et autres fromages secs (Fabrique de)..... 50

Gélatine (Fabrique de) 15

Plus 3 francs par ouvrier, jusqu'au maximum de 200 francs.

Glacières (Maître de) 50

Glucose (Fabrique de)............ 15

Plus 3 francs par ouvrier, jusqu'au maximum de 200 francs.

Mèches pour les mines et les artifices (Fabricant de)............ 10

Plus 3 francs par ouvrier, jusqu'au maximum de 100 francs.

Noir animal (Fabrique de)........ 50

Papiers ou taffetas préparés pour usages médicinaux (Fabrique de). 50

Pâtes alimentaires (Fabrique de)... 15

Plus 3 francs par ouvrier, jusqu'au maximum de 200 francs.

Pierres à feu (Fabricant, expéditeur de)......................... 25

Pipes (Fabrique de).

25 francs par four, jusqu'au maximum de 150 francs.

Plâtre (Fabrique de).

1 franc par mètre cube de la capacité brute des fours, jusqu'au maximum de 200 francs.

(Le droit sera réduit de moitié pour les fours dans lesquels on fera moins de huit fournées par an).

Pointes (Fabrique de) par procédés ordinaires.................... 10f

Plus 3 francs par ouvrier, jusqu'au maximum de 300 francs.

Poterie (Fabrique de)............ 5

Plus 2 francs par ouvrier, jusqu'au maximum de 200 francs.

Réglisse (Fabrique de)............ 15

Plus 3 francs par ouvrier, jusqu'au maximum de 200 francs.

Savon (Fabrique de)............ 20

Plus 50 centimes par hectolitre de capacité des chaudières, jusqu'au maximum de 400 francs.

Sel (Raffinerie de)............... 25

Plus 3 francs par ouvrier, jusqu'au maximum de 100 francs.

Sirop de fécule de pommes de terre (Fabrique de)............ 15f

Plus 3 francs par ouvrier, jusqu'au maximum de 200 francs.

Suif (Fondeur de)............... 10

Plus 3 francs par ouvrier, jusqu'au maximum de 100 francs.

Taffetas gommés ou cirés (Fabricant de)..................... 50

Tapis peints ou vernis (Fabricant de)......................... 50

Toiles cirées ou vernies (Fabricant de)....................... 50

Tourbes carbonisées (Fabrique de). 25

Tuiles (Fabrique de)............. 5

Plus 2 francs par ouvrier, jusqu'au maximum de 100 francs.

Vinaigre (Fabrique de).......... 25

(Ce droit sera réduit de moitié pour les fabricants qui fabriquent moins de 100 hectolitres.)

3e PARTIE.

DROIT PROPORTIONNEL

Au 20e : 1o sur la maison d'habitation ;

2o Sur les magasins de vente complétement séparés de l'établissement.

Au 40e : sur l'établissement industriel.

Acier fondu ou acier de cémentation (Fabrique de)................... 10f

Plus 3 francs par ouvrier, jusqu'au maximum de 300 francs.

Acier naturel (Fabrique d'), imposable comme les forges et hauts fourneaux.

Agrafes (Fabrique d') par procédés mécaniques.................. 15

Plus 3 francs par ouvrier, jusqu'au maximum de 300 francs.

Aiguilles à coudre, à tricoter ou à métiers pour faire des bas (Fabrique d'), par procédés ordinaires ou par procédés mécaniques..... 10f

Plus 3 francs par ouvrier, jusqu'au maximum de 300 francs.

Armes blanches (Fabrique d').... 100

Armes de guerre (Manufacture d'). 400

Biscuit de mer (Fabrique de)..... 50

Blanchisserie de toiles, fils, étoffes de laine pour le commerce, par procédés mécaniques ou chimiques....................... 15

Plus 3 francs par ouvrier, jusqu'au maximum de 300 francs.

Bois de brosses (Fabrique de) par procédés mécaniques, 5 francs par perçoir, jusqu'au maximum de 150 francs.

Bois d'allumettes (Fabrique de) par procédés mécaniques........... 15 f

Plus 3 francs par ouvrier, jusqu'au maximum de 150 francs.

Bouchons de liége (Fabrique de) par procédés mécaniques, 1 franc par lame, jusqu'au maximum de 150 francs.

(Le droit sera réduit de moitié pour les fabriques qui, par manque ou par crue d'eau, sont forcées de suspendre leur travail, en tout ou en partie, pendant un temps équivalent au moins à quatre mois.)

Brasserie, 70 centimes par hectolitre de capacité brute de toutes les chaudières, jusqu'au maximum de 400 francs.

(Ce droit sera réduit de moitié pour les brasseries qui ne brassent que quatre fois au plus par an, et d'un quart pour celles qui ne brassent que huit fois au plus par an.)

Caoutchouc et autres matières semblables (Etablissement mécanique pour la préparation ou pour l'emploi du) 15

Plus 3 francs par ouvrier employé, soit à la préparation des matières, soit à la confection mécanique des objets fabriqués, jusqu'au maximum de 500 francs.

Cartonnage (Fabrique de), 30 francs par cuve, jusqu'au maximum de 150 francs.

(Ce droit sera réduit de moitié pour les fabriques qui sont forcées de chômer, par manque ou par crue d'eau, pendant une partie de l'année équivalente au moins à quatre mois.)

Charpie (Fabrique de) par procédés mécaniques, 5 francs par carde, jusqu'au maximum de 200 francs.

Chaudronnerie pour les appareils à vapeur, à distiller, à concentrer, etc. (Fabrique de) .... 200 f

Chaussures (Fabricant de) par procédés mécaniques.............. 15

Plus 3 francs par ouvrier, jusqu'au maximum de 500 francs.

Chemin de fer avec péage (Concessionnaire de.................. 200

Plus 20 francs par myriamètre en sus du premier, jusqu'au maximum de 5,000 francs.

Clous et pointes (Fabrique de) par procédés mécaniques, 5 francs par métier, jusqu'au maximum de 400 francs.

Cocons (Filerie de), 1 fr. 50 c. par bassine ou tour, jusqu'au maximum de 400 francs.

Conservation du bois, des toiles et des cordages (Etablissement pour la), au moyen de préparations chimiques 10

Plus 25 centimes par mètre cube des bassins, cuves ou fosses renfermant les préparations conservatrices ou servant à l'immersion des objets à conserver, jusqu'au maximum de 400 francs.

Convois militaires (Entreprise générale des).................... 1,000

Convois militaires (Entreprise particulière des) pour une division militaire..................... 100

Convois militaires (Entreprise particulière pour gîtes d'étape)...... 25

Coutellerie (Fabricant expéditeur de) 5

Plus 3 francs par série d'ouvriers partiellement employés, équivalente à un ouvrier employé complétement, jusqu'au maximum de 100 francs.

Coutellerie (Fabricant de) non expéditeur 4

Plus 2 francs par série d'ouvriers partiellement employés, équivalente à un ouvrier employé complétement, jusqu'au maximum de 75 francs.

Couverts et autres objets de service de table en argent ou en alliage (Fabrique de), par procédés mécaniques............... 15f

Plus 3 francs par ouvrier, jusqu'au maximum de 300 francs.

Cristaux (Manufacture de)........ 300

Déchireur de chiffons et vieilles étoffes de laine par procédés mécaniques, 10 francs par machine, jusqu'au maximum de 100 francs.

Découpeur d'étoffes par procédés mécaniques, 5 francs par métier, jusqu'au maximum de 150 francs.

Diligences partant à jours et heures fixes (Entrepreneur de), parcourant une distance de deux myriamètres et au-dessous........... 25

Pour chaque myriamètre complet en sus des deux premiers, 5 francs, jusqu'au maximum de 1,000 francs.

Eaux minérales et thermales (Exploitation d')................. 150

Ecorce pour la fabrication du papier (Déchireurs d') par procédés mécaniques, 10 francs par machine, jusqu'au maximum de 100 francs.

Enclumes, essieux et gros étaux (Manufacture d'), par feu, 25 fr., jusqu'au maximum de 300 francs.

Epingles (Manufacture d') par procédés mécaniques.............. 15

Plus 3 francs par ouvrier, jusqu'au maximum de 300 francs.

Fabricant dont la profession est spécialement dénommée au tableau des commerces, des industries ou professions dont le droit fixe est réglé eu égard a la population et d'après un tarif général, lorsqu'il travaille pour le commerce et qu'il occupe plus de dix ouvriers disséminés ou renfermés dans un même établissement.

Pour les dix premiers ouvriers... 15f

Plus, pour les ouvriers au-dessus de dix, 3 francs par ouvrier ou par série d'ouvriers momentanément employés, équivalente à un ouvrier employé complétement, jusqu'au maximum de 300 francs.

Les droits ci-dessus seront réduits à la moitié pour les fabricants à façon.

(Dans aucun cas, le droit fixe ne pourra être inférieur à celui qui résulterait de l'application du tarif réglé en raison de la population a la profession du fabricant.)

Faïence (Manufacture de).

Par four...................... 25

Jusqu'au maximum de 150 fr.

Faux et faucilles (Fabrique de)... 15

Plus 3 francs par ouvrier, jusqu'au maximum de 300 francs.

Fer-blanc (Fabrique de).......... 50

Plus 3 francs par ouvrier, jusqu'au maximum de 400 francs.

Ferronnerie, serrurerie et clous forgés (Fabrique de).............. 5

Plus 3 francs par ouvrier, jusqu'au maximum de 300 francs.

Fonderie de cuivre (Entrepreneur de).

Ayant plusieurs laminoirs...... 300

Un laminoir ou plusieurs martinets.................... 200

Se bornant a convertir le cuivre rouge en cuivre jaune........ 100

Fonderie de cuivre et bronze (Entrepreneur de).

Fondant des objets de grande dimension, tels que cylindres ou rouleaux d'impression pour les manufactures, ou grandes pièces de mécanique, etc........... 200

Ne fondant que des objets d'art ou d'ornementation, ou des pieces de mécanique de petite dimension.................. 100 f

Ne fondant que des objets d'un usage commun et de petite dimension, comme robinets, clochettes, anneaux, etc......... 50

Fonderie en fer de seconde fusion (Entrepreneur de).

Fabriquant des objets de grande dimension, tels que cylindres, grilles, colonnes, pilastres, bornes et grandes pièces de mécanique, etc................ 200

Ne fabriquant que des objets de petite dimension pour l'ornementation, ou de petites pièces de mécanique............... 100

Forges et hauts fourneaux (Maître de).

Par haut fourneau au coke..... 200

Par haut fourneau au bois...... 100

Par forge dite catalane et par chaufferie, feu, four et fourneau de seconde fusion de toute usine à fer............ 25

Jusqu'au maximum de 1,000 fr.

(Ces droits seront réduits de moitié pour les forges dites catalanes et pour les forges à un ou deux marteaux, lorsqu'elles seront forcées, par manque ou par crue d'eau, de suspendre leur travail, en tout ou en partie, pendant un temps équivalent au moins à quatre mois.)

Foulonnier, 3 francs par pot à fouler ou à laver, jusqu'au maximum de 150 francs.

Foulonnier à la mécanique, 10 fr. par machine à fouler ou à laver, jusqu'au maximum de 150 francs.

Galvanisation du fer (Exploitant une usine pour la), 50 francs par chaque four de fusion, jusqu'au maximum de 300 francs.

Gaz pour l'éclairage (Fabrique de).

Pour les fabriques qui fournissent l'éclairage de tout ou partie de la ville de Paris.

1 centime par hectolitre de la capacité des gazomètres, jusqu'au maximum de 3,000 francs.

Glaces (Manufacture de).......... 400 f

Gobeleterie (Manufacture de), 50 fr. par four de fusion, jusqu'au maximum de 300 francs.

Guimperie (Fabricant de) par procédés mécaniques.

Pour cent bouts ou cordes et au-dessous............... 10

Plus 10 francs par chaque centaines de bouts ou cordes au-dessus de cent, jusqu'au maximum de 200 francs.

Horlogerie (Fabrique de pièces d') par procédés mécaniques....... 10

Plus 3 francs par ouvrier, jusqu'au maximum de 300 francs.

Huîtres (Marchand expéditeur d'), expédiant avec voitures servies par des relais ou par les chemins de fer...................... 100

Instruments de mathématiques, d'optique, de physique, et, en général, de sciences (Fabricant d'), par procédés mecaniques... 15

Plus 3 francs par ouvrier, jusqu'au maximum de 100 francs.

Jus de betterave (Fabricant de).

40 francs par chaque presse de première ou de seconde pression, jusqu'au maximum de 400 francs.

Lamier-rotier par procédés mécaniques..................... 50

Laminerie (Entrepreneur de).

Par paire de cylindres d'un mètre de longueur et au-dessus..... 100

Par paire de cylindres au-dessous d'un mètre de longueur....... 50

Jusqu'au maximum de 300 francs.

Limes (Fabrique de)............. 10

Plus 3 francs par ouvrier, jusqu'au maximum de 300 francs.

Lits militaires (Entreprise générale des)........................ 1,000

Maison particulière de santé (Tenant une)..................... 100

Mareyeur expéditeur, expédiant avec voitures servies par des relais ou par les chemins de fer... 100f

Maroquin (Fabrique de), avec machine à vapeur ou moteur hydraulique........................ 100

Martinets, par arbre de camage.... 15

Jusqu'au maximum de 200 francs.

(Ce droit sera réduit de moitié pour les fabriques qui sont forcées, par manque ou par crue d'eau, de chômer pendant une partie de l'année équivalente au moins à quatre mois.)

Moulin ou autre usine à moudre, battre, triturer, broyer, pulvériser, presser.

5 francs par paire de meules ou de cylindres et par presse, et 1 franc par pilon, jusqu'au maximum de 300 francs.

Lorsque les meules et les cylindres ne fonctionneront pas par paire, on appliquera le droit fixe afférent à la paire, à la machine ou au jeu des machines qui en tiendra lieu.

Le droit sera réduit de moitié pour les moulins à bras, à manége et à vent, et pour les moulins mus par l'eau qui sont périodiquement forcés, par manque ou par crue d'eau, de suspendre leur travail en tout ou en partie pendant un temps équivalent au moins à quatre mois.

Les exploitants de moulin qui achètent les matières premières pour revendre ensuite les produits de leur usine, sont imposables comme marchands, lorsque le droit fixe afférent à cette dernière qualification excède le droit fixe afférent à l'exploitation du moulin.

Les usines à bras seront exemptes du droit proportionnel.

Moulinier en soie, soit qu'il travaille pour son compte, soit qu'il travaille à façon.............. 5f

Plus 5 francs par centaine de tavelles, et 60 centimes par centaine de broches, fuseaux et baguettes ou axes supportant les bobines, roquets ou roquelles de toute nature, jusqu'au maximum de 200 francs.

(Le droit sera réduit de moitié pour le moulinier en soie et coton mélangés.)

Orthopédie (Tenant un établissement d')...................... 100

Papeterie à la cuve, par cuve..... 15

Jusqu'au maximum de 100 francs.

(Ce droit sera réduit de moitié pour les papeteries à la cuve qui seront forcées, par manque ou par crue d'eau, de chômer pendant une partie de l'année équivalente au moins à quatre mois.)

Papeterie à la mécanique.

50 francs par machine ne pouvant fabriquer que du papier d'un mètre de largeur et au-dessous, et, lorsque la machine peut fabriquer du papier plus large, 1 fr. 50 c. en sus par chaque centimètre de largeur excédant le mètre; plus, par machine servant à la trituration des chiffons et des pâtes, le droit dont elle est passible, considérée comme moulin, jusqu'au maximum de 400 francs.

Le droit sera réduit de moitié pour les machines ne séchant pas le papier et pour celles qui ne servent à fabriquer que du carton ou des papiers gris et d'emballage.

Papiers peints pour tenture (Fabrique de).

Pour quinze tables et au-dessous..................... 40

Et 3 francs par table en sus, jusqu'au maximum de 300 francs.

Un cylindre sera compté pour vingt-cinq tables.

Patouillet ou lavoir de minerai.

Pour chaque usine .... 15 f

Jusqu'au maximum de 100 francs.

(Ce droit sera réduit de moitié pour les patouillets ou lavoirs qui sont forcés de chômer, par crue ou par manque d'eau, pendant une partie de l'année équivalente au moins à quatre mois.)

Peignerie ou carderie de coton, de laine ou de bourre de soie, par procédés mécaniques, 5 francs par assortiment de machines à peigner ou à carder, jusqu'au maximum de 100 francs.

Peignes (Fabricant de) par procédés mécaniques)............... 10

Plus 3 francs par ouvrier, jusqu'au maximum de 300 francs.

Peinture sur verre (Exploitant un établissement de), 30 francs par four, jusqu'au maximum de 300 francs.

Plumes metalliques (Fabricant de) par procédés mecaniques....... 15

Plus 3 francs par ouvrier, jusqu'au maximum de 300 francs.

Polisseur ou tourneur par procédés mécaniques 15

Plus 3 francs par ouvrier, jusqu'au maximum de 100 francs.

Porcelaines (Manufacture de), 30 fr. par four, jusqu'au maximum de 300 francs.

Produits chimiques (Manufacture de) 15

Plus 3 francs par ouvrier, jusqu'au maximum de 500 francs.

Quincaillerie (Fabrique de) 10

Plus 3 francs par ouvrier, jusqu'au maximum de 300 francs.

Sabots (Fabricant de) par procédés mécaniques) 15

Plus 3 francs par ouvrier, jusqu'au maximum de 100 francs.

Scierie mécanique.

Pour le sciage des bois de construction, bâtisse et menuiserie, 2 francs par lame.

Pour le sciage des bois de marqueterie et placage, 1 franc par lame.

Pour le sciage des pierres et du marbre, 50 centimes par lame, jusqu'au maximum de 150 francs.

(Ces droits seront réduits de moitié pour les scieries qui, par manque ou par crue d'eau, sont forcées de suspendre leur travail en tout ou en partie pendant un temps équivalent au moins à quatre mois.)

Scies (Fabrique de).............. 10 f

Plus 3 francs par ouvrier, jusqu'au maximum de 300 francs.

Sculptures (Fabrique de) par procédés mécaniques.............. 15

Plus 3 francs par ouvrier, jusqu'au maximum de 100 francs.

Sucre (Raffinerie de), ayant moins de 25 ouvriers................ 100

De 25 à 50 ouvriers............ 200

Plus de 50 ouvriers............ 300

Sucre de betterave (Fabrique de).

Pour chaque chaudière à déféquer contenant moins de 10 hectolitres...................... 40

Pour chaque chaudière à déféquer contenant 10 hectolitres et au-dessus..................... 60

Jusqu'au maximum de 400 francs.

Tannerie de cuirs forts et mous ... 10

Plus 25 centimes par mètre cube de fosses et de cuves, jusqu'au maximum de 300 francs.

Teinturier pour les fabricants et les marchands.................... 15

Plus 3 francs par ouvrier, jusqu'au maximum de 300 francs.

Télégraphie privée (Entreprise de). 100

Tondeur de tapis par procédés mécaniques, 5 francs par tondeuse, jusqu'au maximum de 100 francs.

Transport de la guerre (Entreprise

générale du).................... 1,000f

Transport de la guerre (Entreprise particulière du), pour une division militaire.................. 100

Transport de la guerre (Entreprise particulière pour gîtes d'étape).. 25

Transports militaires (Entreprise générale des).................. 1,000

Transports des tabacs (Entreprise générale de).................. 1,000

Transport des détenus.

Entreprise générale............ 300

Entreprise pour le transport des détenus du ressort d'une cour impériale au moins.......... 100

Entreprise pour le transport des détenus d'une circonscription moins étendue que celle d'une cour impériale.............. 25

Tréfilerie en fer ou laiton......... 25f

Plus 2 fr. 50 c. par bobine, jusqu'au maximum de 400 francs.

Usine à tirer l'or et l'argent (Exploitant d')...................... 25

Plus 2 fr. 50 c. par bobine, jusqu'au maximum de 400 francs.

Ustensiles en fer battu (Fabrique d') par procédés mécaniques....... 15

Plus 3 francs par ouvrier, jusqu'au maximum de 300 francs.

Verrerie, 50 francs par four de fusion, jusqu'au maximum de 300 francs.

Vis (Manufacture de) par procédés mécaniques.................. 10

Plus 3 francs par ouvrier, jusqu'au maximum de 300 francs.

4e PARTIE.

DROIT PROPORTIONNEL

Au 20e : 1° sur la maison d'habitation ;
2° Sur les magasins de vente complétement séparés de l'établissement ;
Au 50e : sur l'établissement industriel.

Apprêteur d'étoffes pour les fabriques........................ 15f

Plus 3 francs par ouvrier, jusqu'au maximum de 300 francs.

Cardes (Manufacture de) par procédés mécaniques............. 25

Plus 5 francs par métier, jusqu'au maximum de 300 francs.

Collage et séchage de chaînes et tissus (Exploitant un établissement de)..................... 15

Plus 3 francs par ouvrier, jusqu'au maximum de 150 francs.

Cordes (Fabrique de) par procédés mécaniques, pour 500 broches ou fuseaux et au-dessous.......... 10

Plus 1 fr. 50 c. par chaque centaine de broches ou de fuseaux en sus, jusqu'au maximum de 400 francs.

Drap feutre (Fabricant de) par procédés mécaniques.

1 franc par paire de cylindres des machines à feutrer, jusqu'au maximum de 600 francs.

Fil de coton, chanvre, lin (Retordeur de), au moyen de moulins; pour chaque moulin........... 5f

Jusqu'au maximum de 400 fr.

Au moyen de broches, pour 500 broches et au-dessous.... 10

Plus 1 fr. 50 c. par chaque centaine de broches en sus, jusqu'au maximum de 400 francs.

Filature de laine, de chanvre ou de lin........................... 5 f

Plus 5 francs par assortiment de machines à peigner ou à carder, et 3 francs par chaque centaine de broches, jusqu'au maximum de 600 francs.

Filature de coton et filature de déchets ou de bourre de soie..... 3

Plus 5 francs par assortiment de machines à peigner ou à carder, et 1 fr. 50 c. par chaque centaine de broches, jusqu'au maximum de 600 francs.

Imprimeur d'etoffes et de fils.

Pour 25 tables et au-dessous, 50 francs; plus 3 francs par table en sus, jusqu'au maximum de 400 francs.

Un rouleau comptera pour 25 tables, et 4 perrotines pour un rouleau.

acets et tresses en laine ou coton (Fabrique de) par procédes mécaniques, pour 500 broches ou fuseaux et au-dessous......... 10 f

Plus 1 fr. 50 c. par chaque centaine de broches ou de fuseaux en sus, jusqu'au maximum de 400 francs.

Machines a vapeur, metiers mécaniques pour la filature et pour le tissage, et autres grandes machines (Constructeur de)........ 25

Plus 3 francs par ouvrier, jusqu'au maximum de 500 francs.

Métiers (Fabrique à).

2 fr. 50 c. par métier, jusqu'au maximum de 600 francs.

Sont exemptés de la patente (loi du 10 juin 1853, art. 13), les fabricants à métiers à façon ayant moins de dix métiers.

Lorsque les fabricants à façon ont dix métiers ou plus, le droit fixe est pour eux reductible à la moitié.

5e PARTIE.

DROIT PROPORTIONNEL

Au 15e sur la maison d'habitation seulement.

c (Fermier de)................ 5 f

Plus 2 francs par 1,000 francs du prix de ferme, jusqu'au maximum de 200 francs.

is sur pied (Entrepreneur par adjudication de l'abatage et du façonnage des)................ 3

Plus 2 francs par 1,000 francs du prix de l'entreprise, jusqu'au maximum de 100 francs.

rières souterraines ou à ciel ouvert (Exploitant de)........... 5

Plus 3 francs par ouvrier, jusqu'au maximum de 200 francs.

ndres noires (Extracteur de).... 5

Plus 3 francs par ouvrier, jusqu'au maximum de 200 francs.

Chaises (Loueur de)............. 3

Plus 2 francs par 1,000 francs du prix de ferme, jusqu'au maximum de 100 francs.

Concerts publics (Entrepreneur de): le quart d'une recette complete, si les concerts ont lieu plus de trois fois par semaine; le huitième, si les concerts n'ont lieu qu'une, deux ou trois fois par semaine.

Desséchement (Entrepreneur de travaux de)..................... 50

Dragueur entrepreneur.......... 50 f

Fabrication dans les prisons, etc. (Entrepreneur de), pour un atelier de 25 détenus et au-dessous. 25

Par chaque détenu en sus, 50 centimes, jusqu'au maximum de 500 francs.

Fabrication dans les dépôts de mendicité (Entrepreneur de), moitié du droit ci-dessus fixé pour les entrepreneurs de fabrication dans les prisons.

Flottage (Entrepreneur de)........ 25

Fontaines publiques (Fermier de).. 5

Plus 2 francs par 1,000 francs du prix de ferme, jusqu'au maximum de 100 francs.

Fournisseur général dans les prisons et dépôts de mendicité.

A forfait et par tête de détenu, pour une population de 300 détenus et au-dessous.......... 150

Par 100 détenus en sus, 25 francs, jusqu'au maximum de 500 fr.

Fruits sur bateaux (Marchand de). 50

Fruits et légumes (Marchands, expéditeurs par chemins de fer ou bateaux de)............... 50

Gare (Entrepreneur de).......... 100

Halles, marchés et emplacements sur les places publiques (Fermier ou adjudicataire des droits de).. 5

Plus 2 francs par 1,000 francs du prix de ferme, jusqu'au maximum de 300 francs.

Jaugeage des liquides (Adjudicataire des droits de). 3

Plus 2 francs par 1,000 francs du prix de ferme, jusqu'au maximum de 100 francs.

Madragues (Fermier de)......... 25

Mesurage (Fermier des droits de).. 3

Plus 2 francs par 1,000 francs du prix de ferme, jusqu'au maximum de 100 francs.

Minières non concessibles et extraction de minerai de fer (Exploitant de)......................... 5

Plus 3 francs par ouvrier, jusqu'au maximum de 200 francs.

Octroi (Adjudicataire des droits d'). 5

Plus 2 francs par 1,000 francs du prix des adjudications, jusqu'au maximum de 500 francs.

Pêche (Adjudicataire ou fermier de)........................ 3

Plus 2 francs par 1,000 francs du prix de ferme, jusqu'au maximum de 100 francs.

Pesage (Fermier des droits de).... 3

Plus 2 francs par 1,000 francs du prix de ferme, jusqu'au maximum de 100 francs.

Restaurateur sur coches et bateaux à vapeur.. 50

Spectacles (Directeur de) :

1° Le quart d'une représentation complete dans les théâtres où l'on joue tous les jours;

2° Le huitième si l'on ne joue pas tous les jours, et si la troupe est sédentaire;

3° Si la troupe n'est pas sédentaire, c'est-à-dire si elle ne réside pas quatre mois consécutifs dans la même ville................. 50

Spectacles, bals, concerts et autres réunions semblables (Adjudicataire ou fermier des droits à percevoir au profit des pauvres dans les)........................ 5

Plus 2 francs par 1,000 francs des prix de ferme, jusqu'au maximum de 300 francs.

Tourbières (Exploitant de).......

Plus 3 francs par ouvrier, jusqu'au maximum de 200 francs.

Travaux publics (Entrepreneur de).

Plus 1 franc par 1,000 francs du montant annuel des entreprises, jusqu'au maximum de 1,000 francs.

TABLEAU D

Annexé a la loi du 25 avril 1844.

TABLEAU G

Annexé à la loi du 18 mai 1850, et partie du Tableau annexé à la loi du 4 juin 1858, désignée comme se rattachant aux Tableaux D et G.

EXCEPTIONS

A LA RÈGLE GÉNÉRALE QUI FIXE LE DROIT PROGRESSIF AU VINGTIÈME DE LA VALEUR LOCATIVE.

§ 1er. Le droit proportionnel est fixé au QUINZIÈME :

1° Pour les patentables compris dans la 1re classe du tableau A;

2° Pour les patentables compris dans le tableau B;

3° Pour les patentables compris dans la première partie du tableau C.

§ 2. Il est également fixé au QUINZIÈME, mais sur la maison d'habitation seulement, pour les patentables compris dans la cinquième partie du tableau C.

§ 3 Le droit proportionnel est fixé au VINGT-CINQUIÈME de la valeur locative des établissements industriels compris dans la deuxième partie du tableau C.

§ 4. Au TRENTIÈME de la valeur locative des locaux servant à l'exercice des professions ci-après désignées :

Marchands de bois en gros compris dans la première classe du tableau A;

Marchands de charbon de bois et de charbon de terre, compris dans la première et la deuxième classe du tableau A;

Marchands de vins en gros;

Commissionnaires entrepositaires de vins;

Marchands d'huiles en gros

§ 5. Au QUARANTIÈME de la valeur locative :

1° De tous les locaux occupés par les patentables des 7e et 8e classes du tableau A, mais seulement dans les communes d'une population de 20,000 âmes et au-dessus;

2° Des établissements industriels compris dans la troisième partie du tableau C;

3° Des locaux servant à l'exercice des professions ci-après désignées :

Fabricants de gaz fournissant l'éclairage des villes autres que la ville de Paris;

Imprimeurs-typographes employant des presses mécaniques;

Maîtres d'hôtel garni;

Loueurs en garni;

Loueurs de force motrice;

Individus tenant des maisons particulières :
D'accouchement,
De santé,
De retraite,
Des établissements d'orthopédie;

Magasiniers;

Entrepreneurs de roulage,
De bains publics,
De bains de rivière en pleine eau,
De bains de mer dits *à la lame*,
Du logement des troupes de passage,
De la distribution des eaux,

D'établissement pour les courses de chevaux;

Maîtres de jeu de paume;

— de gymnase;

Individus tenant un manége d'équitation,
Une école de natation,
Un jardin public,
Un lavoir public,
Un parc à charrettes.

§ 6. Au CINQUANTIÈME de la valeur locative des établissements industriels compris dans la quatrieme partie du tableau C.

§ 7. Payent le droit proportionnel au VINGTIEME, sur les maisons d'habitation seulement :

Les concessionnaires, exploitants ou fermiers des droits d'emmagasinage dans un entrepôt;

Les fournisseurs d'objets de consommation, dans les cercles ou societes;

Les directeurs de diorama, panorama, géorama, néorama;

Les concessionnaires exploitants ou fermiers de péage sur un pont;

Les concessionnaires ou fermiers d'abattoir public;

Les directeurs des monnaies.

§ 8. Sont exempts de tout droit proportionnel :

Les patentables des 7e et 8e classes, résidant dans les communes d'une population inférieure à 20,000 âmes;

Les exploitants de moulins à bras, pour la valeur locative de ces usines.

§ 9. Tableau G de la loi du 18 mai 1850, additionnel au tableau D de la loi du 25 avril 1844.

Professions assujetties seulement au droit proportionnel (le droit proportionnel au QUINZIÈME) :

Architectes.

Avocats inscrits aux tableaux des cours et tribunaux.

Avocats au conseil d'Etat et à la cour de cassation.

Avoués.

Chirurgiens-dentistes.

Commissaires-priseurs.

Docteurs en chirurgie

Docteurs en médecine.

Greffiers.

Huissiers.

Ingénieurs civils.

Mandataires agréés par les tribunaux de commerce.

Notaires.

Officiers de santé.

Réferendaires au sceau.

Vétérinaires.

Chefs d'institution, maîtres de pension (Les locaux affectés au logement et à l'instruction des élèves ne seront pas compris dans l'estimation de la valeur locative.)

TITRE IV.

RÉCLAMATIONS.

CHAPITRE PREMIER.

RECLAMATIONS CONTRE LES CONTINGENTS.

Art. 304. Le conseil municipal réclame, s'il y a lieu, contre le contingent assigné à la commune dans l'établissement des impôts de répartition. Loi du 18 juillet 1837, art 22.

Art. 305. Le conseil d'arrondissement délibère sur les réclamations auxquelles donnerait lieu la fixation du contingent de l'arrondissement dans les contributions directes. Loi du 10 mai 1836, art. 40.

Il délibère également sur les demandes en réduction formées par les communes (1).

Art. 306. Quand une administration centrale (*un conseil général*) prétendra qu'il y a inégalité au préjudice de son département, dans la répartition....., elle s'adressera au Corps législatif. Loi du 2 messidor an VII, art. 193.

Art. 307. Le conseil général prononce définitivement sur les Loi du 10 mai 1838, art. 2.

(1) « Il (*le conseil d'arrondissement*) donnera son avis motivé sur les « demandes en décharge qui seront formées par les villes, bourgs et villa- « ges. » (Loi du 28 pluviôse an VIII, art. 10.)

demandes en réduction formées par les communes, et préalablement soumises au conseil d'arrondissement.

Loi du 10 mai 1838, art. 1er.

Art. 308. Le conseil général statue sur les demandes délibérées par les conseils d'arrondissement en réduction du contingent assigné à l'arrondissement (1).

Id. art. 46.

Art. 309. Le conseil d'arrondissement est tenu de se conformer, dans la répartition de l'impôt, aux décisions rendues par le conseil général sur les réclamations des communes.

Faute par le conseil d'arrondissement de s'y être conformé, le préfet, en conseil de préfecture, établit la répartition d'après lesdites décisions.

En ce cas, la somme dont la contribution de la commune surchargée se trouve réduite, est répartie, au centime le franc, sur toutes les autres communes de l'arrondissement.

Loi du 2 messidor an VII, art. 190.

Art. 310. Le rappel à l'égalité proportionnelle ne profitera point au canton (*à l'arrondissement*) ou à la commune réclamant pour les années antérieures à celle pour laquelle il aura été demandé, et il ne pourra être demandé que pour l'année dont il s'agira dans le mandement envoyé aux administrations municipales (2).

---

(1) « Il (*le conseil général*) statuera sur les demandes en réduction faites « par les conseils d'arrondissement, les villes, bourgs et villages. » (Loi du 28 pluviôse an VIII, art. 6.)

(2) La loi du 2 messidor an VII avait tracé les règles d'après lesquelles devaient être instruites et jugées les réclamations formées par les communes et les arrondissements qui se prétendraient surchargés. Ces dispositions doivent être considerées comme rapportées par les lois des 28 pluviôse an VIII et 10 mai 1838, qui attribuent aux conseils généraux le jugement des réclamations de l'espèce, sans leur imposer aucune condition ou règle obligatoires.

Les réclamations des communes ou des arrondissements ne peuvent donner lieu à un recours ni devant le conseil de préfecture, ni devant le conseil d'Etat par la voie contentieuse. Il n'y a d'autre voie de recours que d'en appeler au conseil général mieux informé.

CHAPITRE II.

DE LA PRÉSENTATION ET DE L'INSTRUCTION DES RÉCLAMATIONS INDIVIDUELLES.

§ 1er. — *Contribution foncière.*

Décharges et réductions.

Art. 311. Toute propriété foncière doit être imposée dans la commune où elle est située (1). Loi du 2 messidor an VII, art. 2.

Toute propriété foncière doit être imposée sous le nom du propriétaire actuel, sauf le cas prévu par l'article 36 de la loi du 3 frimaire an VII, relative à la répartition de la contribution foncière (*article* 219 *du présent Recueil*). Id. art 1er.

Art. 312. Tout citoyen imposé dans une commune pour un bien situé dans une autre, remettra sa pétition au sous-préfet..... et le conseil de préfecture prononcera, s'il y a lieu, la décharge dont le montant sera réimposé sur toutes les autres propriétés de la commune où le réclamant aura été mal à propos imposé (2). Arrêté consulaire du 22 floréal an VIII, art 1er.

---

(1) Nous ne reproduisons ici que les dispositions de la loi du 2 messidor an VII, qui peuvent se concilier avec l'état actuel de la législation. Les autres règles tracées par cette loi et qui n'ont pas été maintenues par l'arrêté du 24 floréal an VIII, doivent être considérées comme abrogées. (Voir notamment Arr. C. 28 décembre 1840, Aude, aff. Daydé et Mir.)

(2) « Tout contribuable imposé dans une commune pour un bien situé « dans une autre..... se pourvoira devant l'administration municipale....., « qui, après vérification, prononcera, s'il y a lieu, la radiation de la cote, « dont le montant sera rejeté sur toutes les propriétés de la commune qui « aura imposé mal à propos. » (Loi du 2 messidor an VII, art. 9)

Arrêté consulaire du 24 floréal an VIII, art. 2.

Art 313. Lorsqu'une propriété aura été cotisée sous un autre nom que celui du véritable propriétaire, les mêmes formes seront observées, et le conseil de préfecture statuera sur la mutation de cote (1).

Loi du 2 messidor an VII, art. 7.

Art. 314. S'il y a contestation sur le droit à la propriété, les administrations (*les conseils de préfecture*) renverront devant les tribunaux civils, et ajourneront la décision sur la demande en mutation de cote jusqu'après jugement définitif sur le droit des parties à la propriété.

Loi du 15 septembre 1807, article 37, et Ordonnance royale du 23 octobre 1821, art. 9.

Art. 315. Tout propriétaire est admis à réclamer contre le classement de ses fonds, pendant les six mois qui suivront la mise en recouvrement du rôle cadastral. Passé ce délai, les propriétaires compris dans le rôle cadastral pour des propriétés non bâties ne seront plus dans le cas de se pourvoir en surtaxe, à moins que, par un événement extraordinaire, leurs propriétés ne viennent à disparaître ou que leur réclamation ne porte sur des causes postérieures et étrangères au classement (2).

---

(1) « Lorsqu'une propriété foncière aura été cotisée sous un autre nom que « celui du propriétaire, l'administration municipale, sur la réclamation soit « du propriétaire, soit de celui sous le nom duquel la propriété aura été « mal à propos cotisée....., prononcera la mutation de cote. » (Loi du 2 messidor an VII, art. 5.) — Le conseil de préfecture doit, avant faire droit, ordonner la mise en cause du véritable propriétaire de l'immeuble, afin de pouvoir, par le même arrêté, rayer du rôle le contribuable indûment imposé. (Arr. C. 5 août 1848, Moselle, aff. Barbier.)

(2) Les articles que nous avons dû combiner ici pour plus de clarté sont ainsi conçus :

Loi du 15 *septembre* 1807, *art.* 37 : « Les propriétaires compris dans le « rôle cadastral pour des propriétés non bâties, ne seront plus dans le cas « de se pourvoir en surtaxe, à moins que, par un événement extraordinaire, « leurs propriétés ne vinssent à disparaître..... »

Ord. R. du 3 *octobre* 1821, *art.* 9 : « Tout propriétaire est admis à ré- « clamer contre le classement de ses fonds, pendant les six mois qui sui- « vront la mise en recouvrement du rôle cadastral. Passé ce délai, aucune « réclamation ne pourra être admise qu'autant qu'elle portera sur des « causes postérieures et étrangères au classement. »

Art. 316. Les propriétaires de propriétés bâties continueront à être admis à se pourvoir en décharge ou réduction, dans le cas de surtaxe ou de destruction totale ou partielle de leurs bâtiments. Le montant des décharges ou réductions continuera d'être réimposé (1). Loi du 15 septembre 1807, article 38.

Art. 317. La réduction d'une cote en principal entraînera toujours la réduction proportionnelle des centimes additionnels. Arrête consulaire du 24 floréal an VII, art. 13.

Art. 318. Le rappel (*à l'égalité proportionnelle*) ne profitera point au réclamant pour les années antérieures à celle pour laquelle il l'aura demandée. Loi du 2 messidor an VII, art. 132.

Art. 319. Toutes les fois qu'il y aura eu rappel à l'égalité proportionnelle ordonné sur réclamation à raison d'inégalité de cote, la cote du réclamant..... restera dans la proportion où l'aura placée ce rappel, jusqu'à ce qu'il soit procédé à nouvelle évaluation générale du revenu imposable de tout le territoire de la commune (2). Id art. 133.

Art. 320. Ne sont compris dans les dispositions de l'article précédent les maisons, les moulins, forges et autres usines, qu'autant qu'il n'y aurait été fait, postérieurement à l'évaluation par experts de leur revenu imposable, aucune construction addi- Id. art. 45.

---

(1) Suivant la jurisprudence de l'Administration, les démolitions effectuées en cours d'exercice ne peuvent donner lieu qu'à des demandes en remise ou modération devant le préfet, et les dégrevements qui s'y rapportent doivent être imputés sur le fonds de non-valeurs.

En outre, un fonds spécial a été creé en 1846, pour l'imputation des dégrèvements prononcés sur la contribution fonciere des maisons et usines nouvellement construites ou qui ont été démolies. (Voir la note de l'article 400 ci-apres.)

(2) Tel est le point de départ du principe de la fixité des évaluations cadastrales, principe que la loi du 15 septembre 1807 a de nouveau consacre, et qu'aucune loi posterieure n'a abrogé en ce qui concerne la repartition individuelle.

tionnelle donnant ou pouvant donner un accroissement audit revenu, et sans préjudice encore, relativement aux maisons et aux moulins, forges et autres usines, et à tous autres édifices nouvellement construits ou reconstruits, des dispositions de la loi du 3 frimaire an VII, relative à la répartition, à l'assiette et au recouvrement de la contribution foncière, qui leur sont applicables, auxquelles il n'est aucunement dérogé.

Loi du 21 avril 1832, art. 28.

Art. 321. Tout contribuable qui se croira surtaxé adressera au préfet ou au sous-préfet, dans les trois premiers mois de l'émission des rôles (1), sa demande en décharge ou réduction; il y joindra la quittance des termes échus de sa cotisation (2), sans pouvoir, sous prétexte de réclamation, différer le payement des termes qui viendront à échoir pendant les trois mois qui suivront la réclamation et dans lesquels elle devra être jugée définitivement.

Ne sont point assujetties au droit de timbre les réclamations ayant pour objet une cote moindre de trente francs (3).

---

(1) La loi du 2 messidor an VII et l'arrêté des consuls du 24 floréal an VIII, qui ont determiné les règles relatives aux réclamations en matiere de contribution foncière, n'ont fixé aucun délai pour la présentation des demandes en décharge ou réduction; mais les lois des 26 mars 1831 et 21 avril 1832, bien qu'elles aient été faites à l'occasion de la contribution personnelle-mobilière et de la contribution des portes et fenêtres, sont conçues en termes généraux qui permettent d'en étendre les dispositions a toutes les contributions directes. Enfin, cette interprétation résulte surtout de l'article 8 de la loi du 4 août 1844 (art. 322 du présent Recueil), qui parle du délai de trois mois accordé aux contribuables pour réclamer contre *les rôles des contributions directes*, et fixe ce delai à partir de la publication desdits rôles.

(2) « Tout demandeur en rappel à l'égalité proportionnelle, sera tenu de « joindre à son mémoire..... la quittance des termes échus de la contri- « bution foncière. » (Loi 2 messidor an VII, art. 97.)

(3) Voir, en ce qui concerne la formalité du timbre, la note de l'article 375 ci-apres.

Art. 322. Le délai de trois mois accordé aux contribuables.... pour présenter les réclamations qu'ils sont autorisés à former contre les rôles des contributions directes, ne courra qu'à partir de la publication desdits rôles (*Voir ci-après*, *art.* 462). Loi du 4 aout 1844, art. 8.

Art. 323. L'administration municipale (*le sous-préfet*) fera inscrire par extrait..... tous les mémoires en rappel à l'égalité proportionnelle, à mesure qu'ils lui seront adressés, après avoir vérifié que les formalités prescrites..... ont été observées par les réclamants. Loi du 2 messidor an VII, art. 99.

Art. 324. Si les formalités précitées n'ont pas été remplies, le mémoire ne sera pas inscrit....., mais il sera renvoyé au réclamant (1). Id. art. 19.

Art. 325. La pétition sera renvoyée au contrôleur des contributions directes, qui vérifiera les faits et donnera son avis, après avoir pris celui des répartiteurs (2). Loi du 21 avril 1832, art 29.

---

(1) Il résulte d'un arrêt du conseil d'Etat, du 5 mars 1852 (Seine-et-Oise, aff. Ménager), qu'il y a lieu de considerer comme régulière en la forme et, dès lors, comme recevable, une réclamation non accompagnée de la quittance des termes échus, qui a été formée dans les trois mois de la publication du rôle, si la quittance dont il s'agit a été produite ultérieurement, et avant que le conseil de préfecture ait statué sur la réclamation. En conséquence, d'après les instructions de l'Administration, toutes les demandes en matière de contributions directes doivent, aujourd'hui, être enregistrées au moment de leur réception à la préfecture ou à la sous-préfecture, qu'elles soient ou non accompagnées des pièces exigées. Ce n'est, en effet, qu'au moyen de cet enregistrement qu'il est possible de constater plus tard si la réclamation n'a pas été présentee en temps utile.

La quittance produite ultérieurement devant le conseil d'Etat ne serait valable qu'autant qu'elle porterait une date antérieure à la décision du conseil de préfecture. (Arr. C. 9 janvier 1856, Ariége, aff. Cassagne.)

(2) « Le sous-préfet enverra la réclamation au contrôleur; ce dernier « prendra l'avis des répartiteurs de la commune. » (Arrêté cons. 24 floréal an VIII, art. 4.)

Loi du 2 messidor an VII, art. 20.

Art. 326. Les répartiteurs délibéreront dans la décade.....

Id. art. 108.

Art. 327. La délibération sera..... signée de chacun d'eux, ou mention sera faite de la cause pour laquelle ils n'auront point signé.....

Id. art. 109.

Art. 328. Si les répartiteurs conviennent de l'inégalité et la portent au même taux que le réclamant, ils le déclareront dans leur délibération. Ils y déclareront, au cas qu'ils n'admettent point la prétention du réclamant, quelle est, sur cette prétention, la différence de leur opinion à la sienne.

Arrêté consulaire du 24 floréal an VIII, art. 4.

Art. 329. S'ils conviennent de la justice de la réclamation, il (*le contrôleur*) en dressera un procès-verbal, qu'il fera passer au sous-préfet; celui-ci, après avoir donné son avis (1), enverra le tout au préfet, qui prendra l'avis du directeur..... (2).

Id art. 6.

Art. 330. S'il en résulte que les cotes prises pour comparaison sont dans une proportion plus faible que celle du réclamant, le conseil de préfecture..... prononcera la réduction à raison du taux commun des autres cotes (3).

Loi du 2 messidor an VII, art. 21

Art. 331. Si les répartiteurs sont d'avis que la réclamation n'est fondée qu'en partie, ils exprimeront sur chaque article à quelle somme la réduction leur paraîtra devoir être réglée.

---

(1) Les lois des 26 mars 1831 et 21 avril 1832 ne faisant plus mention de l'avis du sous-préfet, on doit considérer cette disposition comme abrogée. (Voir, en ce qui concerne les patentes, la note relative à l'article 388 ci-après.)

(2) « S'ils (*les répartiteurs*) conviennent de la justice de la reclamation, « l'administration municipale prononcera la réduction de la cote. » (Loi du 2 messidor an VII, art. 20.)

(3) La différence proportionnelle d'un dixième, exigée par l'article 129 de la loi du 2 messidor an VII entre la cote du réclamant et l'une ou plusieurs des cotes prises en comparaison, n'est plus nécessaire pour l'admission de la demande. (Arr. C. 5 juin 1845, Ardennes, aff. Millart.)

Art. 332. Si le directeur est d'avis qu'il y a lieu d'admettre la demande, il fera son rapport, et le conseil de préfecture statuera. Dans le cas contraire, le directeur exprimera les motifs de son opinion, transmettra le dossier à la sous-préfecture et invitera le réclamant à en prendre communication et à faire connaître, dans les dix jours, s'il veut fournir de nouvelles observations, ou recourir à la vérification par voie d'experts. Loi du 21 avril 1832, art. 29.

Si l'expertise est demandée, les deux experts seront nommés, l'un par le sous-préfet, l'autre par le réclamant (1).

Art. 333. Les experts prendront..... le mémoire et les pièces du réclamant, et l'avis donné par les répartiteurs, même la matrice du rôle de la commune, s'ils croient en avoir besoin..... Loi du 2 messidor an VII, art. 23.

L'Administration (2) fixera le jour et l'heure de la descente des experts sur les lieux, et les experts ainsi que le réclamant en seront prévenus dix jours au moins à l'avance; les répartiteurs en seront aussi prévenus dix jours au moins à l'avance, en la personne de l'agent municipal (*du maire*) de la commune ou de son adjoint.

Art. 334. Les répartiteurs nommeront deux d'entre eux pour être présents aux opérations des experts, et le réclamant y assistera ou y fera trouver un fondé de pouvoir. Les deux répartiteurs et le réclamant ou son fondé de pouvoir indiqueront les biens et fourniront les autres renseignements. Id. art. 24.

Art. 335. Les experts se rendront sur les lieux avec le contrôleur (1)..... Arrêté consulaire du 24 floréal an VIII, art. 5.

Art. 336. A défaut par les deux répartiteurs ou l'un des deux, Loi du 2 messidor an VII, art. 25.

---

(1) « Si les répartiteurs ne conviennent pas de la surtaxe, deux experts « seront nommés, l'un par le sous-préfet, l'autre par le réclamant. » (Arrêté cons. du 24 floréal an VIII, art. 5.)

(2) Le contrôleur des contributions directes.

(3) Ou l'inspecteur. (Arr. C. 24 juin 1857, Haute-Vienne, Marcoul.)

ou par le réclamant ou son fondé de pouvoir, de se présenter sur les lieux aux jour et heure indiqués pour la descente des experts, ceux-ci procéderont nonobstant l'absence des non-comparants.

Arrêté consulaire du 24 floréal an VIII, art. 5.

Art. 337. Les experts..... vérifieront les revenus objets de la cote du réclamant et les autres cotes prises ou indiquées par le réclamant (1) pour comparaison dans le rôle de la contribution foncière de la même commune.

Id art. 6.

Art. 338. Le contrôleur rédigera un procès-verbal des dires des experts et y joindra son avis.

Le sous-préfet, après avoir donné lui-même son avis (2), transmettra le tout au préfet.

S'il en résulte que les cotes prises pour comparaison sont dans une proportion plus faible que celle du réclamant, le conseil de préfecture, toujours sur l'avis du directeur des contributions, prononcera la réduction à raison du taux commun des autres cotes.

Le montant de cette réduction sera réimposé sur les autres contribuables de la commune (3).

Loi du 2 messidor an VII, art. 221.

Art. 339. Les procès-verbaux (*d'expertise*) seront rédigés sur les lieux (4) et feront mention du nombre des vacations et de la

---

(1) Ces dispositions donnent au réclamant le droit de désigner les termes de comparaison dont il veut faire usage; elles impliquent, d'autre part, pour les experts, le devoir de visiter et d'estimer toutes les propriétés indiquées par le réclamant; mais il n'en résulte pas qu'ils soient tenus de se renfermer dans le cercle impérieusement tracé par ce dernier, et qu'ils ne puissent choisir d'autres éléments de leur conviction. Ce système, qu'on a tenté de faire prévaloir, serait le renversement du principe de l'égalité proportionnelle consacré par les lois, en matière d'impôt.

(2) Voir, en ce qui concerne l'avis du sous-préfet, la note de l'article 326 ci-dessus.

(3) Voir la note de l'article 400.

(4) Cette disposition n'oblige pas les agents de l'Administration à rédiger leurs procès-verbaux sur les lieux mêmes qui sont l'objet de la réclamation (Arr. C. 24 juin 1857, Haute-Vienne, Marcoul.)

date de chacune. Tous ceux qui auront assisté à l'opération seront interpellés de les signer, ou mention sera faite de la cause pour laquelle ils n'auraient point signé.

Art. 340. Les experts déposeront leur procès-verbal..... dans les dix jours de la clôture de leur opération. Loi du 2 messidor an VII, art 113.

Art. 341. Dans le cas où le conseil de préfecture aurait jugé nécessaire d'ordonner une contre-vérification, cette opération sera faite par l'inspecteur des contributions, ou, à son défaut, par un contrôleur autre que celui qui aura procédé à la première instruction, en présence du maire ou de son délégué et du réclamant ou de son fondé de pouvoir. Loi du 26 mars 1831, art 29.

L'inspecteur dressera procès-verbal, mentionnera les observations du réclamant....., celles des répartiteurs, et donnera son avis. Le directeur fera son rapport et le conseil de préfecture prononcera (1).

Art. 342. Tout arrêté par lequel une contre-vérification sera ordonnée, énoncera, d'une manière précise, les points sur lesquels elle devra porter..... L'inspecteur ne s'occupera d'aucun autre objet. Loi du 2 messidor an VII, art. 35.

Art. 343. L'inspecteur déposera son procès-verbal..... dans les dix jours de la clôture de ses opérations..... Id. art. 37.

Art. 344. Les experts ou l'inspecteur..... rétabliront les pièces qu'ils auront prises dans les dépôts où elles étaient. Id. art. 37 et 113.

Art. 345. Ne pourront être nommés experts pour toutes évaluations et vérifications en matière de contribution foncière, que Id. art. 202.

---

(1) « Si l'administration centrale ordonne une contre-vérification par « l'inspecteur de l'agence des contributions directes, l'inspecteur y procé- « dera dans la forme prescrite pour les experts. » (Loi du 2 messidor an VII, art. 34.)

des citoyens français ayant le libre exercice de leurs droits politiques (1).

Loi du 2 messidor an VIII, art. 203.

Art. 346. Ne peuvent être experts..... les parents en ligne directe des réclamants, ni leurs parents collatéraux jusqu'au degré de cousins issus de germains inclusivement, non plus que les parents en ligne directe de leurs épouses, même divorcées, ou ceux en ligne collatérale jusqu'audit degré de cousins issus de germains inclusivement.

Si c'est la femme qui réclame, pareille exclusion est applicable au mari, même divorcé, et à ses parents.

Id. art. 205.

Art. 347. Ne peuvent être experts....., si les parties intéressées..... n'y consentent par écrit ou par déclaration précise devant l'administration qui aura ordonné l'évaluation ou vérification à faire, ceux qui sont actuellement en procès avec l'une desdites parties intéressées, ceux contre qui l'une des parties intéressées a obtenu ou qui ont obtenu contre elle jugement en matière civile ou de simple police, depuis moins de cinq ans, et ceux qui ont eu procès avec l'une des parties intéressées, en matière criminelle ou de police correctionnelle, en quelque temps que ce soit.

Id. art. 203.

Art. 348. Ne peuvent être experts..... ceux qui ont des propriétés ou un usufruit, ou qui tiennent des biens à ferme dans la commune..... dans laquelle les opérations ordonnées doivent avoir lieu.

---

(1) L'arrêté du 24 floréal an VIII ayant modifié la loi du 2 messidor an VII, en ce qui concerne la nomination des experts, sans reproduire aucune des dispositions exclusives contenues aux articles 202 à 207 de ladite loi, nous pensons que toute latitude doit être laissée aux contribuables comme à l'Administration dans le choix des experts. Toutefois, comme la jurisprudence ne s'est pas encore définitivement prononcée, nous avons cru devoir insérer ici celles de ces dispositions qui n'ont rien d'incompatible avec l'état actuel de notre législation en matière de contributions directes.

Art. 349. Ne peuvent pareillement être experts..... ceux dont les ascendants ou les descendants, ou les frères, ou les sœurs, ou les oncles, ou les neveux, ont des propriétés ou un usufruit, ou tiennent des biens à ferme dans la commune..... dans laquelle les opérations ordonnées doivent avoir lieu. Loi du 2 messidor an VII, art. 207.

Art. 350. Il sera donné avis....., tant au contribuable réclamant qu'à l'agent municipal (*au maire*) de la délibération..... portant nomination d'experts, dans les cinq jours de la date de cette délibération. Id. art 208.

Cet avis sera daté du jour qu'il aura été remis.

Le réclamant et l'agent municipal (*le maire*) pourront respectivement, dans les dix jours suivants, récuser les experts par une déclaration motivée, qui sera reçue par le secrétaire de l'administration municipale (*de la sous-préfecture*), et à laquelle seront jointes les pièces au soutien.

La déclaration sera signée par le secrétaire et par le déclarant, ou mention y sera faite de la cause pour laquelle celui-ci ne l'aura pas signée.

Art. 351. Aucune récusation ne sera admise après les délais pour récuser légalement expirés..... Id. art. 220.

Les experts récusés resteront déchus de plein droit de tout salaire pour les vacations qu'ils auraient déjà employées.

Art. 352. Les administrations municipales (*les sous-préfets*) ..... récuseront d'office, si le réclamant ou les agents municipaux (*les maires*)..... ne l'ont fait, tous experts nommés qu'ils sauront être dans l'un des cas des articles 203..... (*art.* 343 *ci-dessus*), ou ne point avoir la qualité requise par l'article 202 (*art.* 342). Les experts, quoique non récusés, doivent, dans les mêmes cas, s'abstenir et déclarer le motif de leur abstention. Id. art. 210.

Art. 353. L'administration municipale (*le sous-préfet*) prononcera sur la récusation..... et si la récusation est admise, elle nommera d'autres experts à la place de ceux qui auront été Id. art. 211.

récusés. Les nouveaux experts pourront être récusés, s'il y a lieu, dans la même forme.

Loi du 2 messidor an VII, art. 212.

Art. 354. Si la récusation n'est point admise, ou s'il n'en est point fait dans le délai prescrit, l'administration fixera alors le jour et l'heure de la descente sur les lieux.

Id art. 222.

Art. 355. Les frais d'expertise seront réglés au pied des procès-verbaux....... En cas de réclamation contre cette taxe, la partie qui croira avoir à s'en plaindre présentera ses observations, et l'administration y fera droit selon qu'il appartiendra.

Arrêté consulaire du 24 floréal an VIII, art. 17.

Art. 356. Les frais de vérification et d'experts seront réglés par le préfet, sur l'avis du sous-préfet (1).

Id. art. 18.

Art. 357. Ils seront acquittés, savoir :

Par la commune, lorsque la réclamation aura été reconnue juste (2) ;

Par le réclamant, lorsque la réclamation aura été rejetée.

Id. art. 19.

Art. 358. Les frais à la charge de la commune seront imposés sur les rôles de l'année suivante, avec les centimes additionnels, et comme charge locale (3).

Loi du 2 messidor an VII, art. 226.

Les cotes des réclamants (*seront*) exceptées (4).

---

(1) C'est le conseil de préfecture qui décide si les frais d'expertise doivent être à la charge du réclamant ou à la charge de la commune ; mais c'est au préfet seul qu'il appartient de fixer le montant de ces frais. (Arr C 30 mars 1844, Eure, Colombe-Vilcoq.) Il n'existe point de tarif des frais d'expertise en matière de contributions directes ; ils sont réglés comme en matière de procédure civile, c'est-à-dire conformément aux articles 159 et 160 du décret du 16 février 1807.

(2) C'est-à-dire lorsque le réclamant aura obtenu une réduction *quelconque* sur sa cote de contribution. (Arr. C. 28 juin 1837, Gers, Maumus.)

(3) En principe, l'imputation des frais d'experts suit l'imputation même du dégrèvement prononcé. Voir, par conséquent, les articles 400 à 419 ci-après.

(4) Voir un arrêt du conseil d'Etat du 13 décembre 1845, Ardèche, aff Conchies.

Art. 359. Ceux (*les frais*) à la charge des contribuables seront acquittés par eux, en vertu de l'ordonnance du préfet, entre les mains du percepteur. Arrêté consulaire du 24 floréal an VIII, art 20.

Art. 360. Il y aura lieu contre eux, pour le payement de ces frais, aux mêmes poursuites que pour le payement de la cote même. Les poursuites seront faites par le percepteur. Loi du 2 messidor an VII, art. 225.

Art. 361. Le percepteur fera néanmoins, dans tous les cas, l'avance de ces frais aux experts sur le produit des centimes additionnels de la commune. Arrêté consulaire du 24 floréal an VIII, art. 21.

Remises et Modérations.

Art. 362. Les propriétaires compris dans le rôle cadastral pour des propriétés non bâties...... qui, par des grêles, gelées, inondations ou autres intempéries, perdraient la totalité ou une portion de leur revenu, pourront se pourvoir en remise totale ou partielle de leur cote de l'année dans laquelle ils auront éprouvé cette perte. Le montant de ces remises ou modérations sera pris sur le fonds de non-valeurs (1). Loi du 15 septembre 1807, article 37.

Art. 363. Les propriétaires de propriétés bâties continueront d'être admis à se pourvoir...... en remise ou modération, dans le cas de perte totale ou partielle de leur revenu d'une année (2). Id art 38.

---

(1) Les pertes de bestiaux ne portant pas sur des objets soumis à l'impôt, ne doivent, en principe, être indemnisées que par le fonds de secours effectifs mis à la disposition du ministère de l'agriculture, du commerce et des travaux publics. Il ne peut y avoir lieu à remise ou modération d'impôt que lorsque la mortalité des bestiaux, provenant d'une épizootie générale, prive les propriétaires de pâturages du revenu qu'ils en retirent annuellement; et, dans ce cas, ce sont ces propriétaires qui ont droit au dégrèvement.

(2) Dans le principe, il n'était accordé de remise, par application de cet article, que pour les maisons restées vacantes en totalité et pendant une année entière. Mais une circulaire du 16 fevrier 1846, conforme à une dé-

Arrêté consulaire du 24 floréal an VIII, art. 24.

Art. 364. Lorsque, par des événements extraordinaires, un contribuable aura éprouvé des pertes, il remettra sa pétition au sous-préfet, qui la renverra au contrôleur..... (1).

Id. art. 25.

Art. 365. Le contrôleur se transportera sur les lieux, vérifiera, en présence du maire, les faits, et constatera la quotité de la perte, des revenus fonciers ou des facultés mobilières du réclamant et en dressera un procès-verbal qu'il enverra au sous-préfet; celui-ci le fera parvenir, avec son avis, au préfet, qui prendra l'avis du directeur des contributions.

Id. art. 26.

Art. 366. Lorsqu'une commune aura éprouvé des pertes de revenus par des événements extraordinaires, elle remettra aussi sa pétition au sous-préfet, lequel nommera deux commissaires pour vérifier, en présence du maire, conjointement avec le contrôleur....., les faits et la quotité des pertes (2).

Id. art. 27.

Art. 367. Le contrôleur dressera un procès-verbal de la vérification, l'enverra au sous-préfet, qui le fera passer, avec son avis, au préfet, lequel prendra l'avis du directeur des contributions.

---

cision ministérielle interprétative de la loi, a expliqué que les mots *perte totale ou partielle du revenu d'une année* devaient s'entendre des pertes résultant de l'inhabitation partielle comme de l'inhabitation totale, et, quant à la vacance, de sa durée pendant un trimestre comme durant l'année entière.

(1) Les demandes en remise ou modération doivent être présentées dans les quinze jours qui suivent les événements qui ont occasionné les pertes Les réclamations pour vacance de maisons sont admises à toute époque de l'année, pourvu qu'elles soient présentées dans les quinze jours qui suivent l'année ou le trimestre d'inhabitation. (Instructions ministérielles.)

(2) Les demandes formées par les maires, au nom des communes, doivent, comme celles des particuliers, être présentées dans un délai de quinze jours.

§ 2. — *Contributions personnelle-mobilière et des portes et fenêtres.*

Art. 368. Lorsqu'un contribuable se croira lésé dans sa cote (*de contribution personnelle et mobilière*) ou par double emploi, ou à cause de surtaxe, ou pour toute autre raison, il se pourvoira à son administration municipale (*devant le sous-préfet*). Loi du 3 nivôse an VII, art. 50.

Art. 369. Lorsque, par suite de changement de domicile un contribuable se trouvera imposé (*à la contribution personnelle et mobilière*) dans deux communes, quoique n'ayant qu'une seule habitation, il ne devra la contribution que dans la commune de sa nouvelle résidence (1). Loi du 21 avril 1832, art. 12.

Art. 370. Tout citoyen qui aura été taxé à la contribution personnelle dans une commune où il n'a point de domicile, se pourvoira devant le sous-préfet..... et, sur l'avis du directeur des contributions, le conseil de préfecture prononcera la décharge dont le montant sera réimposé sur tous les autres habitants. Arrêté consulaire du 24 floréal an VIII, art. 7.

Art. 371. Aucune demande en décharge ou réduction (*de contribution personnelle et mobilière*) ne sera admise après l'expiration des trois mois qui suivront la publication du rôle (2). Loi du 3 nivôse an VII, art. 58.

---

(1) D'après la jurisprudence du conseil d'Etat, le contribuable imposé à la contribution personnelle et mobilière dans une commune qu'il a quittée avant le travail des mutations, a droit à la décharge de sa cotisation, sans être tenu de justifier de son imposition dans le lieu de sa nouvelle résidence. (Arr. C. 19 avril 1854, Haute-Saône, Mongin.) Un contribuable qui a changé de domicile a droit pareillement, sans aucune justification de sa part, à la décharge de la contribution mobilière à laquelle il a été imposé dans son ancienne résidence, si la maison dont le loyer a servi de base à ladite contribution a été démolie antérieurement à l'ouverture de l'exercice. (Arr. 18 février 1834, Loire, Duroseil.)

(2) Confirmé et étendu à toutes les contributions par l'article 8 de la loi du 4 août 1844 (art. 322 du présent Recueil).

Loi du 21 avril 1832, art. 28.

Art. 372. Le même délai est accordé au contribuable qui réclamera contre son omission au rôle. Le montant des cotisations extraordinaires qui seront établies par suite de ces dernières réclamations, soit en contribution personnelle et mobilière, soit en portes et fenêtres, viendra en déduction du contingent de la commune pour l'année suivante (1).

Id art. 28

Art. 373. Tout contribuable qui se croira surtaxé (*soit dans la contribution personnelle et mobilière, soit dans celle des portes et fenêtres*) adressera au préfet ou au sous-préfet...... sa demande en décharge ou réduction. Il y joindra la quittance des termes échus de sa cotisation, sans pouvoir, sous prétexte de réclamation, différer le payement des termes qui viendront à échoir pendant les trois mois qui suivront la réclamation, et dans lesquels elle devra être jugée définitivement (2).

Loi du 3 nivôse an VII, art. 51.

Art. 374. Le pétitionnaire...... justifiera..... du payement des termes échus de l'une de ses cotes, s'il se plaint de doubles cotes.

Loi du 21 avril 1832, art. 28.

Art. 375. Ne sont point assujetties aux droits de timbre les réclamations ayant pour objet une cote moindre de trente francs (3).

---

(1) Ces dispositions reproduisent textuellement l'article 27 de la loi du 26 mars 1831.

(2) Ces dispositions sont la reproduction littérale de l'article 27 de la loi du 26 mars 1831.

(3) Quelques arrêts du conseil d'État ayant jeté de l'incertitude sur l'interprétation à donner à cet article, l'Administration des contributions directes a consulté le Ministre, qui, après avoir pris l'avis de l'administration de l'enregistrement, a décidé, le 3 juillet 1858, que l'on devait entendre par *cote*, en matière d'impôt, le chiffre total de l'une des quatre contributions foncière, personnelle et mobilière, des portes et fenêtres et des patentes, portées au nom du même contribuable. Il n'y a donc pas lieu, d'après cette décision, de considérer comme des cotes distinctes, la taxe personnelle, la taxe mobilière, le droit fixe de patente, le droit proportionnel de pa-

Art. 376. La marche tracée ci-dessus pour la contribution foncière sera..... suivie dans l'instruction de l'affaire.... Arrêté consulaire du 24 floréal an VIII, art 9.

Art. 377. Si l'expertise est demandée, les deux experts seront nommés l'un par le sous-préfet, l'autre par le réclamant.... (1). Loi du 21 avril 1832, art. 29.

Art. 378. Ils (*les experts*) se rendront sur les lieux avec le contrôleur....., et, en présence de deux répartiteurs et du réclamant ou de son fondé de pouvoir, ils vérifieront les faits.... Arrêté consulaire du 24 floréal an VIII, art. 10.

Art. 379. Si le contribuable ne conteste pas les objets compris dans l'évaluation (*du loyer servant de base à sa contribution mobilière*) mais qu'il croie cette évaluation trop forte comparativement à celles des autres contribuables, le contrôleur et les deux commissaires (*les deux experts*) vérifieront les évaluations servant de base à la cote du réclamant et celles des autres cotes prises ou indiquées par celui-ci (2), pour comparaison dans le rôle de la contribution personnelle (*et mobilière*) de la même année. Id. art. 11.

Art. 380. Il sera procédé à la vérification (*par experts*) dans les formes prescrites par l'arrêté du 24 floréal an VIII (3). Loi du 21 avril 1832, art 29.

Art. 381. Le contrôleur rédigera son procès-verbal et le re- Arrêté consulaire du 24 floréal an VIII, art. 12.

---

tentes, etc. Du reste, le conseil d'État est saisi, en ce moment même, de plusieurs affaires qui se rattachent à cette question, et la jurisprudence ne tardera pas à être fixée d'une manière definitive.

(1) « Dans le cas où l'expertise serait réclamée, les deux experts seront « nommés, l'un par le sous-préfet, l'autre par le réclamant. » (Loi du 26 mars 1831, art. 27.)

(2) Voir, plus haut, la note relative à l'article 334.

(3) Voir *Contribution foncière*, article 333 et suivants.

mettra au sous-préfet, qui le fera passer, avec son avis (1), au préfet. S'il en résulte qu'il y a surtaxe, le conseil de préfecture, sur l'avis du directeur des contributions, prononcera la réduction.....

Loi du 26 mars 1831, art 29.

Art. 382. Dans le cas où le conseil de préfecture aurait jugé nécessaire d'ordonner une contre-vérification, cette opération sera faite par l'inspecteur des contributions, ou, à son défaut, par un contrôleur autre que celui qui aura procédé à la première instruction, en présence du maire ou de son délégué et du réclamant ou de son fondé de pouvoirs.

Id. art. 29.

Art. 383. L'inspecteur dressera procès-verbal, mentionnera les observations du réclamant...., celles des répartiteurs...., et donnera son avis. Le directeur fera son rapport et le conseil de préfecture prononcera.

Loi du 3 nivôse an VII, art. 55.

Art. 384. Les décharges et réductions qui seront approuvées (*sur la contribution personnelle et mobilière*) s'opéreront tant sur le principal que sur les centimes additionnels (2).

Loi du 8 juillet 1852, art. 13.

Art. 385. Les dispositions de l'article 5 de la loi du 2 messidor an VII (20 juin 1799) et de l'article 2 de l'arrêté des consuls du 24 floréal an VIII (14 mai 1800), concernant les mutations de cote en matière de contribution foncière, seront appliquées à la contribution des portes et fenêtres (3).

§ 3. — *Contribution des patentes.*

Loi du 25 avril 1844, art. 21.

Art. 386. Les patentés qui réclameront contre la fixation de

(1) En ce qui concerne l'avis du sous-préfet, voir la note de l'article 326 ci-dessus.

(2) Cette disposition s'applique également à la contribution des portes et fenêtres.

(3) Voir l'article 310 du présent Recueil

leurs taxes seront admis à prouver la justice de leurs réclamations, par la représentation d'actes de société légalement publiés, de journaux et livres de commerce régulièrement tenus, et par tous autres documents.

Art. 387. En cas de cession d'établissement, la patente sera, sur la demande du cédant, transférée à son successeur; la mutation de cote sera réglée par le préfet (1). Loi du 25 avril 1844, art. 23.

En cas de fermeture des magasins, boutiques et ateliers, par suite de décès ou de faillite déclarée, les droits ne seront dus que pour le passé et le mois courant. Sur la réclamation des parties intéressées, il sera accordé décharge du surplus de la taxe (2).

Art. 388. Les réclamations en décharge ou réduction et les demandes en remise ou modération, seront communiquées aux maires (3); elles seront, d'ailleurs, instruites et jugées dans les formes et délais prescrits pour les autres contributions directes. Id. art. 22.

Art. 389. Dans le cas où le conseil de préfecture aurait jugé Loi du 26 mars 1831, art. 29.

---

(1) Les demandes en transfert de patente doivent être présentées dans les trois mois qui suivent la cession de l'établissement. (Arr. C. 13 avril 1853, Seine-Inférieure, Morin.) Les patentables qui se croient fondés à attaquer l'arrêté préfectoral rendu sur leur demande en mutation de cote, doivent porter leur réclamation devant le conseil de préfecture, dans un délai de trois mois à partir de la notification dudit arrêté. (Arr. C. 19 juillet 1854, Vienne, Robert.)

(2) Les demandes en dégrevement de patente pour cause de décès ou de faillite des patentables en cours d'exercice, sont des demandes en décharge qui doivent être présentées dans le délai de trois mois à partir de la fermeture des magasins, boutiques et ateliers, par suite du décès ou de la faillite. (Arr. C. 10 mai 1851, Hérault, Roubin; et 17 mars 1853, Seine-Inférieure, Delarue.)

(3) Les répartiteurs n'ont a intervenir ni dans l'assiette des droits de patente, ni dans l'instruction des reclamations qui s'y rapportent; mais l'article 20 de la loi du 25 avril 1844 (voir l'article 296 du present Recueil) disposant que le sous-préfet portera ses observations sur la matrice des patentes, il en résulte que ce fonctionnaire doit être appele a donner son avis sur les reclamations concernant cette contribution.

nécessaire d'ordonner une contre-vérification, cette opération sera faite par l'inspecteur des contributions, ou, à son défaut, par un contrôleur autre que celui qui aura procédé à la première instruction, en présence du maire ou de son délégué et du réclamant ou de son fondé de pouvoirs.

L'inspecteur dressera procès-verbal, mentionnera les observations du réclamant, celles du maire...., et donnera son avis. Le directeur fera son rapport, et le conseil de préfecture prononcera.

§ 4. — *États de cotes indûment imposées et irrecouvrables présentés par les percepteurs.*

Loi du 3 juillet 1846, art. 6.

Art. 390. Dans les trois mois de la publication des rôles, les percepteurs des contributions directes formeront, s'il y a lieu, pour chacune des communes de leur perception, des états présentant, par nature de contribution, les cotes qui leur paraîtront avoir été indûment imposées, et adresseront ces états aux préfets et aux sous-préfets, par l'intermédiaire des receveurs des finances (1).

Les états dont il s'agit seront renvoyés aux contrôleurs des contributions directes, qui vérifieront les faits et les motifs allégués par les percepteurs et donneront leur avis, après avoir pris celui du maire et des répartiteurs. Le directeur des contributions directes fera son rapport, et le conseil de préfecture statuera (2). Le montant des décharges prononcées sur les contributions foncière, personnelle et mobilière sera réimposé au rôle de l'année suivante.

---

(1) Les états de cotes indûment imposées ne sont point assujettis au timbre. (Circ. du min. des finances, 27 octobre 1826.)

(2) Il résulte de la jurisprudence nouvellement suivie par le conseil d'Etat, que les percepteurs n'ont pas qualité pour attaquer directement devant ce conseil les décisions des conseils de préfecture portant rejet des cotisations comprises dans leurs états de cotes indûment imposées. (Arr. C. 5 août 1854, Manche, le percepteur de Carentan.)

Art. 391. Les cotes indûment imposées aux rôles des contributions directes qui n'auraient pas été comprises dans les états présentés par les percepteurs, dans les trois premiers mois de l'exercice, et dont l'irrecouvrabilité serait d'ailleurs dûment constatée, pourront être portées sur les états des cotes irrecouvrables rédigés en fin d'année et être allouées en décharge par les conseils de préfecture (1). Loi du 22 juin 1854, art. 16.

CHAPITRE III.

JUGEMENT DES RÉCLAMATIONS.

Décharges et réductions.

Art. 392. Le conseil de préfecture prononcera sur les demandes des particuliers tendant à obtenir la décharge ou la réduction de leur cote de contributions directes..... Loi du 28 pluviôse an VIII, article 4.

Art. 393. Le conseil de préfecture statuera (*sur les états de cotes indûment imposées formés par les percepteurs*). Loi du 5 juillet 1846, art. 6.

Art. 394. Les conseils de préfecture ne pourront prendre aucune délibération si les membres ne sont au moins au nombre Arrêté du Gouv. du 19 fructidor an IX, art. 1er.

---

(1) Cette disposition de loi est la seule qui fasse mention des états de cotes irrecouvrables. L'administration a autorisé les percepteurs à former, chaque année, des états pour les cotes de l'espèce, c'est-à-dire dont le recouvrement n'a pu être effectué, soit en totalité, soit en partie, pour des causes postérieures à la mise en recouvrement des rôles. Ces états ne sont point assujettis à la formalité du timbre; ils doivent être présentés dans les deux mois faisant suite à l'exercice écoulé, c'est-à-dire avant le 1er mars. Les percepteurs peuvent y porter les frais de poursuites légalement taxés par le sous-préfet de l'arrondissement. Le préfet prononce sur les cotes irrecouvrables qui rentrent dans le principe des remises et modérations.

de trois (1). Le préfet, lorsqu'il assistera à la séance, comptera pour compléter les membres nécessaires pour délibérer.

Loi du 28 pluviôse an VIII, article 5.

Art. 395. Lorsque le préfet assistera au conseil de préfecture, il présidera ; en cas de partage, il aura voix prépondérante.

Loi du 21 avril 1832, art. 28.

Art. 396. Pendant les trois mois qui suivront la réclamation..... elle devra être jugée définitivement (2).

Loi du 2 messidor an VII, art 28.

Art. 397. Il sera donné avis (*de la décision du conseil de préfecture*) tant au réclamant qu'à l'agent municipal (*au maire*) de la commune.

Le réclamant pourra, en outre, se faire délivrer copie de la décision, si bon lui semble, moyennant 75 centimes pour frais d'expédition, non compris le papier.

Loi du 15 mai 1818, art 80

Art. 398..... Aucune expédition ne pourra être délivrée aux parties que sur papier timbré, si ce n'est à des individus indigents, et à la charge d'en faire mention dans l'expédition.

Remises et modérations.

Arrêté consulaire du 24 floréal an VIII, art. 28.

Art. 399. Le préfet réunira les différentes demandes qui lui auront été adressées, dans le cours de l'année, en remises ou modérations ; et, l'année expirée, il fera entre les contribuables

(1) « Le nombre des conseillers de préfecture est fixé à quatre dans les « départements ci-apres :

« Calvados, Charente-Inférieure, Côtes-du-Nord, Dordogne, Finistère, « Haute-Garonne, Gironde, Ille-et-Vilaine, Loire, Loire-Inférieure, Maine-« et-Loire, Manche, Moselle, Nord, Orne, Pas-de-Calais, Puy-de-Dôme, Bas-« Rhin, Saône-et-Loire, Seine-Inferieure, Seine-et-Oise, Somme. » (Decret du 28 mars 1852, art. 1er.)

« Dans les autres départements, a l'exception de la Seine, il n'y aura que « trois conseillers de préfecture. » (Même décret, art 2.)

(2) Nous avons dû adopter cette redaction pour conserver le texte

ou les communes dont les réclamations auront été reconnues justes et fondées, la distribution des sommes qu'il pourra accorder d'après la portion du fonds de non-valeurs mise à sa disposition pour cet objet (1).

Cet état de distribution sera communiqué par le préfet au conseil général du département.

CHAPITRE IV.

DE L'IMPUTATION DES DÉGRÈVEMENTS.

Art. 400. Le contingent assigné à chaque département (*dans la contribution foncière*) rentrera en entier au Trésor public, sans aucune déduction ou imputation quelconque. Les décharges ou réductions accordées pour doubles emplois ou surtaxes, seront réimposées (2) ; les seules remises ou modérations accordées pour pertes de revenus seront imputées sur les fonds de non-valeurs établis pour y faire face (3). Loi du 7 brum. an VII, art. 4.

(1) « Les directeurs de département feront, chaque année, dresser un état « des pertes résultant des causes ci-dessus mentionnées, et le conseil du dé« partement distribuera entre les districts les sommes au prorata des sommes « faisant le fonds destiné aux décharges ou réductions, remises ou modéra« tions et secours, et qui est à la disposition du département. » (Loi du 2 octobre 1791, art. 39.) — Les arrêtés préfectoraux rendus sur les demandes en remise ou modération d'impôt, ne sont pas susceptibles d'être attaqués devant le conseil d'Etat. Les parties intéressées doivent se pourvoir devant le ministre des finances. (Arr. C. 19 juillet 1854, Indre, aff. Cahours Ve.)

(2) Depuis 1846, les dégrèvements prononcés sur la contribution foncière des maisons ou usines nouvellement construites qui ont été imposées avant le délai légal, ou surévaluées, ou démolies, ou converties en bâtiments ruraux, et des propriétés bâties ou non bâties acquises pour un service public par l'Etat, les départements ou les communes, sont imputés sur un fonds spécial ouvert à cet effet dans le budget de l'Etat. Toutefois, si ces propriétés ont cessé d'être imposables dans le courant d'un exercice, les dégrèvements applicables à cet exercice doivent, d'après les instructions, continuer d'être imputés sur le fonds ordinaire de non-valeurs.

(3) « Il sera perçu, en outre du principal de 240 millions pour la contri-

Arrêté consulaire du 24 floréal an VIII, art. 14.

Art. 401. Le montant de toutes les ordonnances de décharge ou réduction (*dans la contribution personnelle et mobilière*) sera réimposé au profit de ceux qui les auront obtenues, par addition au rôle de l'année suivante.

Loi du 13 floréal an X, art. 22.

Le montant des remises et modérations sera pris sur les fonds de dégrèvement et non-valeurs.

Id. art. 15

Art. 402. Il sera perçu en outre du principal (*de la contribution des portes et fenêtres*) 10 centimes additionnels par franc (1).

Ces centimes seront affectés..... aux fonds de dégrèvements et non-valeurs.

Id. art. 7.

Art. 403. Il sera réparti, en sus du principal de l'une et l'autre contribution (*foncière et personnelle mobilière*), 2 centimes par franc pour fonds (*de secours*) de non-valeurs et de dégrèvement.

Loi du 31 juillet 1821, art. 29.

Art. 404. Un centime prélevé (*sur ce fonds*) continuera..... d'être affecté aux secours généraux et réparti entre les départements dans le cas de grêle, d'incendie, d'inondation ou autres cas fortuits (2).

« bution foncière, un sou par livre, formant un fonds de non-valeurs de « 12 millions, dont 8 seront à la disposition de la législature pour être « employes par elle en dégrèvements ou secours pour les départements, et « 4 seront à la disposition des administrations de département pour être « employés par elles en décharges ou réductions, remises ou modérations. » (Loi du 14 octobre 1791, art. 3.) — De cet article date l'institution du fonds de non-valeurs, dont la quotité réduite par la loi du 13 floréal an x a deux centimes par franc du principal de l'impôt, est encore aujourd'hui maintenue à ce chiffre.

(1) Le nombre de ces centimes est fixé, chaque année, par la loi du budget. Depuis longtemps, il n'a pas excedé *trois centimes*.

(2) Ce centime est mis à la disposition du ministre de l'agriculture, du commerce et des travaux publics; l'autre centime reste à la disposition du ministre des finances et se répartit comme il est dit à l'article 405 ci-après.

Art. 405. Le produit du centime de non-valeurs à la disposition du ministre des finances sera réparti de la manière suivante :

Ordonnance roy, du 28 juillet 1829, art. 1er.

Un tiers de ce centime est mis à la disposition des préfets;

Les deux autres tiers, composant le fonds commun, resteront à la disposition du ministre des finances, pour être par lui distribués ultérieurement entre les divers départements, en raison de leurs pertes et de leurs besoins.

Ordonnance roy, du 31 janvier 1839, art. 1er.

Art. 406. Le produit des centimes ajoutés au principal de la contribution des portes et fenêtres est réparti de la manière suivante :

Ordonnance R. du 14 août 1844, art 1er.

Le tiers des sommes imposées dans les rôles de chaque département est mis à la disposition des préfets ;

Les deux autres tiers resteront à la disposition du ministre des finances, pour être par lui distribués ultérieurement entre les divers départements en raison de leurs pertes et de leurs besoins, concurremment avec le fonds commun des contributions foncière, personnelle et mobilière.

Art. 407. Seront imputés sur ce fonds (*le fonds de non-valeurs de l'exercice courant*) les mandats délivrés par les préfets sur le fonds de non-valeurs et qui n'auraient pas été acquittés aux caisses du Trésor, faute de présentation avant la clôture du délai fixé pour le payement des dépenses (*de l'exercice précédent*).

Ordonnance R. du 25 avril 1827, art. 3.

Art. 408. Il sera ajouté au principal de la contribution des patentes 5 centimes par franc, dont le produit est destiné à couvrir les décharges, réductions, remises et modérations, ainsi que les frais d'impression et d'expédition des formules de patentes.

Loi du 25 avril 1844, art. 32.

En cas d'insuffisance des 5 centimes, le montant du déficit sera prélevé sur le principal des rôles.

Art. 409. Les dégrèvements prononcés pour les cotes irrecou-

Décret du 31 octobre 1850, art. 1er.

vrables comprises aux rôles des contributions directes de chaque exercice, seront imputés sur le fonds de non-valeurs de l'exercice suivant.

Loi du 8 juillet 1852, art. 14.

Art. 410. A partir du 1er janvier 1853, il sera ajouté, pour dégrèvement et non-valeurs, au produit des centimes additionnels départementaux et communaux ordinaires et extraordinaires, savoir : un centime par franc de ce produit sur les centimes afférents aux contributions foncière et personnelle-mobilière ; 3 centimes par franc sur les centimes afférents aux portes et fenêtres, et 5 centimes par franc sur ceux afférents aux patentes.

Loi du 28 juin 1833, art 5.

Art. 411. Dans les villes de 20,000 âmes et au-dessus, et lorsque les conseils municipaux en auront formé la demande, les vacances, pendant un trimestre au moins, de tout ou partie des maisons dont les propriétaires ne sont pas dans l'usage de se réserver la jouissance, pourront, en cas d'insuffisance des sommes allouées sur le fonds de non-valeurs, donner lieu au dégrèvement de la portion d'impôt afférente au revenu perdu. Ces dégrèvements seront prononcés par les conseils de préfecture, à titre de décharges et réductions, et réimposés au rôle foncier de l'année qui suivra la décision.

Loi du 17 juin 1822, art. 21.

Art. 412. Les préfets rendront compte aux conseils généraux de l'emploi des fonds de non-valeurs.

Arrêté consulaire du 24 floréal an VIII, art. 15.

Art. 413. Le directeur des contributions tiendra registre de toutes les décharges ou réductions prononcées, pour que, chaque année, le préfet du département indique aux communes la somme que chacune d'elles aura à réimposer.

Id. art. 16.

Art. 414. Le percepteur remboursera sur les deniers de la recette les contribuables au profit de qui ces réimpositions auront été faites, en commençant par les ordonnances les plus anciennes en date.

Art. 415. Les ordonnances de décharge..... énonceront les motifs de la pétition, l'avis du directeur et le prononcé du jugement (1). Arrêté consulaire d 24 floréal an VIII, art. 22.

Art. 416. Les ordonnances seront remises (*par le directeur*) au receveur particulier (2), qui les transmettra au percepteur. Le directeur en préviendra, par une lettre d'avis, la partie intéressée, qui se rendra chez le percepteur pour quittancer l'ordonnance, après en avoir reçu le montant. Id. art. 23.

Art. 417. Aucune dépense faite pour le compte de l'État ne pourra être acquittée si elle n'a été préalablement ordonnancée, soit par un ministre, soit par des ordonnateurs secondaires, en vertu de sa délégation (3). Ordonnance roy. du 14 septembre 1822, art. 7

Art. 418. Les époques déterminées....., en ce qui concerne la clôture de l'ordonnancement et du payement, sont et demeurent fixées, savoir : Décr. du 11 août 1850, art. 2.

Au 31 juillet de la seconde année de l'exercice pour l'ordonnancement des dépenses ;

Au 31 août suivant pour le payement des ordonnances ministérielles.

419. Faute par les créanciers de réclamer leur payement avant le 31 août de la deuxième année, les ordonnances et mandats se- Id. art. 3.

---

(1) Ces indications figurent aujourd'hui sur les lettres d'avis adressées aux contribuables. Un esprit de simplification les a fait retrancher des ordonnances, dont le nouveau cadre énonce seulement l'article du rôle, le nom du contribuable, le montant de la cote portée au rôle, la somme à laquelle la cote est réduite et la somme accordée en dégrèvement, avec une colonne réservée pour les émargements. (Voir l'inst. min. du 16 septembre 1825.)

(2) Aujourd'hui au receveur général, qui les transmet au receveur particulier et celui-ci aux percepteurs.

(3) Les directeurs des contributions directes sont ordonnateurs secondaires pour les dépenses du service administratif des contributions directes, les préfets, pour les dégrèvements de toute nature accordés sur ces contributions. (Regl. du 26 janvier 1846, art. 119.)

ront annulés, sans préjudice des droits de ces créanciers et sauf réordonnancement jusqu'au terme de l'échéance (1).

CHAPITRE V.

RECOURS DEVANT LE CONSEIL D'ÉTAT.

Loi des 15 et 27 janvier et 3 mars 1849, art. 6.

Art. 420. Le conseil d'État statue en dernier ressort sur le contentieux administratif.

Id. art. 36.

Art. 421. La section du contentieux est chargée du jugement des affaires contentieuses.

Loi du 21 avril 1832, art. 30.

Art. 422. Le recours contre les arrêtés de conseil de préfecture *(rendus en matière de contributions directes)* ne sera soumis qu'au droit de timbre; il pourra être transmis au gouvernement, par l'intermédiaire du préfet, sans frais (2).

Déc. du 22 juillet 1806, art. 1er.

Art. 423. Le recours des parties au conseil d'État en matière contentieuse..... contiendra l'exposé sommaire des faits et des moyens, les conclusions, les noms et demeures des parties, l'énumération des pièces dont on entend se servir et qui y sont jointes.

Loi du 2 messidor an VII, art. 31.

Art. 424. L'agent municipal *(le maire)* convoquera les répartiteurs, et s'il pense que la commune soit lésée par la décision *(rendue par le conseil de préfecture sur une réclamation en*

---

(1) Voir, pour l'application de ces dispositions, les articles 190 à 192 et 207 à 212 de l'instruction générale sur la comptabilité, du 20 juin 1859, et les articles 22, 185, 186, 187, 194, 197, 198 et 199 du règlement du 26 janvier 1846.

(2) La loi du 21 avril 1832, en affranchissant de tous droits d'enregistrement et des formes du décret du 22 juillet 1806, les recours dirigés contre les arrêtés des conseils de préfecture en matière de contributions directes, n'a autorisé cette forme exceptionnelle de procédure que pour les recours transmis par l'intermédiaire des préfets. (Arr. C. 27 février 1835, Oise, Leclerc Ve.)

matière de contributions directes) et qu'il y ait lieu de se pourvoir, il formera opposition..... par une déclaration motivée..... à laquelle il joindra copie de la délibération des répartiteurs (1).

Art. 425. Le recours au conseil d'État n'aura point d'effet suspensif, s'il n'en est autrement ordonné. Déc du 22 juillet 1806, art. 3

Art. 426. Le recours au conseil d'État contre la décision d'une autorité qui y ressortit, ne sera pas recevable après trois mois du jour où cette décision aura été notifiée. Id. art. 11

Art. 427. Ceux qui demeureront hors de la France continentale auront, outre le délai de trois mois énoncé..... ci-dessus, celui qui est réglé par l'article 73 du Code de procédure civile. Id. art 14

Art. 428. Le délai à observer dans les instances portées devant le conseil d'État par les habitants du département de la Corse et par ceux de l'Algérie seront les mêmes que les délais réglés par le décret du 22 juillet 1806 (*art. 427 ci-dessus*) pour les habitants de la France continentale. Loi du 11 juin 1859, art. 1er.

Art. 429. Le décret du 22 juillet 1806..... relatif à l'instruction des affaires contentieuses continuera d'être observé devant la section du contentieux. Loi des 15 et 27 janvier et 3 mars 1849, art. 41.

---

(1) Les maires et répartiteurs n'ont plus qualité pour se pourvoir au conseil d'Etat, dans l'intérêt collectif des habitants de leur commune, contre les réductions prononcées par un conseil de préfecture en matière d'impôt de répartition. D'après la législation actuelle sur l'organisation municipale, le pourvoi ne peut être utilement introduit par le maire qu'avec l'autorisation du conseil municipal. (Arr. C. 2 janvier 1839, Pas-de-Calais, pourvoi du maire d'Enquin.)

§ L'impôt des patentes étant un impôt de quotité, le maire ne peut, dans aucun cas, attaquer les décharges ou réductions accordées sur cette contribution par les conseils de préfecture. (Arr. C. 28 janvier 1836, Rhône, pourvoi de la ville de Lyon, aff. Martouret.)

TITRE V.

RECOUVREMENT ET POURSUITES (1).

CHAPITRE PREMIER.

DISPOSITIONS GÉNÉRALES.

Art. 430. La perception des deniers de l'État ne peut être effectuée que par un comptable du Trésor et en vertu d'un titre légalement établi. Ordonnance roy. du 31 mai 1838, art. 9.

Art. 431. Il y aura, autant que possible, un percepteur par chaque ville, bourg ou village. Loi du 5 ventôse an XII, art. 10.

Les préfets pourront néanmoins proposer un seul percepteur pour plusieurs communes, lorsque les localités l'exigeront, pourvu que le montant des rôles des communes réunies n'excède pas vingt mille francs (2). Id. art. 11.

Art. 432. Il sera établi, dans tous les arrondissements de sous-préfecture autres que ceux des chefs-lieux de département, un receveur particulier des contributions directes. Loi du 27 ventôse an VIII, art. 2.

Art. 433. Les receveurs particuliers dirigent et surveillent la perception et le recouvrement des contributions directes. Ordonnance roy. du 31 mai 1838 art. 285.

Art. 434. Les receveurs particuliers gèrent sous la surveillance et la direction du receveur général de leur département, auquel ils rendent directement leurs comptes, chacun pour la Ordonnance du 4 janvier 1808, art. 13.

(1) Voir la note de l'article 564.

(2) Aujourd'hui les perceptions se composent, en moyenne, de six communes. Quelques-unes en comptent plus de 15.

durée de sa gestion, et dont ils obtiennent décharge, sauf, en cas de refus, à en référer au ministre des finances.....

Ordonnance du 31 mai 1838, article 294.

Art. 435. Les receveurs généraux et les receveurs particuliers demeurent responsables de la gestion des percepteurs des contributions directes, et ils sont tenus de couvrir immédiatement le Trésor des débets constatés à la charge de ces préposés.

Loi du 17 fructidor an VI, art. 2.

Art. 436. Les receveurs généraux feront, sans l'intermédiaire d'aucun préposé, la recette de l'arrondissement du chef-lieu du département.

Ils se conformeront, pour cette recette, aux lois relatives à leurs préposés.

Loi du 16 septembre 1807, article 11.

Art. 437. La Cour (*des comptes*) sera chargée du jugement des comptes des recettes des receveurs généraux.....

Arrêté consulaire du 7 ventôse an X, art. 13.

Art. 438. Les douze percepteurs de Paris..... seront assimilés aux receveurs particuliers.....

Ordonnance du 5 mai 1832, article 1er.

Art. 439. La recette générale du département de la Seine et les recettes particulières des arrondissement de Sceaux et de Saint-Denis sont supprimées.

Id. art. 2.

Le service sera exécuté par un receveur central des recettes du département de la Seine. Cet agent sera nommé par le roi et justiciable de la Cour des comptes.

Id. art. 3.

Les ordonnances et règlements sur le service administratif et sur la comptabilité du receveur général lui seront applicables.

Décret du 31 octobre 1850, article 1er.

Art. 440. Les cautionnements des agents comptables..... ressortissant au ministère des finances ci-après désignés seront..... déterminés..... d'après les bases suivantes :

Le receveur central du département de la Seine..... 250,000 fr.

....

Loi du 8 août 1847, art. 13.

Art. 441. Les cautionnements des receveurs généraux et des receveurs particuliers des finances, ainsi que ceux des percepteurs des contributions directes, seront déterminés d'après les bases suivantes :

CAUTIONNEMENTS DES RECEVEURS GÉNÉRAUX.

Sur contributions directes :	6 p. 0/0 sur les deux premiers millions; 4 p. 0/0 sur toute somme excédant les deux premiers millions.

CAUTIONNEMENTS DES RECEVEURS D'ARRONDISSEMENT.

Sur contributions directes :	6 p. 0/0 sur les premiers cinq cent mille francs; 4 p. 0/0 sur toute somme excédant les premiers cinq cent mille francs.

CAUTIONNEMENTS DES PERCEPTEURS.

Sur contributions directes :	10 p. 0/0 sur les premiers cent mille fr.; 6 50 p. 0/0 sur les quatre cent mille francs suivants; 5 p. 0/0 sur toute somme excédant les premiers cinq cent mille francs.

L'application de ces bases sera faite, pour les receveurs des finances, aux recettes réalisées pendant la dernière année expirée, et, pour les percepteurs, au montant des rôles généraux et supplémentaires du dernier exercice.

Arrêté du Gouv. du 11 brumaire an XI

Art. 442. La surveillance de la perception des contributions directes et le contentieux relativement au recouvrement entre le contribuable et le percepteur sont attribués à l'autorité administrative (1).

(1) L'autorité administrative, c'est-à-dire le conseil de préfecture et, en cas de recours, le conseil d'État. (Arr. C. d'Etat, 25 juin 1825, Ve Baudot, Côte-d'Or, et autres.) Voir, en ce qui concerne la compétence dont il s'agit ici, le commentaire de M. Durieu sur l'article 19 du règlement du 26 août 1824.

Code pénal, article 209.

Art. 443. Toute attaque, toute résistance avec violences et voies de fait envers..... les préposés à la perception des taxes et contributions, les porteurs de contraintes....., agissant pour l'exécution des lois.. .., est qualifiée, selon les circonstances, crime ou délit de rebellion.

Id. art. 188.

Art. 444. Tout fonctionnaire public, agent ou préposé du gouvernement, de quelque état ou grade qu'il soit, qui aura requis ou ordonné, fait requérir ou ordonner l'action ou l'emploi de la force publique..... contre la perception d'une contribution légale..... sera puni de la reclusion.

Id. art. 189.

Art. 445. Si cette réquisition ou cet ordre ont été suivis de leur effet, la peine sera le maximum de la reclusion.

Id. art. 190.

Art. 446. Les peines énoncées aux articles 188 et 189 (*articles 444 et 445 ci-dessus*) ne cesseront d'être applicables aux fonctionnaires ou préposés qui auront agi par ordre de leurs supérieurs, qu'autant que cet ordre aura été donné par ceux-ci pour des objets de leur ressort, et sur lesquels il leur était dû obéissance hiérarchique; dans ce cas, les peines portées ci-dessus ne seront appliquées qu'aux supérieurs qui, les premiers, auront donné cet ordre.

Id. art. 174.

Art. 447. Tous fonctionnaires, tous officiers publics, leurs commis ou préposés, tous percepteurs des droits, taxes, contributions, deniers, revenus publics ou communaux, et leurs commis ou préposés, qui se seront rendus coupables de concussion, en ordonnant de percevoir ou en exigeant ou en recevant ce qu'ils sauraient n'être pas dû, ou excéder ce qui était dû pour droits, taxes, contributions, deniers ou revenus, ou pour salaires ou traitements, seront punis, savoir : les fonctionnaires ou officiers publics, de la peine de la reclusion, et leurs commis ou préposés, d'un emprisonnement de deux ans au moins et de cinq ans au plus.

Les coupables seront de plus condamnés à une amende dont le *maximum* sera le quart des restitutions et des dommages-intérêts, et le *minimum* le douzième.

Art. 448. Les préfets sont autorisés, après avoir pris l'avis des sous-préfets, à traduire devant les tribunaux, sans recourir à la décision du conseil d'État, les percepteurs des contributions pour faits relatifs à leurs fonctions. Arrêté consulaire du 10 floréal an X, art. 1er.

CHAPITRE II.

MODE DE PERCEPTION.

Art. 449. La perception (*des contributions directes*) se fera sur tous les citoyens et sur tous les biens, de la même manière et dans la même forme (1)..... Décret du 11 août (4, 6, 7, 8) 21 septembre 1789, article 9.

Art. 450. L'imposition foncière est perçue en argent (2). Loi du 3 frimaire an VII, art. 1er.

Art. 451. La cotisation de chaque contribuable est divisée en douze portions égales, et payables de mois en mois, tant qu'il n'en est point ordonné autrement par une loi particulière (3). Id. art 146.

---

(1) Voir, aux articles 251 et suivants, comment s'opère le recouvrement des contributions dues par les officiers et employés militaires.

(2) La loi du 3 frimaire an VII ne parle que de la contribution foncière; mais la loi du 26 mars 1831 déclare, article 30, que « les dispositions con- « cernant la perception de la contribution foncière, le recouvrement et la « surveillance du recouvrement, demeurent communes et applicables à la « contribution mobilière, à la taxe personnelle et à la taxe des portes et « fenêtres. » Quant à la contribution des patentes, le mode de payement en argent résulte de la loi du 6 fructidor an IV, article 32, portant : « Les « droits (*de patente*) seront payés, soit en espèces métalliques, soit en pa- « pier-monnaie. »

(3) Même observation que ci-dessus. En outre, l'arrêté des consuls du 16 thermidor an VIII, art. 1er, étend formellement le mode de payement par douziemes à *toutes les contributions directes*, et la loi du 25 avril 1844, art. 24, l'applique spécialement à la contribution des patentes.

Loi du 1er décembre 1790, tit. v, art. 5

Art. 452. (*Les portions échues*) seront payables chacune le dernier de chaque mois (1).

Loi du 25 avril 1844, art. 24.

Art. 453. La contribution des patentes est payable par douzièmes, et le recouvrement en est poursuivi comme celui des contributions directes (2). Néanmoins, les marchands forains, les colporteurs, les directeurs de troupes ambulantes, les entrepreneurs d'amusements et jeux publics non sédentaires, et tous autres patentables dont la profession n'est pas exercée à demeure fixe, sont tenus d'acquitter le montant total de leur cote, au moment où la patente leur est délivrée.

Dans le cas où le rôle n'est émis que postérieurement au 1er mars, les douzièmes échus ne sont pas immédiatement exigibles : le recouvrement en est fait par portions égales, en même temps que celui des douzièmes non échus.

Id. art. 25.

Art. 454. En cas de déménagement hors du ressort de la perception, comme en cas de vente volontaire ou forcée, la contribution des patentes sera immédiatement exigible en totalité.

Loi du 21 avril 1832, art. 21.

Art. 455. La contribution personnelle et mobilière étant établie pour l'année entière, lorsqu'un contribuable viendra à décéder dans le courant de l'année, ses héritiers seront tenus d'acquitter le montant de sa cote.

Id art. 22.

Art. 456. En cas de déménagement hors du ressort de la perception, comme en cas de vente volontaire ou forcée, la contri-

---

(1) Cette disposition n'a pas été reproduite dans la loi du 3 frimaire an VII ; mais le silence même de cette loi prouve qu'elle n'a rien voulu changer à l'époque des payements. Néanmoins, dans l'état actuel des choses, les douzièmes ne sont exigés que le 1er *de chaque mois pour le mois précédent*. (Voir le Règlement min. du 21 décembre 1839, art. 1er.)

(2) « Les patentes seront, comme les autres contributions directes, payables « par douzièmes, de mois en mois. » (Arrête cons. du 26 brumaire an X, art. 3.)

bution personnelle et mobilière sera exigible pour la totalité de l'année courante.

Art. 457. Le contribuable qui se croira surtaxé adressera au préfet ou au sous-préfet..... sa demande en décharge ou réduction..... sans pouvoir, sous prétexte de réclamation, différer le payement des termes qui viendront à échoir pendant les trois mois qui suivront la réclamation, dans lesquels elle devra être jugée définitivement. Loi du 21 avril 1832, art. 28.

Art. 458. Le percepteur ne pourra rien exiger des contribuables qu'il ne soit porteur d'un rôle exécutoire et publié. Arrêté consulaire du 16 thermidor an VIII, art. 15.

Art. 459. Les directeurs des contributions sont chargés uniquement..... de l'expédition des rôles..... (1). Loi du 3 frimaire an VIII, art. 5.

Art. 460. Les rôles des contributions directes sont rendus exécutoires par le préfet dans la décade, à compter de la réception ; il les remettra ensuite au directeur des contributions qui les fera passer par les contrôleurs (*aujourd'hui les receveurs particuliers et les percepteurs*) (2) aux maires ou adjoints, avant le 1er vendémiaire (1er *janvier*) de chaque année. Loi du 16 thermidor an VIII, article 13.

Art. 461..... Les maire et adjoint les feront publier..... Loi du 16 thermidor an VIII, article 14.

Art. 462. Le premier décadi (*le premier dimanche*) après la remise du rôle..... au percepteur de la commune, les citoyens seront prévenus de cette remise par une affiche qui sera Loi du 6 thermidor an VII, art 5.

---

(1) Les frais de confection des rôles généraux et supplémentaires des quatre contributions directes sont acquittés sur les fonds de l'État. — Les frais de confection des rôles spéciaux d'impositions extraordinaires, départementales ou communales, sont ajoutés, à raison de 3 centimes par article de rôle, au montant de ces impositions (Loi du 4 août 1849, article 9).

(2) L'intervention des percepteurs, dont ne parlait pas l'arrêté du 16 thermidor an VIII, a été prescrite, dans l'intérêt de la régularité du service, par une circulaire du ministre des finances, du 25 novembre 1828.

faite au chef-lieu de la commune et aux autres endroits accoutumés.....

L'affiche portera avertissement aux citoyens que le rôle est revêtu des formalités prescrites par la loi; qu'il est entre les mains de N....., percepteur, demeurant à....., et que chaque contribuable doit acquitter les sommes pour lesquelles il est porté sur le rôle entre les mains dudit percepteur, dans le délai de la loi, faute de quoi il y sera contraint.

Cette affiche tiendra lieu de publication du rôle.....

Loi du 6 thermidor an VII, article 6.

Art. 463. Toutes les affiches..... seront sur papier non timbré.

Loi du 25 mars 1817, art. 71.

Art. 464. Le premier avertissement sera rédigé à mesure que les rôles se confectionneront, et adressé en même temps que l'ordre pour la publication de ces rôles, pour être remis à chaque contribuable, moyennant 5 centimes pour les frais d'impression et de remise (1).

Loi du 15 mai 1818, art. 50.

Art. 465. Chaque avertissement donné au contribuable énoncera en détail le montant de ce qu'il doit payer, tant en principal qu'en accessoires et centimes additionnels dans les contributions foncière, personnelle et mobilière, portes et fenêtres et patentes; la loi ou l'ordonnance en vertu desquelles lesdites contributions sont établies et les termes dans lesquels elles doivent être acquittées.

Loi du 26 mars 1831, art 21.

Art. 466. L'avertissement remis au contribuable indiquera le nombre de centimes par franc des valeurs locatives sur lesquelles les taxes doivent être calculées.

---

(1) Aux termes de l'ordonnance royale du 9 novembre 1817, sur les cinq centimes ajoutés au montant de chaque avertissement, deux centimes sont acquis aux percepteurs pour la distribution aux contribuables.

Art. 467. A partir du 1er janvier 1856, chaque avertissement délivré aux contribuables, pour le recouvrement des quatre contributions directes....., énoncera : Loi du 22 juin 1854, art. 15.

1° La part de contribution revenant à l'État ;

2° La part de contribution revenant au département, à la commune et au fonds de secours, non-valeurs et réimpositions.

Art. 468. Les avertissements...... ne sont pas assujettis au timbre..... Décret du 10-17 juin 1791, art. 5.

Art. 469. Le privilége du Trésor public pour le recouvrement des contributions directes est réglé ainsi qu'il suit, et s'exerce avant tout autre : Loi du 12 nov. 1808, art 1er.

1° Pour la contribution foncière de l'année échue et de l'année courante sur les récoltes, fruits, loyers et revenus des biens immeubles sujets à la contribution ;

2° Pour l'année échue et l'année courante des contributions mobilière, des portes et fenêtres, des patentes et de toute autre contribution directe et personnelle, sur tous les meubles et autres effets mobiliers appartenant aux redevables, en quelque lieu qu'ils se trouvent.

Art. 470. Le privilége attribué au Trésor public pour le recouvrement des contributions directes ne préjudicie point aux autres droits qu'il pourrait exercer sur les biens des redevables comme tout autre créancier (1). Id. art 3

Art. 471. Tous fermiers ou locataires seront tenus de payer, à l'acquit des propriétaires ou usufruitiers, la contribution fon- Loi du 3 frimaire an VII, art. 147.

---

(1) Il suit de cette disposition que le Trésor a le droit de poursuivre l'expropriation de l'immeuble affecté à la contribution, si le redevable ne présente pas d'autre ressource (Avis du conseil d'Etat, du 27 février 1812) ; mais il ne peut exercer ses droits sur les immeubles que concurremment avec les autres créanciers, et l'ordre à établir avec ces créanciers est de la compétence des tribunaux. (Arrêt du cons d'Etat, 19 mars 1820, Haute-Saône, aff. Othenin.)

cière pour les biens qu'ils auront pris à ferme ou à loyer, et les propriétaires ou usufruitiers de recevoir le montant des quittances de cette contribution pour comptant sur le prix des fermages ou loyers, à moins que le fermier ou locataire n'en soit déchargé par son bail (1).

Loi du 26 germinal an XI, article 1er.

Art. 472. Les fermiers et locataires des biens communaux mis en ferme ou donnés à bail, comme les biens ruraux, terres, prés et bois, ou les moulins, usines ou maisons d'habitation, seront tenus de payer à la décharge des communes, et en déduction du prix du bail, le montant des impositions de tout genre assises sur ces propriétés.

Loi du 4 août 1844, art. 6.

Art. 473. Tout propriétaire ou usufruitier ayant plusieurs fermiers dans la même commune et qui voudra les charger de payer à son acquit la contribution foncière des biens qu'ils tiennent à ferme ou à loyer, devra remettre au percepteur une déclaration indiquant sommairement la division de son revenu imposable entre lui et ses fermiers.

Cette déclaration sera signée par le propriétaire et par les fermiers.

Si le nombre des fermiers est de plus de trois, la déclaration sera transmise au directeur des contributions directes, qui opérera la division de la contribution, et portera dans un rôle auxiliaire la somme à payer par chaque fermier.

Les frais d'impression et de confection de ce rôle seront payés par les déclarants, à raison de 5 centimes par article.

Loi du 12 novembre 1808, article 2.

Art. 474. Tous fermiers, locataires, receveurs, économes, notaires, commissaires-priseurs et autres dépositaires et détenteurs de deniers provenant du chef des redevables, et affectés au privilége du Trésor public, seront tenus, sur la demande qui leur

(1) « Les fermiers seront tenus de faire l'avance des contributions pour « leurs propriétaires, sauf à s'en faire rembourser ou à les retenir sur le « prix de leur fermage. » (Loi du 17 brumaire an V, art. 8.)

en sera faite, de payer en l'acquit des redevables et sur le montant des fonds qu'ils doivent, ou qui sont en leurs mains, jusqu'à concurrence de tout ou partie des contributions dues par ces derniers. Les quittances du percepteur pour les sommes légitimement dues leur seront allouées en compte.

Art. 475..... Tous huissiers-priseurs, receveurs des consignations, commissaires aux saisies réelles, notaires, sequestres, et tous autres dépositaires de deniers, (*ne remettront*) aux héritiers, créanciers et autres personnes ayant droit de toucher, les sommes sequestrées et déposées, qu'en justifiant du payement des impositions..... dues par les personnes du chef desquelles lesdites sommes seront provenues; seront même autorisés, en tant que de besoin, lesdits sequestres et dépositaires, à payer directement les contributions qui se trouveraient dues, avant de procéder à la délivrance des deniers, et les quittances desdites contributions leur seront passées en compte.

Décret de l'assemblée const. du 5-18 août 1791.

Art. 476. La contribution des portes et fenêtres sera exigible contre les propriétaires et usufruitiers, fermiers et locataires principaux des maisons, bâtiments et usines, sauf leur recours contre les locataires particuliers pour le remboursement de la somme due, à raison des locaux par eux occupés.

Loi du 4 frimaire an VII, art. 12.

Art. 477. Lorsque le même bâtiment sera occupé par le propriétaire et un ou plusieurs locataires, ou par plusieurs locataires seulement, la contribution des portes et fenêtres d'un usage commun sera acquittée par les propriétaires ou usufruitiers.

Id. art. 15.

Art. 478. Les propriétaires et, à leur place, les principaux locataires, devront, un mois avant l'époque du déménagement de leurs locataires, se faire représenter par ces derniers les quittances de leur contribution personnelle et mobilière. Lorsque les locataires ne représenteront pas ces quittances, les propriétaires ou principaux locataires seront tenus, sous leur responsabilité personnelle, de donner, dans les trois jours, avis du déménagement au percepteur.

Loi du 21 avril 1832, art. 22.

Loi du 21 avril 1832, art. 23.

Art. 479. Dans le cas de déménagement furtif les propriétaires et, à leur place, les principaux locataires, deviendront responsables des termes échus de la contribution de leurs locataires, s'ils n'ont pas fait constater, dans les trois jours, ce déménagement par le maire, le juge de paix ou le commissaire de police.

Dans tous les cas et nonobstant toute déclaration de leur part, les propriétaires ou principaux locataires demeureront responsables de la contribution des personnes logées par eux en garni et désignées à l'article 16 (*de la loi du* 21 *avril* 1832) (1).

Loi du 25 avril 1844 art. 25.

Art. 480. Les propriétaires et, à leur place, les principaux locataires qui n'auront pas, un mois avant le terme fixé par le bail ou par les conventions verbales, donné avis au percepteur du déménagement de leurs locataires, seront responsables des sommes dues par ceux-ci pour la contribution des patentes.

Dans le cas de déménagements furtifs, les propriétaires et, à leur place, les principaux locataires, deviendront responsables de la contribution de leurs locataires, s'ils n'ont pas, dans les trois jours, donné avis du déménagement au percepteur.

La part de la contribution laissée à la charge des propriétaires ou principaux locataires par les paragraphes précédents comprendra seulement le dernier douzième échu et le douzième courant, dus par le patentable.

Loi du 3 frimaire an VII, art. 144.

Art. 481. L'agent municipal (*le maire*) et son adjoint pourront se faire représenter par le percepteur, à son bureau, quand ils le jugeront convenable, les rôles des contributions publiques, prendre des relevés de l'état du recouvrement, constater les infractions à la loi et en faire rapport.....

Id. art. 141.

Art. 482. Les percepteurs donneront quittance aux contribuables des sommes qu'ils en recevront; elle sera sur papier non timbré.

---

(1) Art. 244 du présent Recueil

Art. 483. Les percepteurs émargeront en outre, en toutes lettres, sur leurs rôles, à côté des articles respectifs, les différents payements qui leur seront faits, à l'instant même qu'ils les recevront.

Loi du 3 frimaire an VII, art. 140

Art. 484. Toute contravention à l'article précédent pourra être dénoncée par le contribuable intéressé, par l'agent municipal (*le maire*) de la commune ou son adjoint.....; elle sera punie correctionnellement d'une amende de 10 francs au moins et de 25 francs au plus (1).

Id. art. 142.

Art. 485. Tous receveurs d'impôts..... seront tenus de fournir sans frais aux contribuables autant de *duplicata* de leurs quittances qu'ils en demanderont pour justifier du payement de leurs contributions.

Décret des 10-20 juillet 1791, article 4.

Art. 486. Les percepteurs des communes tiendront, indépendamment du rôle des contributions, un relevé ou bordereau (2) sur lequel ils rapporteront, jour par jour, le nom des contribuables qui auront effectué des payements et le montant des sommes remises; ils le feront clore et arrêter par l'agent de la commune (*le maire*)..... tous les dix jours au moins, et la veille de leur versement chez le receveur du département ou de l'arrondissement.

Loi du 17 brum an V, art. 11.

La quittance du receveur sera rapportée à la suite de l'arrêté du bordereau.

---

(1) Les quittances du percepteur doivent être admises à la décharge des contribuables, nonobstant leur défaut d'émargement aux rôles. (Avis du cons. d'Etat des 19 avril et 8 octobre 1816, et 4 mai 1822.)

(2) Ce relevé ou bordereau a été remplacé par un *journal à souche* duquel sont détachées les quittances à délivrer aux contribuables. Le maire n'intervient plus, pour arrêter les écritures, que le 31 décembre. Encore, les écritures des percepteurs non receveurs municipaux ne sont-elles pas arrêtées par le maire.

Il n'est, conséquemment, plus donné de quittance sur les bordereaux ou avertissements. (Inst. des 31 octobre et 10 novembre 1817, et 8 avril 1820.)

CHAPITRE III.

POURSUITES.

Dispositions générales.

Loi du 3 frimaire an VII, art. 146.

Art. 487. ..... Nul ne peut être contraint que pour les portions échues (*de ses contributions*).

Loi du 17 brum. an V, art. 3.

Art. 488. Les contribuables qui n'auront pas acquitté le montant de leur taxe en contribution directe dans les dix jours qui suivront l'échéance des délais fixés par les lois, y seront contraints dans les dix jours suivants, par la voie des garnisaires envoyés dans leur domicile et auxquels ils seront tenus de fournir le logement et les subsistances, et de payer de plus un franc par jour (1). Ce premier délai expiré, le payement sera poursuivi par la saisie et vente des meubles des contribuables en retard, même des fruits pendants par racine.

Les garnisaires seront nommés par les administrations municipales (*par les sous-préfets*) sur la demande des percepteurs.

Loi du 25 mars 1817, art. 73.

Art. 489. Les préfets sont autorisés à faire des règlements sur les frais de contraintes, garnisaires, commandements et autres poursuites en matière de contributions directes, à la charge néanmoins que les règlements ne pourront être exécutés qu'après avoir reçu l'autorisation du gouvernement (2).

Loi du 3 frimaire an VII, art. 149.

Art. 490. Les percepteurs.... qui n'auraient fait aucune poursuite contre un ou plusieurs contribuables en retard, pendant trois années consécutives, à compter du jour où le rôle leur aura été remis, perdront leur recours, et seront déchus de tous droits et de toute action contre eux (3).

---

(1) L'article 73 de la loi du 25 mars 1817 et l'article 51 de la loi du 15 mai 1818 portent que les frais seront fixes par les préfets. (Ci-après, art. 489)

(2) Confirmé par l'article 51 de la loi du 15 mai 1818.

(3) La loi de frimaire ne parle que de la contribution foncière; mais l'ar-

Art. 491. Ils perdront aussi leur recours et seront pareillement déchus de tous droits et de toute action pour sommes restant dues et non payées par les contribuables, après trois ans de cessation de poursuites contre lesdits contribuables (1). Loi du 3 frimaire an VII, art. 150.

Art. 492. Après ce délai (*de trois ans*), les maires ou adjoints (*aujourd'hui les receveurs particuliers*) (2) retireront les rôles et les déposeront aux archives de l'arrondissement communal (*la sous-préfecture*). Arrêté consulaire du 16 thermidor an VIII, art. 17.

Porteurs de contraintes.

Art. 493..... Il sera choisi, dans chacun des arrondissements communaux, des porteurs de contraintes, chargés exclusivement d'exécuter celles qui seront décernées par le receveur particulier pour le payement des contributions directes. Id. art. 18.

Les porteurs de contraintes feront seuls les fonctions d'huissier pour les contributions directes.

Ils ne sont pas assujettis aux droits de patente.

Art. 494. Les porteurs de contraintes seront choisis parmi les citoyens de l'arrondissement sachant lire, écrire, calculer, et ayant une instruction suffisante pour exécuter toutes les opérations relatives à leurs fonctions. Id. art 19.

Les invalides et les anciens militaires réunissant ces conditions, et munis de certificats de bonne conduite, seront choisis de préférence.

Aucun des individus attachés au service (3) du préfet, des sous-préfets et des receveurs, ne pourra remplir les fonctions de porteur de contraintes.

---

ticle 17 de l'arrêté du 16 thermidor an VIII a généralisé la disposition, qui est aujourd'hui applicable à toutes les natures de contributions directes.

(1) Même observation.

(2) Inst. générale du 20 juin 1859, art. 95.

(3) Le service de la personne, c'est-à-dire de domesticité. (Anciens règlements sur les tailles.)

Arrêté consulaire du 16 thermidor an VIII, art. 20. Art. 495. Les porteurs de contraintes seront nommés par le sous-préfet sur la présentation du receveur particulier.

Les choix du sous-préfet seront soumis à l'approbation du préfet.

Il sera fait un état triple de cette nomination, le premier pour être déposé aux archives de la préfecture ; le second, à celles de la sous-préfecture, et le troisième pour être remis au receveur, le tout sans frais.

Id. art. 21. Art. 496. Le sous-préfet recevra des porteurs de contraintes la promesse de fidélité à la constitution prescrite par la loi ; il en sera fait mention sur la commission, laquelle ne sera délivrée qu'après avoir été visée par le préfet.

Id. art. 22. Art. 497. Les porteurs de contraintes devront être munis de leur commission dans l'exercice de leurs fonctions ; ils en feront mention dans leurs actes et la représenteront lorsqu'ils en seront requis.

Id. art. 23. Art. 498. Le nombre des porteurs de contraintes sera calculé sur la population des communes composant l'arrondissement communal, et il ne pourra pas excéder celui de deux par quinze communes rurales.

Dans les villes et gros bourgs, le nombre des porteurs de contraintes sera calculé proportionnellement à la population de vingt communes rurales.

Id. art. 24. Art. 499. Dans le cas où les porteurs de contraintes seront injuriés, ou s'il leur est fait rébellion, ils se retireront chez le maire ou l'adjoint du lieu, pour en dresser procès-verbal et l'affirmer.

Id. art. 25. Art. 500. Les receveurs particuliers seront chargés de surveiller et de faire surveiller la conduite des porteurs de contraintes, de prendre à leur égard tous les renseignements qui pourront leur être fournis, soit par les percepteurs, soit par les contribuables, et de les adresser, sans délai, au sous-préfet de l'arrondissement.

Celui-ci surveillera lui-même et fera surveiller les porteurs de contraintes par les maires ou adjoints.

Les contribuables pourront porter directement leurs plaintes au sous-préfet, qui statuera sommairement sur toutes celles qui lui parviendront contre les porteurs de contraintes; il pourra même les révoquer, sauf, dans tous les cas, le recours au préfet.

Art. **501.** Si les délits donnent lieu, par leur nature, à des poursuites extraordinaires, le préfet adressera les pièces aux juges compétents. Arrêté consulaire du 16 thermidor an VIII, art. 26.

Art. 502 Les porteurs de contraintes ne jouiront d'aucun traitement fixe, et ne seront payés qu'autant qu'ils seront employés. Id. art. 27.

Le prix de leurs journées sera réglé, chaque année, par le préfet ......

L'arrêté du préfet portant cette fixation sera imprimé et affiché.

Art. 503. Les porteurs de contraintes ne pourront rien prétendre pour les jours qu'ils auront été en route en se rendant dans les lieux où ils doivent être employés, non plus que pour le temps qu'ils y auront passé sans travailler; ils ne pourront, étant en activité de service, exiger..... des redevables que le logement, la nourriture et une place au feu commun. Id. art. 28.

Il leur est expressément défendu de se loger à l'auberge aux frais des redevables, même sur la demande de ceux-ci (1).

Il leur est également défendu de recevoir, ni des percepteurs, ni des redevables, le prix de leur travail, qui ne devra leur être payé que par le receveur particulier, d'après la taxe qui en aura été faite.

(1) Aujourd'hui, cependant, les instructions ministérielles permettent aux contribuables soumis à la garnison individuelle de se libérer en numéraire de la nourriture et du logement.

Arrêté consulaire du 16 thermidor an VIII, art. 29.

Art. 504. Les procès-verbaux et actes des porteurs de contraintes, relatifs à leur séjour..... chez les redevables, ne seront soumis...... au timbre.....; mais le commandement qui précédera les saisies et ventes sera assujetti à ces droits.

Loi du 16 juin 1824, art. 6.

Art. 505. Seront enregistrés gratis les actes de poursuites et tous autres actes, tant en action qu'en défense, ayant pour objet, soit le recouvrement des contributions publiques et de toutes autres sommes dues à l'État, ainsi que les contributions locales....., le tout lorsqu'il s'agira de cotes, droits et créances non excédant en total la somme de cent francs.

Arrêté consulaire du 16 thermidor an VIII, art. 30.

Art. 506. Les receveurs particuliers décerneront, dans leurs arrondissements respectifs, les contraintes contre..... les contribuables en retard de se libérer.

Les contraintes seront signées par le receveur particulier, et ne pourront être mises à exécution qu'après avoir été visées par le sous-préfet de l'arrondissement.

Degrés de poursuites.

Loi du 15 mai 1818, art. 51.

Art. 507. Indépendamment de l'avertissement (*qui est envoyé à chaque contribuable*), le percepteur sera tenu de délivrer gratis une sommation, huit jours avant le premier acte qui doit donner lieu à des frais.

Arrêté consulaire du 16 thermidor an VIII, art. 40.

Art. 508. Les porteurs d'une contrainte la présenteront, à leur arrivée, au maire ou à son adjoint, et en demanderont la publication.

Loi du 2 octobre 1791, art. 19.

Art. 509. Ils seront tenus, en arrivant dans chaque communauté, de faire constater par un officier municipal ou le procureur de la commune (*le maire ou l'adjoint*) le jour et l'heure de leur arrivée, et de même, en se retirant, le jour et l'heure de leur départ.

Art. 510. Le percepteur..... indiquera aux porteurs de contraintes la demeure et les facultés connues des redevables.... Arrêté consulaire du 16 thermidor an VIII, art. 42.

Art. 511........ Ils les porteront sur un bulletin, et distribueront à chacun des redevables un avertissement sur papier non timbré. Id. art. 41.

Il ne sera payé que cinq centimes pour chaque avertissement, par le redevable qui l'aura reçu (1).

Les porteurs de contraintes passeront successivement dans les autres communes comprises dans la contrainte, pour y faire la même opération.

Art. 512. Quand les porteurs de contraintes auront distribué leurs avertissements dans toutes les communes qui y seront désignées, ils viendront en rendre compte au receveur particulier (*au percepteur*), lui présenteront de nouveau la contrainte à viser et partiront ensuite pour séjourner chez les redevables qui n'auront pas satisfait à l'avertissement. Id. art. 43.

Art. 513. Les porteurs d'une contrainte ne pourront séjourner plus de dix jours dans la même commune, et plus de deux jours chez un redevable. Id. art. 4

Ils s'établiront d'abord à domicile chez le plus fort contribuable en retard, et successivement chez les autres, toujours en continuant par le plus fort (2).

Les porteurs de contraintes ne pourront pas s'établir à domicile chez les redevables qui payeront moins de quarante francs de contributions directes (3).

Les frais de séjour des porteurs de contraintes seront répartis

---

(1) Le coût de cet avertissement est aujourd'hui fixé par le préfet, comme les autres frais de poursuites.

(2) Voir la note à la fin du présent article.

(3) Taux à déterminer par le préfet.

sur tous les redevables de la commune, en proportion de leurs débets (1).

Loi du 2 octobre 1791, art. 21.

Art. 514. Ceux des contribuables qui, sans attendre de saisies et ventes, satisferont à la contrainte, ne supporteront que leur part des premiers frais.

Ceux qui nécessiteront des saisies et ventes en supporteront les frais.

Arrêté consulaire du 16 thermidor an VIII, art. 45.

Art. 515. Après les dix jours (*fixés pour le séjour des porteurs de contraintes dans la même commune*), le bulletin (*l'état des frais*) sera rempli et fait double : il sera signé par le porteur de contraintes.....; il sera ensuite remis..... au percepteur qui le portera au receveur particulier, avec les sommes que le séjour des porteurs de contraintes lui aura procurées.

Id. art. 46.

Art. 516. A mesure que les bulletins parviendront au receveur particulier, il les adressera au sous-préfet pour en régler la taxe, qui se fera sans frais et ne pourra jamais excéder le huitième de la somme due.

Id. art. 47.

Art. 517. Le sous-préfet renverra, sans retard, les bulletins taxés au receveur particulier, qui en gardera un double, et remettra l'autre, quittancé de lui, au percepteur.....

Id. art. 48.

Art. 518. Le receveur particulier payera sur le bulletin taxé resté entre ses mains, les salaires des porteurs de contraintes, qui lui en donneront quittance.

Id. art. 49.

Art. 519. A la fin de chaque année, le receveur particulier rendra au sous-préfet un compte général des frais établis en recette et dépense par les quittances des porteurs de contraintes.

---

(1) Ce système de contraintes, qui s'exerce d'abord sur les plus forts contribuables, de même que celui qui répartit les frais de la garnison entre les retardataires inégalement et en proportion de leurs débets, a cessé d'être appliqué, sans doute comme peu compatible avec le principe de l'égalité devant la loi, surtout en matière d'impôts. (Durieu, *Poursuites*.) Il existe cependant une exception pour le département de la Seine.

Art. 520. Le directoire du département (*le receveur général*) envcrra une copie de cet état au ministre des contributions publiques (*au ministre des finances*), avec ses observations. Loi du 2 octobre 1791, art. 27.

Art. 521. Les porteurs de contraintes ne pourront, dans aucun cas et sous aucun prétexte, recevoir aucune somme des percepteurs ou des contribuables pour les porter au receveur particulier, à peine de destitution, et de restitution des sommes reçues. Arrêté consulaire du 16 thermidor an VIII, art. 50.

Il est défendu aux percepteurs et aux redevables de leur en confier, à peine de payer deux fois.

Art. 522. Après les dix jours fixés par l'article 44 (*article 513 ci-dessus*), le percepteur pourra faire procéder par voie de saisie et vente des meubles et effets, même des fruits pendants par racines, contre les contribuables qui n'auront pas acquitté leurs contributions échues (1). Id. art. 51

Art. 523. Le commandement qui précédera les saisies et ventes sera assujetti à ces droits (*au timbre*). Id. art. 29.

Art. 524. Seront enregistrés gratis les actes de poursuites et tous autres actes, tant en action qu'en défense, ayant pour objet, soit le recouvrement des contributions publiques et de toutes autres sommes dues à l'Etat, ainsi que les contributions locales....., le tout lorsqu'il s'agira de cotes, droits et créances non excédant en total la somme de cent francs. Loi du 16 juin 1824, art. 6.

---

(1) Nonobstant cette disposition, les instructions ministérielles obligent les percepteurs à ne procéder au commandement et à la saisie qu'après avoir obtenu du receveur particulier une nouvelle contrainte *comprenant l'ordre de procéder à la saisie, si le contribuable ne se libère dans le délai de trois jours à compter de la signification du commandement.*

« Les saisies s'exécuteront dans les formes prescrites pour les saisies judi« ciaires. » Titre VIII, livre V du Code de procédure civile. (Règl. min. du 26 août 1834, art. 66.)

Loi du 23 juillet 1820, art. 31.

Art. 525. Les prisées et ventes publiques des meubles des contribuables en retard seront faites par les commissaires-priseurs, dans les villes où ils sont établis ; dans ce cas, comme dans tous les autres, les vacations des commissaires-priseurs seront taxées par les tribunaux ; mais si les opérations ont lieu pour le recouvrement des contributions directes, les tribunaux se conformeront aux règlement faits par les préfets et arrêtés par le Gouvernement.

Loi du 2 octobre 1791, art. 16.

Art. 526. Ne pourront être saisis pour contributions arriérées, les lits et vêtements nécessaires, pain et pot-au-feu, les portes, fenêtres, les animaux de trait servant au labourage, les harnais et instruments servant à la culture, ni les outils et métiers à travailler.

Il sera laissé au contribuable en retard une vache à lait ou une chèvre à son choix, ainsi que la quantité de grains ou graines nécessaires à l'ensemencement ordinaire des terres qu'il exploite.

Les abeilles, les vers-à-soie, les feuilles de mûrier, ne seront saisissables que dans les temps déterminés par les décrets sur les biens et usages ruraux.

Les porteurs de contraintes qui contreviendront à ces dispositions seront condamnés à cent livres d'amende (1).

---

(1) Cette nomenclature des objets insaisissables a été reproduite par l'article 52 de l'arrêté consulaire du 16 thermidor an VIII. Il y a lieu de la combiner avec celle de l'article 592 du Code de procédure civile, portant :

« Ne pourront être saisis, les objets que la loi déclare immeubles par des-« tination : le coucher nécessaire des saisis, ceux de leurs enfants vivant « avec eux ; les habits dont les saisis sont vêtus et couverts ; les livres re-« latifs à la profession du saisi, jusqu'à la somme de trois cents francs, à « son choix ; les machines et instruments servant à l'enseignement, pratique « ou exercice des sciences et arts, jusqu'à concurrence de la même somme, « et au choix du saisi ; les équipements des militaires, suivant l'ordonnance « et le grade ; les outils des artisans, nécessaires à leurs occupations per-« sonnelles ; les farines et menues denrées nécessaires à la consommation

Art. 527. Lorsque, dans le cas de saisie de meubles et autres effets mobiliers pour le payement des contributions, il s'élèvera une demande en revendication de tout ou partie desdits meubles et effets, elle ne pourra être portée devant les tribunaux ordinaires qu'après avoir été soumise, par l'une des parties intéressées, à l'autorité administrative, aux termes de la loi du 5 novembre 1790. Loi du 12 nov. 1808, art. 4

Art. 528. L'insolvabilité ou l'absence des redevables du Trésor public seront constatées ou par des procès-verbaux soit de perquisition, soit de carence, dressés par les huissiers (*par les porteurs de contraintes*), ou par des certificats délivrés, sous leur responsabilité, par les maires et adjoints des communes de leur résidence ou de leur dernier domicile. Arrêté du 6 messidor an x, art. 1er.

Art. 529. Ces certificats seront visés par les préfets pour l'arrondissement du chef-lieu et par les sous-préfets pour les autres arrondissements. Id. art. 2

Art. 530. Les fonctions attribuées aux sous-préfets et aux receveurs particuliers par le présent règlement seront respectivement exercées par les préfets et receveurs généraux dans l'arrondissement communal du chef-lieu du département. Arrêté consulaire du 16 thermidor an VIII, art. 53.

« du saisi et de sa famille pendant un mois ; enfin, une vache, ou trois « brebis, ou deux chèvres, au choix du saisi, avec les pailles, fourrages et « grains nécessaires pour la litière et la nourriture desdits animaux pen- « dant un mois. »

CEAPITRE IV.

VERSEMENTS.

Loi du 17 brum. an v, art. 10.

Art. 531. Les percepteurs..... seront tenus..... de verser le produit de leur recette chez le receveur du département ou entre les mains des préposés (*des receveurs particuliers*), au moins une fois par décade.

Id. art. 12.

Art. 532. Les obligations imposées aux percepteurs (*vis-à-vis des receveurs particuliers*) sont rendues communes (*aux receveurs particuliers vis-à-vis des receveurs généraux*).

Loi du 21 avril 1833, art. 1er.

Art. 533. Tout versement en numéraire ou autres valeurs, fait aux caisses du caissier central du Trésor public à Paris et à celles des receveurs généraux et particuliers des finances, pour un service public, donnera lieu à la délivrance immédiate d'un récépissé à talon.

Ce récépissé sera libératoire et formera titre envers le Trésor public, à la charge toutefois, par la partie versante, de le faire viser et séparer de son talon, à Paris immédiatement, et dans les départements dans les vingt-quatre heures de sa date, par les fonctionnaires et agents administratifs chargés de ce contrôle.

Loi du 17 fructidor an vi, art 14.

Art. 534. Les percepteurs.... seront tenus de faire viser les récépissés..... par le commissaire du directoire exécutif près l'administration municipale (*par le sous-préfet*) de la résidence du receveur (*général*) ou du préposé (*du receveur particulier*).

Id. art. 15.

Art. 535. Les préposés aux recettes (*les receveurs particuliers*), feront aussi viser..... par le commissaire près l'administration municipale de leur résidence (*par le sous-préfet*) les récépissés des sommes qu'ils verseront dans la caisse du receveur général.

Art. 536. Les commissaires du directoire (*les sous-préfets*) enregistreront, par ordre de date et par extrait, les récépissés présentés à leur visa. Loi du 17 fructidor an VI, art. 16

Ils tiendront, à cet effet, un registre qui contiendra des comptes ouverts avec le préposé aux recettes (*le receveur particulier*) et avec les percepteurs de son arrondissement.

Art. 537. Dans les grandes communes divisées en arrondissements, le visa et l'enregistrement des récépissés se feront par le commissaire du directoire près le bureau central (*par le préfet*). Id. art. 17.

Art. 538. En cas d'absence ou d'empêchement des commissaires du directoire (*préfet ou sous-préfet*), le visa et l'enregistrement seront faits par celui qui le remplacera dans ses fonctions. Id. art. 18.

Art. 539. Les formalités prescrites par les articles précédents seront remplies sur papier libre et sans frais. Id. art. 19.

Art. 540. Tous récépissés non visés ne pourront servir, dans aucun cas, de décharge aux percepteurs ni aux préposés aux recettes (*aux receveurs particuliers*). Id. art. 20.

Art. 541. Les percepteurs et les préposés aux recettes (*les receveurs particuliers*) qui auront négligé de faire viser leurs récépissés seront en outre privés de leurs remises sur le montant des récépissés non visés. Id. art. 21.

CHAPITRE V.

RESPONSABILITÉ DES PERCEPTEURS ET RECEVEURS ; DROITS DU TRÉSOR.

Loi du 17 brum. an v, art. 2.

Art. 542. Les receveurs des départements et les percepteurs des communes seront responsables du recouvrement des sommes imposées.....

Ordonnance du 31 mai 1838, article 273.

Art. 543. Chaque comptable principal est responsable des recettes et dépenses de ses subordonnés qu'il a rattachées à sa gestion personnelle.

Id. art. 274.

Art. 544. Lorsque des irrégularités sont constatées dans le service d'un comptable subordonné, le comptable supérieur provoque envers lui les mesures prescrites par les règlements ; il est même autorisé à le suspendre immédiatement de ses fonctions et à le faire remplacer par un gérant provisoire à sa nomination, en donnant avis de ces dispositions à l'autorité administrative.

Id. art. 275.

Art. 545. Lorsqu'un comptable a couvert de ses deniers le déficit de ses subordonnés, il demeure subrogé à tous les droits du Trésor sur le cautionnement, la personne et les biens du comptable reliquataire.

Loi du 5 septembre 1807, article 1er.

Art. 546. Le privilége et l'hypothèque maintenus par les articles 2098 et 2121 du Code civil, au profit du Trésor public, sur les biens meubles et immeubles de tous les comptables chargés de la recette ou du payement de ses deniers, sont réglés ainsi qu'il suit :

Id. art. 2

Art. 547. Le privilége du Trésor public a lieu sur tous les

biens meubles des comptables, même à l'égard des femmes séparées de biens, pour les meubles trouvés dans les maisons d'habitation du mari, à moins qu'elles ne justifient légalement que lesdits meubles leur sont échus de leur chef, ou que les deniers employés à l'acquisition leur appartenaient.

Ce privilége ne s'exerce néanmoins qu'après les priviléges généraux et particuliers énoncés aux articles 2101 et 2102 du Code civil.

Art. 548. Le privilége du Trésor public sur les fonds de cautionnement des comptables continuera d'être réglé par les lois existantes. Loi du 5 septembre 1807, article 3.

Art. 549. Le privilége du Trésor public a lieu : Id. art. 4.

1° Sur les immeubles acquis à titre onéreux par les comptables postérieurement à leur nomination ;

2° Sur ceux acquis au même titre, et depuis cette nomination, par leurs femmes, même séparées de biens.

Sont exceptées néanmoins les acquisitions à titre onéreux faites par les femmes, lorsqu'il sera légalement justifié que les deniers employés à l'acquisition leur appartenaient.

Art. 550. Le privilége du Trésor public mentionné en l'article 4 (*ci-desssus*) a lieu conformément aux articles 2106 et 2113 du Code civil, à la charge d'une inscription qui doit être faite dans les deux mois de l'enregistrement de l'acte translatif de propriété. Id. art 5.

En aucun cas, il ne peut préjudicier :

1° Aux créanciers privilégiés désignés dans l'article 2103 du Code civil, lorsqu'ils ont rempli les conditions prescrites pour obtenir privilége ;

2° Aux créanciers désignés aux articles 2101, 2104 et 2105 du Code civil, dans le cas prévu par le dernier de ces articles ;

3° Aux créanciers du précédent propriétaire qui auraient, sur le bien acquis, des hypothèques légales, existantes indépendamment de l'inscription, ou toute autre hypothèque valablement inscrite.

Loi du 5 septembre 1807, article 6

Art. 551. A l'égard des immeubles des comptables qui leur appartenaient avant leur nomination, le Trésor public a une hypothèque légale, à la charge de l'inscription, conformément aux articles **2121** et **2134** du Code civil.

Le Trésor public a une hypothèque semblable, et à la même charge, sur les biens acquis par le comptable autrement qu'à titre onéreux, postérieurement à sa nomination.

Id. art. 7.

Art. 552. Tous receveurs généraux de département, tous receveurs particuliers d'arrondissement, tous payeurs généraux et divisionnaires, ainsi que les payeurs de département, des ports et des armées, seront tenus d'énoncer leurs titres et qualités dans les actes de vente, d'acquisition, de partage, d'échange et autres translatifs de propriété qu'ils passeront; et ce, à peine de destitution; en cas d'insolvabilité envers le Trésor public, d'être poursuivis comme banqueroutiers frauduleux.

Les receveurs de l'enregistrement et les conservateurs des hypothèques seront tenus, aussi à peine de destitution, et en outre de tous dommages et intérêts, de requérir ou de faire, au vu desdits actes, l'inscription au nom du Trésor public, pour la conservation de ses droits, et d'envoyer, tant au procureur impérial du tribunal de première instance de l'arrondissement des biens qu'à l'agent du Trésor public à Paris, le bordereau prescrit par les articles **2148** et suivants du Code civil.

Demeurent néanmoins exceptés les cas où, lorsqu'il s'agira d'une aliénation à faire, le comptable aura obtenu un certificat du Trésor public, portant que cette aliénation n'est pas sujette à l'inscription de la part du Trésor. Ce certificat sera énoncé et daté dans l'acte d'aliénation.

Id. art 8.

Art. 553. En cas d'aliénation, par un comptable, des biens affectés aux droits du Trésor public, par privilége ou par hypothèque, les agents du gouvernement poursuivront, par voie de droit, le recouvrement des sommes dont le comptable aura été constitué redevable.

Art. 554. Dans le cas où le comptable ne serait pas actuellement constitué redevable, le Trésor public sera tenu, dans trois mois, à compter de la notification qui lui sera faite, aux termes de l'article 2183 du Code civil, de fournir et de déposer au greffe du tribunal de l'arrondissement des biens vendus, un certificat constatant la situation du comptable ; à défaut de quoi, ledit délai expiré, la mainlevée de l'inscription aura lieu de droit, et sans qu'il soit besoin de jugement.

Loi du 5 septembre 1807, article 9.

La mainlevée aura également lieu de droit dans le cas où le certificat constatera que le comptable n'est pas débiteur envers le Trésor public.

Art. 555. La prescription des droits du Trésor public, établie par l'article 2227 du Code civil, court, au profit des comptables, du jour où leur gestion a cessé.

Id. art. 10.

Art. 556. Sont soumis à la contrainte par corps, pour raison du reliquat de leurs comptes, déficit ou débet constatés à leur charge et dont ils ont été déclarés responsables,

Loi du 17 avril 1832, art. 8.

1° Les comptables de deniers publics..... ;

2° Leurs agents ou préposés qui ont personnellement géré ou fait la recette;

3° Toutes personnes qui ont perçu des deniers publics dont elles n'ont point effectué le versement ou l'emploi.....

Art. 557. Sont compris dans les dispositions de l'article précédent, les comptables chargés de la perception des deniers..... appartenant aux communes, aux hospices et aux établissements publics, et leurs agents ou préposés ayant personnellement géré ou fait la recette.

Id. art. 9.

Art. 558. La contrainte par corps pourra être prononcée en

Id. art. 12.

TITRE VI.

TAXES ASSIMILÉES AUX CONTRIBUTIONS DIRECTES.

TAXES POUR FRAIS DE BOURSES ET DE CHAMBRES DE COMMERCE.

Art. 565. Les dépenses annuelles relatives à l'entretien et réparation des bourses seront supportées par les banquiers, négociants et marchands.....

Loi du 28 ventôse an IX, art. 4.

Art. 566. Les dépenses relatives aux chambres de commerce seront assimilées à celles des bourses de commerce et acquittées comme elles, conformément à l'article 4 de la loi du 28 ventôse an IX (1).

Décret du 23 septembre 1806, article 1er.

Art. 567. Les contributions spéciales destinées à subvenir aux dépenses des bourses et chambres de commerce, et dont la perception est autorisée par l'article 11 de la loi du 23 juillet 1820 (2), seront réparties sur les patentables des trois premières classes du tableau A annexé à la présente loi (*du 25 avril 1844*) et sur ceux désignés dans les tableaux B et C, comme passi-

Loi du 25 avril 1844, art. 33.

---

(1) Cette assimilation a été sanctionnée par l'article 11 de la loi du 23 juillet 1820, en ces termes : « Continueront d'être perçues les contributions spéciales destinées à subvenir aux dépenses des *bourses et chambres* « *de commerce*..... »

(2) Voir, dans la note ci-dessus, le texte de cet article.

Loi du 2 mai 1855, art 2.

Art. 577. Cette taxe ne pourra excéder dix francs ni être inférieure à un franc.

Id. art. 3.

Art. 578. Des décrets, rendus en conseil d'Etat, régleront, sur la proposition des conseils municipaux, et après avis des conseils généraux, les tarifs à appliquer dans chaque commune.

A défaut de présentation de tarifs par les communes ou d'avis émis par le conseil général, il est statué d'office sur la proposition du préfet.

Id. art. 4.

Art. 579. Les tarifs établis en exécution de l'article 2 (*art* 577 *ci-dessus*) pourront être revisés à la fin de chaque période de trois ans.

Id. art. 5.

Art. 580. Un règlement d'administration publique déterminera les formes à suivre pour l'assiette de l'impôt, et les cas où l'infraction à ces dispositions donnera lieu a un accroissement de taxe. Cet accroissement ne pourra s'élever à plus du quadruple de la taxe fixée par les tarifs.

Id. art. 6.

Art. 581. Le recouvrement des taxes autorisées par la presente loi aura lieu comme en matière de contributions directes.

Assiette de la taxe.

Décret du 4 août 1855, art. 1er

Art. 582. Les tarifs pour l'établissement de l'impôt qui doit être perçu au profit des communes, sur les chiens, ne pourront comprendre que deux taxes dans les limites de l'article 2 de la loi du 2 mai 1855 (*art. 577 ci-dessus*).

La taxe la plus élevée porte sur les chiens d'agrément ou servant à la chasse.

La taxe la moins élevée porte sur les chiens de garde, comprenant ceux qui servent à guider les aveugles, à garder les troupeaux, les habitations, magasins, ateliers, etc., et, en général, tous ceux qui ne sont pas compris dans la catégorie précédente.

Les chiens qui ne peuvent être classés dans la première ou dans la seconde catégorie sont rangés dans celle dont la taxe est la plus élevée.

Art. 583. La taxe est due pour les chiens possédés au 1er janvier, à l'exception de ceux qui, à cette époque, sont nourris par la mère. Décret du 4 août 1855, art. 2.

La taxe est due pour l'année entière.

Art. 584. Lorsque le contribuable décède dans le courant de l'année, ses héritiers sont redevables de la portion de taxe non encore acquittée. Id. art. 3.

Art. 585. En cas de déménagement du contribuable hors du ressort de la perception, la taxe est immédiatement exigible pour la totalité de l'année courante. Id. art. 4.

Art. 586. Du 1er octobre de chaque année au 15 janvier de l'année suivante, les possesseurs de chiens doivent faire à la mairie une déclaration indiquant le nombre de leurs chiens et les usages auxquels ils sont destinés, en se conformant aux distinctions établies en l'article 1er du présent décret (*art. 582 ci-dessus*). Id. art. 5.

Ceux qui auront fait cette déclaration avant le 1er janvier devront la certifier, s'il est survenu quelque changement dans le nombre ou la destination de leurs chiens.

Art. 587. Les déclarations prescrites par l'article précédent sont inscrites sur un registre spécial. Il en est donné reçu aux déclarants. Les récépissés font mention des noms et prénoms des déclarants, de la date de la déclaration, du nombre et de l'usage des chiens déclarés. Id art. 6.

Art. 588. Du 15 au 31 janvier, le maire et les répartiteurs, assistés du percepteur des contributions directes, rédigent un état matrice des personnes imposables. Id. art. 7.

Art. 589. L'état matrice présente les noms, prénoms et de- Id. art 8.

meures des imposables, le nombre de chiens qu'ils possèdent et la catégorie à laquelle chaque animal appartient.

L'état matrice relate, en outre, les déclarations faites par les possesseurs de chiens, avec les détails nécessaires pour permettre d'apprécier les différences entre les déclarations et les faits constatés.

Décret du 4 août 1855, art. 9.

Art. 590. Du 1er au 15 février, le percepteur adresse au directeur des contributions directes les états matrices, rédigés conformément aux prescriptions ci-dessus, pour servir de base à la confection des rôles.

Il est procédé pour cette confection, pour la mise à exécution et la publication des rôles, la distribution des avertissements et le recouvrement des taxes, comme en matière de contributions directes, conformément à l'article 6 de la loi du 2 mai 1855 et aux articles 2, 3 et 4 du présent décret (*articles* 579, 580, 581 *ci-dessus*). Les imposés acquitteront d'ailleurs leurs taxes par portions égales, en autant de termes qu'il restera de mois à courir à dater de la publication des rôles, ainsi que cela est prescrit pour les patentes par l'article 24 de la loi du 25 avril 1844 (*article* 453 *du présent Recueil*).

Infractions au règlement.

Id. art. 10.

Art. 591. Sont passibles d'un accroissement de taxe : 1° celui qui, possédant un ou plusieurs chiens, n'a pas fait de déclaration ; 2° celui qui a fait une déclaration incomplète ou inexacte.

Dans le premier cas, la taxe sera triplée, et, dans le second, elle sera doublée pour les chiens non déclarés ou portés avec une fausse désignation.

Lorsqu'un contribuable aura été soumis à un accroissement de taxe, et que, pour l'année suivante, il ne fera pas la déclaration exigée ou fera une déclaration incomplète ou inexacte, la taxe sera quadruplée dans le premier cas et triplée dans le second.

Art. 592. Lorsque les faits pouvant donner lieu à des accroissements de taxe n'ont pas été constatés en temps utile pour entrer dans la formation du rôle primitif, il est dressé, dans le cours de l'année, un rôle supplémentaire, conformément aux prescriptions du présent règlement. Décret du 4 août 1855, art. 11.

Des frais de confection des rôles et des avertissements.

Art. 593. Les frais d'impression relatifs à l'assiette de la taxe sur les chiens, ceux de la confection des rôles, de la confection et de la distribution des avertissements, sont à la charge des communes. Id. art. 12.

CONTRIBUTIONS POUR LES TRAVAUX D'ENTRETIEN, RÉPARATION ET RECONSTRUCTION DES DIGUES, ET POUR LE CURAGE DES CANAUX ET RIVIÈRES NON NAVIGABLES.

Art. 594. Il sera pourvu au curage des canaux et rivières non navigables et à l'entretien des digues et ouvrages d'art qui y correspondent, de la manière prescrite par les anciens règlements, ou d'après les usages locaux (1). Loi du 14 floréal an XI, art 1er.

Art. 595. Les rôles de répartition des sommes nécessaires au payement des travaux d'entretien, réparation et reconstruction, seront dressés sous la surveillance du préfet, rendus exécutoires par lui, et le recouvrement s'en opérera de la même manière que celui des contributions publiques (2). Id. art. 3.

---

(1) Toutefois, l'Administration, d'office et sur la pétition des parties intéressées, peut pourvoir, par un règlement d'administration publique, à la répartition des dépenses à faire, de manière que la quotité de la contribution de chaque imposé soit toujours relative au degré d'intérêt qu'il aura aux travaux à effectuer. Dans ce cas, des reglements d'administration publique instituent des commissions comme il est dit ci-après, articles 610 et suivants, en ce qui concerne les taxes pour travaux de desséchement des marais.

(2) Une circulaire ministérielle du 9 octobre 1839 decide que les rôles

Loi du 14 floréal an XI, art. 4.

Art. 596. Toutes les contestations relatives au recouvrement de ces rôles, aux réclamations des individus imposés et à la confection des travaux, seront portées devant le conseil de préfecture, sauf le recours au gouvernement, qui décidera en conseil d'État (1).

TAXES POUR TRAITEMENT DES MÉDECINS-INSPECTEURS DES BAINS, DES FABRIQUES ET DÉPÔTS D'EAUX MINÉRALES.

Loi du 24 avril 1833, art. 2.

Art. 597. Pour subvenir au traitement des médecins-inspecteurs des bains, des fabriques et des dépôts d'eaux minérales, le gouvernement est autorisé à imposer sur lesdits établissements des contributions qui ne pourront excéder mille francs pour l'établissement de Tivoli à Paris, deux cent cinquante francs pour une fabrique, et cent cinquante francs pour un simple dépôt.

Le recouvrement de ces rétributions sera poursuivi comme celui des contributions directes (2).

---

seront rédigés par les directeurs des contributions directes, toutes les fois que les préfets en auront exprimé le désir, mais qu'il n'en pourra résulter, ni pour les directeurs ni pour les contrôleurs, l'obligation de recueillir dans les communes les bases d'assiette de l'impôt dont il s'agit. C'est à l'administration locale à fournir les éléments nécessaires pour la répartition des taxes et la confection des rôles. Ne participant pas à la confection des matrices, la direction des contributions ne devra pas non plus intervenir dans l'instruction des réclamations, à moins qu'elles ne proviennent d'erreurs matérielles commises dans l'expédition des rôles. Les mêmes dispositions sont rendues communes, par le ministre, aux taxes pour travaux de desséchement, — pour frais de visites chez les pharmaciens, — pour traitement des médecins-inspecteurs des bains, fabriques et dépôts d'eaux minérales. (Voir, ci-après, ces diverses taxes.)

(1) Si les intéressés se bornent à attaquer la quotité de la contribution, leur réclamation, en effet, est de la compétence du conseil de préfecture, mais il n'en serait pas ainsi, s'ils attaquaient le principe même de l'arrêté préfectoral, si, par exemple, ils prétendaient que la répartition n'est pas faite conformément aux règlements. Dans ce cas, ils devraient se pourvoir soit au ministre des travaux publics, soit immédiatement au conseil d'État pour excès de pouvoir.

(2) Une circulaire ministérielle du 14 septembre 1840 a décidé que le

RÉTRIBUTIONS DUES PAR LES PARTICULIERS PROPRIÉTAIRES OU ENTREPRENEURS D'EAUX MINÉRALES NATURELLES.

Art. 598. Quant aux sources exploitées par les particuliers qui en sont propriétaires, ils seront tenus..... de pourvoir, sur le produit de ces eaux, au payement du traitement de l'officier de santé que le gouvernement jugera nécessaire de commettre pour leur inspection.....

Arrêté du 6 nivôse an XI, art. 10.

Art. 599. La somme nécessaire pour couvrir les frais d'inspection médicale et de surveillance des établissements d'eaux minérales autorisées, est perçue sur l'ensemble de ces établissements.

Loi du 14 juillet 1856, art. 18.

Le montant en est déterminé tous les ans par la loi des finances.

Art. 600. La répartition en est faite entre les établissements, au prorata de leurs revenus.

Id. art. 18.

Art. 601. Le recouvrement a lieu comme en matière de contributions directes, sur les propriétaires, régisseurs ou fermiers des établissements.

Id. art. 18.

---

recouvrement de ces rétributions s'effectuerait par quart à la fin de chaque trimestre, et que l'on considérerait comme dus et requérables immédiatement les trimestres qui se trouveraient échus lors de l'émission des rôles. Les mêmes dispositions sont applicables aux rétributions dues par les particuliers propriétaires ou entrepreneurs d'eaux minérales naturelles. (Arr. C. 14 juin 1837, Witz-Witz et consorts.) Voir, en outre, la note de l'article 595 ci-dessus, concernant la taxe pour conservation des digues et autres ouvrages d'art.

IMPOSITIONS RELATIVES AU TRAITEMENT DES GARDES CHAMPÊTRES.

Loi du 21 avril 1832, art. 19

Art. 602. Il ne sera plus fait de rôles spéciaux pour les impositions relatives au traitement des gardes champêtres. Ces impositions (*votées comme les impositions extraordinaires, avec l'adjonction des plus imposés*), seront comprises, à titre de centimes additionnels, dans le rôle de la contribution foncière, et porteront, comme ces centimes, sur toutes les natures de propriétés.

TAXE SUR LES BIENS DE MAINMORTE.

Décret du 20 fév. 1849, art. 1er.

Art. 603. Il sera établi, à partir du 1er janvier 1849, sur les biens immeubles passibles de la contribution foncière, appartenant aux départements, communes, hospices, séminaires, fabriques, congrégations religieuses, consistoires, établissements de charité, bureaux de bienfaisance, sociétés anonymes et tous établissements légalement autorisés, une taxe annuelle représentative des droits de transmission entre vifs et par décès. Cette taxe sera calculée à raison de 62 centimes 1/2 pour franc du principal de la contribution foncière.

Id. art. 2.

Art. 604. Les formes prescrites pour l'assiette et le recouvrement de la contribution foncière seront suivies pour l'établissement et la perception de la nouvelle taxe (1).

Id. art. 3.

Art. 605. La taxe annuelle établie par la présente loi sera à

---

(1) Les réclamations en décharge ou réduction sont jugées par le conseil de préfecture. Elles doivent être présentées dans le delai de trois mois à partir de la publication du rôle. (Arr. C 13 décembre 1854, bureau de bienfaisance d'Orléans.)

la charge du propriétaire seul, pendant la durée des baux actuels, nonobstant toutes dispositions contraires (1).

TAXES POUR TRAVAUX DE DESSÉCHEMENT DES MARAIS.

Art. 606. Le montant de la plus-value obtenue par le desséchement (*des marais*) sera divisé entre le propriétaire et le concessionnaire, dans les proportions qui auront été fixées par l'acte de concession. Loi du 16 septembre 1807, article 20.

Lorsqu'un desséchement sera fait par l'État, sa portion dans la plus-value sera fixée de manière à le rembourser de toutes ses dépenses.

Le rôle des indemnités sur la plus-value sera arrêté par la commission (*de desséchement*) et rendu exécutoire par le préfet (2).

Art. 607. Les propriétaires auront la faculté de se libérer de l'indemnité par eux due, en délaissant une portion relative de fonds calculée sur le pied de la dernière estimation; dans ce cas, il n'y aura lieu qu'au droit fixe d'un franc pour l'enregistrement de l'acte de mutation de propriété. Id. art. 21.

Art. 608. Si les propriétaires ne veulent pas délaisser des Id. art. 22

---

(1) Le conseil d'Etat a rendu, en ce qui concerne les chemins de fer, plusieurs decisions portant que le chemin et celles de ses dépendances qui font avec lui partie du domaine public, ne sont pas passibles de la taxe des biens de mainmorte. Il a également décidé que les canaux de navigation ne sont point imposables; pour certains canaux, les décisions sont formulees comme celles relatives aux chemins de fer, et pour d'autres, elles sont motivees sur ce que le canal, quels que soient les termes dans lesquels la concession a été faite, est affecté à un service public et perpétuel de navigation et par suite duquel il a le caractere de bien dépendant du domaine public. (Voir notamment les arrêts des 8 février et 22 mars 1851.)

(2) Voir la note de l'article 595 ci-dessus, concernant la taxe pour la conservation des digues et autres ouvrages d'art.

fonds en nature, ils constitueront une rente sur le pied de 4 p. 0/0, sans retenue ; le capital de cette rente sera toujours remboursable, même par portions, qui cependant ne pourront être moindres d'un dixième et moyennant vingt-cinq capitaux.

Loi du 16 septembre 1807, article 23.

Art. 609. Les indemnités dues aux concessionnaires et au gouvernement, à raison de la plus-value résultant des dessèchements, auront privilége sur toute ladite plus-value, à la charge seulement de faire transcrire l'acte de concession, ou le décret qui ordonnera le dessèchement au compte de l'État, dans le bureau ou dans les bureaux des hypothèques de l'arrondissement ou des arrondissements de la situation des marais desséchés.

L'hypothèque de tout individu inscrit avant le dessèchement sera restreinte, au moyen de la transcription ci-dessus ordonnée, sur une portion de propriété égale en valeur à la première valeur estimative des terrains desséchés.

Id art. 42.

Art. 610. Lorsqu'il s'agira d'un dessèchement de marais ou d'autres ouvrages..... pour lesquels l'intervention d'une commission spéciale est indiquée, cette commission sera établie ainsi qu'il suit :

Id. art. 43.

Art. 611. Elle sera composée de *sept* commissaires : leur avis ou leurs décisions seront motivés ; ils devront, pour les prononcer, être au moins au nombre de *cinq*.

Id. art 44

Art. 612. Les commissaires seront pris parmi les personnes qui seront présumées avoir le plus de connaissances relatives soit aux localités, soit aux divers objets sur lesquels ils auront à prononcer.

Ils seront nommés par l'Empereur.

Id. art. 45.

Art. 613. Les formes de la réunion des membres de la commission, la fixation des époques de ses séances et les lieux où elles seront tenues, les règles de la présidence, le secrétariat et la garde des papiers, les frais qu'entraîneront ses opérations, et enfin tout ce qui concerne son organisation, seront déterminés, dans chaque cas, par un règlement d'administration publique.

Art. 614. Les commissions connaîtront de tout ce qui est relatif au classement des diverses propriétés avant ou après le desséchement des marais, à leur estimation, à la vérification de l'exactitude des plans cadastraux, à l'exécution des clauses des actes de concession relatifs à la jouissance par les concessionnaires d'une partie des produits, à la vérification et à la réception des travaux de desséchement, à la formation et à la vérification du rôle de plus-value des terres après le desséchement..... ; elles connaîtront des mêmes objets, lorsqu'il s'agira de fixer la valeur des propriétés, avant l'exécution des travaux d'un autre genre, comme routes, canaux, quais, digues, ponts, rues, etc., et après l'exécution desdits travaux, et lorsqu'il sera question de fixer la plus-value (1). Loi du 16 septembre 1807, article 46.

Art. 615. Elles ne pourront, dans aucun cas, juger les questions de propriété, sur lesquelles il sera prononcé par les tribunaux ordinaires, sans que, dans aucun cas, les opérations relatives aux travaux, ou l'exécution des décisions de la commission, puissent être retardées ou suspendues. Id. art. 47.

REDEVANCES SUR LES MINES.

Art. 616. Les propriétaires de mines sont tenus de payer à l'État une redevance fixe et une redevance proportionnelle au produit de l'extraction. Loi du 21 avril 1810, art. 33.

Art. 617. Aucune redevance proportionnelle ne sera exigée au Loi du 17 juin 1840, art. 4.

---

(1) La commission remplace le conseil de préfecture pour toutes les opérations qui concernent le desséchement. Les appels de ses décisions sont portés devant le conseil d'Etat.

profit de l'Etat (*pour l'exploitation des mines de sel, sources et puits d'eau salée* (1).

Loi du 21 avril 1810, art. 34. Art. 618. La redevance fixe sera annuelle et réglée d'après l'étendue de celle-ci : elle sera de dix francs par kilomètre carré.

La redevance proportionnelle sera une contribution annuelle, à laquelle les mines seront assujetties sur leurs produits.

Id. art. 35. Art. 619. La redevance proportionnelle sera réglée chaque année, par le budget de l'État, comme les autres contributions publiques ; toutefois, elle ne pourra jamais s'élever au dessus de 5 p. 0/0 du produit net. Il pourra être fait un abonnement pour ceux des propriétaires des mines qui le demanderont.

Id. art. 36 Art. 620. Il sera imposé en sus un décime pour franc, lequel formera un fonds de non-valeurs à la disposition du ministre de l'intérieur, pour dégrèvement en faveur des propriétaires des mines qui éprouveront des pertes ou accidents.

Id. art. 37. Art. 621. La redevance proportionnelle sera imposée et perçue comme la contribution foncière.

Les réclamations à fin de dégrèvement ou de rappel à l'égalité proportionnelle seront jugées par les conseils de préfecture. Le dégrèvement sera de droit quand l'exploitant justifiera que sa redevance excède 5 p. 0/0 du produit net de son exploitation.

Id. art. 38. Art. 622. Le gouvernement accordera, s'il y a lieu, pour les exploitations qu'il en jugera susceptibles, et par un article de l'acte de concession ou par un décret spécial délibéré en conseil d'État pour les mines déjà concédées, la remise en tout ou en partie du payement de la redevance proportionnelle pour le temps

---

(1) Cette exploitation donne lieu au payement de la redevance fixe, en vertu de l'article 2 de la loi sur le sel du 17 juin 1840, portant que « les lois et règlements généraux sur les mines sont applicables aux exploitations des mines de sel. »

qui sera jugé convenable; et ce, comme encouragement, en raison de la difficulté des travaux : semblable remise pourra être aussi accordée comme dédommagement, en cas d'accident de force majeure qui surviendrait pendant l'exploitation.

Art. 623. Le produit de la redevance fixe et de la redevance proportionnelle formera un fonds spécial, dont il sera tenu un compte particulier au Trésor public, et qui sera appliqué aux dépenses de l'administration des mines et à celles des recherches, ouvertures et mises en activité des mines nouvelles ou rétablissement des mines anciennes. Loi du 21 avril 1810, art. 39.

Assiette de la redevance fixe.

Art. 624. Chaque préfet fera dresser le tableau de toutes les mines concédées existant dans son département. Décret du 6 mai 1811, art. 1er

Art. 625. Ces tableaux des concessions de mines énonceront le nom et la désignation de la mine concédée, sa situation; les noms, professions et demeures des concessionnaires; la désignation et la date du titre de concession; l'étendue de la concession exprimée en kilomètres carrés et fractions de kilomètre carré jusqu'à deux décimales, et la somme à percevoir. Id art. 2.

Art. 626. Les tableaux des concessions de mines arrêtés par les préfets serviront de matrices de rôle; ils seront rectifiés chaque année, soit par suite de mutation de propriété, soit en raison des réductions ou augmentations survenues en vertu de décisions légales, et seront transmis, pour la confection des rôles, aux directeurs des contributions directes. Id. art. 10.

Art. 627. Chaque préfet fera dresser le tableau des mines exploitées dans son département sans concession régularisée ou sans aucune concession. Id. art. 11.

Ces tableaux énonceront le nom et la désignation de la mine

exploitée sans concession, sa situation ; les noms, professions et demeures des exploitants ; la date de leur demande en concession, confirmation ou limitation de concession ; l'étendue superficielle du terrain qui leur aura été provisoirement assigné ou attribué par les autorités anciennes ou nouvelles, ou sur lequel s'étend leur exploitation, quoique les limites n'en aient pas encore été déterminées, exprimée en kilomètres carrés jusqu'à deux décimales, et la somme à percevoir.

Décret du 6 mai 1811, art. 14.

Art. 628. Les tableaux des mines exploitées sans concession, ainsi formés, seront arrêtés par les préfets, et serviront provisoirement de matrice de rôle ; ils seront rectifiés chaque année, soit en raison des mutations, quant aux exploitants, soit en raison des réductions ou augmentations survenues en vertu de décisions légales, et seront transmis, pour la confection des rôles, aux directeurs des contributions directes.

Assiette de la redevance proportionnelle.

Id. art. 16.

Art. 629. Les matrices de rôle pour la redevance proportionnelle sur les mines concédées, qui sont en extraction, seront dressées d'après des états d'exploitation.

Id. art. 17.

Art. 630. Il y aura un état d'exploitation pour chaque mine concédée : la confection en sera divisée en deux parties, savoir : 1° la partie descriptive ; 2° la proposition de l'évaluation du produit net imposable.

Id. art. 18.

Art. 631. La partie descriptive des états d'exploitation sera faite par l'ingénieur des mines du département, après avoir appelé et entendu les concessionnaires ou leurs agents, conjointement avec les maires et adjoints de la commune ou des communes sur lesquelles s'étendent les concessions, et les deux répartiteurs communaux qui seront les plus forts imposés.

Elle comprendra le nom et la nature des mines, le nombre des articles, les noms des communes, les noms, professions et demeures des concessionnaires, possesseurs ou usufruitiers; la désignation sommaire des ouvrages souterrains entretenus et exploités, ainsi que celle des machines; enfin, la désignation des bâtiments et usines servant à l'exploitation.

Art. 632. La proposition de l'évaluation du produit net imposable sera faite par les mêmes individus désignés à l'article précédent, et portée à l'avant-dernière colonne du tableau. Décret du 6 mai 1811, art. 19.

La déclaration du produit net du revenu, à laquelle se tiendront le propriétaire ou ses agents, sera mentionnée au tableau, si elle diffère de l'évaluation.

Art. 633. Les préfets régleront les époques auxquelles les ingénieurs des mines, maires, adjoints et répartiteurs, devront se réunir, de manière à ce que la partie descriptive des états d'exploitation et la proposition d'évaluation aient subi, avant le 15 mai de chaque année, les changements qu'il sera nécessaire d'y faire annuellement. Id. art. 20

Art. 634. Les mines dont la concession superficielle s'étendra sur deux ou plusieurs communes seront portées sur les états d'exploitation au nom de la commune où sont situés les bâtiments d'exploitation, usines et maisons de direction. Il en sera de même des usines dont la concession superficielle s'étendra sur les frontières de deux ou plusieurs départements. Id. art. 21

Art. 635. Les états ainsi préparés seront certifiés par les ingénieurs des mines, maires, adjoints et répartiteurs qui auront concouru à leur formation. Id. art. 22

Art. 636. D'après ces états, l'ingénieur des mines fera préparer la matrice de rôle, en y laissant en blanc la colonne des évaluations définitives du produit net imposable; il transmettra le tout au préfet, qui le soumettra au comité d'évaluation. Id. art. 23.

Art. 637. Ce comité sera composé du préfet, de deux membres Id. art. 24

du conseil général du département nommés par le préfet, du directeur des contributions et de l'ingénieur des mines, et de deux des principaux propriétaires de mines dans les départements où il y a un nombre d'exploitations suffisant.

Décret du 6 mai 1811. art. 25.

Art. 638. Le comité est chargé de déterminer les évaluations définitives du produit net imposable de chaque mine; d'en faire porter l'expression au bas de chaque état d'exploitation, à l'avant-dernière colonne de la matrice du rôle, et d'arrêter les états et matrices.

Id. art. 26.

Art. 639. Le comité d'évaluation procédera aux appréciations du produit net imposable, soit d'office, soit en ayant égard aux déclarations des exploitants qui les auront fournies.

Id. art. 27.

Art. 640. Les exploitants, concessionnaires, usufruitiers ou leurs ayants cause, sont tenus de remettre au secrétariat de la préfecture, avant le 1er mai, la déclaration détaillée du produit net imposable de leurs exploitations; faute de quoi, l'appréciation aura lieu d'office.

Id. art. 28

Art. 641. Pour éclairer le comité, le préfet et l'ingénieur des mines réuniront d'avance les renseignements qu'ils jugeront nécessaires, notamment ceux concernant le produit brut de chaque mine, la valeur des matières extraites ou fabriquées, le prix des matières premières employées et de la main-d'œuvre, l'état des travaux souterrains, le nombre des ouvriers, les ports ou lieux d'exportation ou consommation et la situation plus ou moins prospère de l'établissement. Le comité d'évaluation aura égard à ces renseignements.

Ces éclaircissements seront, autant que possible, placés dans de nouvelles colonnes, ajoutées, selon les lieux ou les circonstances, au modèle du tableau n° 4.

Id. art. 29.

Art. 642. Les états d'exploitation et la matrice de rôle pour les mines concédées, resteront déposés chez le directeur des contributions, pour servir à la confection des rôles.

Art. 643. Il sera procédé pour les mines non concédées régulièrement ou exploitées sans aucune concession, comme pour les mines concédées; mais les états d'exploitation seront intitulés différemment. Il y aura une matrice de rôle séparée, conforme au tableau n° 7. Décret du 6 mai 1811, art. 30.

Chaque état d'exploitation, considéré comme section, formera un article dans la matrice de rôle.

Abonnements pour la redevance proportionnelle.

Art. 644. Les exploitants, concessionnaires ou non concessionnaires, qui désireront jouir de la faveur de l'abonnement, déposeront, avant le 15 avril, au secrétariat de la préfecture de leur département, leur soumission appuyée de motifs détaillés; il leur en sera délivré un reçu. Id. art. 31.

Faute par ces exploitants de déposer leur soumission dans le délai prescrit, ils seront imposés proportionnellement à leur revenu net présumé, comme il est dit au titre précédent (art. 629 et suivants).

Art. 645. Les soumissions d'abonnement seront acceptées, modifiées ou rejetées, après avoir pris l'avis du comité d'évaluation, lorsque les opérations prescrites au titre II auront eu lieu (art. 639 et suivants). Id. art. 33.

Art. 646. Les abonnements seront approuvés, savoir : par le préfet, sur l'avis de l'ingénieur des mines, quand l'évaluation du revenu net donnera une redevance au-dessous de mille francs; Id art. 34

Par le ministre de l'intérieur (*aujourd'hui par le ministre des finances*), sur le rapport du directeur général, quand la redevance sera au-dessus de mille jusqu'à trois mille francs;

Et au-desus de trois mille francs, par un décret rendu en conseil d'État.

Décret du 6 mai 1811, art. 35. Art. 647. L'état certifié des abonnements qui auront été admis sera transmis au directeur des contributions directes, pour être employé sur le rôle; il accompagnera le mandement, qui sera annuellement délivré par le préfet pour l'imposition de la redevance proportionnelle.

Des rôles pour la redevance fixe (1).

Id. art. 36. Art. 648. Chaque directeur des contributions fera dresser le rôle de la redevance fixe, sur les mines concédées et sur les mines exploitées sans concession régulière ou sans aucune concession, d'après le tableau qui lui sera transmis chaque année par le préfet.

Id. art. 37. Art. 649. Le rôle confectionné énoncera les noms, qualités et demeures des concessionnaires, usufruitiers et exploitants non concessionnaires ; le nom de la mine concédée ou exploitée sans concession, celui de la commune où devra se faire la perception ; enfin, l'étendue superficielle de la concession, ou bien celle du terrain provisoirement assigné ou attribué à l'exploitation. La cote se composera du montant de la redevance, telle qu'elle aura été portée sur le tableau fourni par le préfet, du montant des dix centimes additionnels pour fonds de non-valeurs et du montant des centimes pour frais de perception.

Après avoir été vérifié et rendu exécutoire par le préfet, le rôle sera renvoyé au directeur des contributions.....

Des rôles de la redevance proportionnelle (1).

Id. art. 38. Art. 650. Les rôles pour la redevance proportionnelle sur les

---

(1) Les redevances fixe et proportionnelle sont aujourd'hui réunies en un seul et même rôle (Inst. min. du 25 novembre 1828).

mines exploitées en vertu d'une concession ou sans concession seront dressés par le directeur des contributions, d'après les matrices, états d'abonnement et mandements des préfets.

Art. 651. A cet effet, le directeur des contributions imposera, sur chaque exploitant non abonné, une somme égale au vingtième du produit net de son exploitation; il portera à l'article de chaque abonné le montant de son abonnement, et il ajoutera aux cotes, soit de l'abonnement, soit de la redevance déterminée officiellement, le montant des dix centimes additionnels pour fonds de non-valeurs et celui des centimes pour frais de perception. Décret du 6 mai 1811, art. 39.

Le rôle ainsi confectionné sera adressé au préfet, pour être vérifié et rendu exécutoire.....

Du recouvrement.

Art. 652. Le recouvrement des redevances fixes et proportionnelles sera effectué par le percepteur des contributions de la commune où est située la mine. Lorsque le terrain concédé ou provisoirement assigné et attribué aux exploitants non concessionnaires embrassera plusieurs communes, le percepteur de la commune où seront situés les bâtiments, usines et maisons de direction sera seul chargé du recouvrement. Id. art. 40.

Art. 653. Les percepteurs poursuivront les recouvrements sur des rôles délivrés par le directeur des contributions, vérifiés et certifiés par le préfet. Id. art. 41.

Art. 654. La somme à allouer pour les frais de perception aux percepteurs, receveurs d'arrondissement et receveurs généraux, sera réglée, ainsi que le mode de payement ou de retenue, par une décision du ministre des finances (1). Id. art. 42.

(1) Une décision du 28 mars 1850 a fixé à trois centimes par franc le taux des remises des percepteurs sur le produit des redevances des mines.

Decret du 6 mai 1811, art. 43. Art. 655. Il sera fait écriture séparée de la perception des redevances fixes et proportionnelles dans les journaux et registres des receveurs d'arrondissement et receveurs généraux (1).

Des décharges, réductions, remises et modérations.

Id. art. 44. Art. 656. Tout particulier concessionnaire ou non concessionnaire exploitant de mines, qui, par vente, bail, cessation de travaux (2) ou toute autre cause légale, aurait cessé d'être imposable aux redevances fixes et proportionnelles, et qui aurait été porté sur les rôles, et tous ceux qui réclameront des réductions, soit en raison des taxes d'office, faute d'avoir fait régulariser, en temps utile, leurs exploitations, soit pour cause d'erreurs dans l'énoncé de l'étendue superficielle des concessions, adresseront leurs réclamations au préfet (3).

Id. art. 45. Art. 657. Ces réclamations seront accompagnées de pièces justificatives; elles seront renvoyées à l'ingénieur des mines, qui, après avoir fait les vérifications nécessaires, fournira son avis motivé.

Id. art. 46 Art. 658. S'il y a lieu à ce que la cote soit réduite, le conseil de préfecture prononcera la quotité de la réduction, sauf le pourvoi, selon les lois.

Id art. 47. Art. 659. Les exploitants concessionnaires ou non concessionnaires qui se croiront trop imposés à la redevance proportionnelle se pourvoiront également devant le préfet.

Id. art. 48. Art. 660. Le préfet enverra les réclamations au sous-préfet

---

(1) Voir la note de la page 216.

(2) Ou renonciation légalement faite et admise (Ordonn. roy. du 8 janvier 1817.)

(3) Les réclamants doivent produire à l'appui de leur demande la quittance des termes échus de leur cotisation (Arr. C 28 juillet 1853, Loire, aff. Giraud); ils doivent produire la quittance de tous les termes échus, et non seulement à partir du jour où le rôle a été publié. (Id , 13 juillet 1853, Moselle, Dupont et Dreyfus)

de l'arrondissement, au directeur des contributions directes et à l'ingénieur des mines, pour avoir leur avis; il les enverra ensuite au maire de la commune, pour avoir l'avis des répartiteurs qui auront été entendus selon l'article 18 (*article* 631 *ci-dessus*), et il soumettra le tout au conseil de préfecture, qui prononcera sur la réduction de la cote.

Art. 661. Si les sous-préfet, directeur des contributions et ingénieur des mines ne conviennent pas de la surtaxe, deux experts seront nommés, l'un par le préfet et l'autre par le réclamant. A l'époque fixée par le préfet, les experts se rendront sur les lieux avec le contrôleur des contributions, et, en présence de l'ingénieur des mines et du réclamant ou de son fondé de pouvoir, ils vérifieront les faits exposés dans la réclamation, et rectifieront, s'il y a lieu, l'appréciation du revenu net de l'exploitation. Décret du 6 mai 1811, art. 49.

Art. 662. Le contrôleur des contributions rédigera un procès-verbal des dires des experts et des parties intéressées; il y joindra son avis, ainsi que celui de l'ingénieur des mines, et adressera le tout au sous-préfet, qui le transmettra au préfet. Le conseil de préfecture, après avoir vu l'avis du directeur des contributions, prononcera sur la réclamation, sauf le pourvoi comme il est dit article 46 (*article* 638 *ci-dessus*). Id. art 50.

Art. 663. Les frais d'expertise, de présence et de vérification seront réglés par le préfet. Id. art. 51.

Art. 664. Quand la réclamation aura été reconnue non fondée, les frais seront supportés par le réclamant. Id. art 52.

Art. 665. Si elle est reconnue fondée, les frais seront pris sur la portion du fonds de non-valeurs mis à la disposition du préfet, ainsi qu'il sera dit ci-après (1). Id. art. 53.

---

(1) Les dégrèvements de toute nature, ainsi que les dépenses énoncées à l'article 669 ci-après, sont aujourd'hui acquittés au moyen de crédits ouverts, au fur et à mesure des demandes, sur les allocations spéciales inscrites, pour cet objet, dans le budget de l'Etat.

Décret du 6 mai 1811, art. 54.

Art. 666. Lorsque, par des événements extraordinaires, un exploitant aura éprouvé des pertes, il adressera sa pétition détaillée au préfet, qui la renverra à l'ingénieur des mines.

L'ingénieur se transportera sur les lieux, vérifiera les faits en présence des maires, constatera la quotité de la perte, et en adressera un procès-verbal détaillé au préfet, qui prendra l'avis du sous-préfet de l'arrondissement et du directeur des contributions.

Id. art. 55.

Art. 667. Le préfet réunira les différentes demandes qui lui auront été faites dans le cours de l'année, en remises et modérations, et, l'année expirée, il fera, entre les contribuables dont les réclamations auront été reconnues justes et fondées, la distribution des sommes qu'il pourra accorder sur les fonds de non-valeur mis à sa disposition (1).

Id. art. 56.

Art. 668. L'état de distribution sera renvoyé au directeur général des mines, pour être soumis au ministre de l'intérieur et recevoir son approbation.

Id. art. 57.

Art. 669. Sur les dix centimes imposés additionnellement à la redevance proportionnelle, moitié est mise à la disposition des préfets pour être employée aux frais de confection des états, tableaux, matrices et rôles, aux décharges et réductions, remises et modérations, ainsi qu'aux frais d'expertise et de vérification des réclamations en dégrèvement.....

Ordonnance du 19 novembre 1828, art. 1er.

Art. 670. Il sera formé du produit des cinq centimes (*restant*)..... un fonds commun dont la distribution sera faite par le ministre secrétaire d'Etat des finances entre les divers départements où les mines existent, en raison de l'importance de leurs besoins.

---

(1) Voir, en ce qui concerne les articles 667 à 671, la note de l'article 665.

Art. 671. Les dépenses qui n'auraient pu être liquidées en temps utile, et les mandats qui n'auraient pu être acquittés sur les crédits de l'exercice auquel ils se rattachent, seront, conformément à l'ordonnance du 14 septembre 1822, imputés sur les crédits ouverts pour l'exercice suivant (1).

Ordonnance du 19 novembre 1828, art. 2.

DROITS ÉTABLIS POUR FRAIS DE VISITE CHEZ LES PHARMACIENS LES ÉPICIERS, LES DROGUISTES ET LES HERBORISTES.

Art. 672. A Paris et dans les villes où seront placées les nouvelles écoles de pharmacie, deux docteurs et professeurs des écoles de médecine, accompagnés des membres des écoles de pharmacie et assistés d'un commissaire de police, visiteront, au moins une fois l'an, les officines ou magasins des pharmaciens ou droguistes, pour vérifier la bonne qualité des drogues et médicaments.....

Loi du 21 germinal an XI, article 29.

Art. 673. Les mêmes professeurs ou médecins et membres des écoles de pharmacie, pourront, avec l'autorisation des préfets, sous-préfets ou maires, et assistés d'un commissaire de police, visiter et inspecter les magasins de drogues, laboratoires et officines des villes placées dans le rayon de dix lieues de celles où sont établies les écoles, et se transporter dans tous les lieux où l'on fabriquera et débitera, sans autorisation légale, des préparations ou compositions médicinales.

Id. art. 30.

Art. 674. Dans les autres villes et communes, les visites indiquées ci-dessus seront faites par les membres des jurys de médecine, réunis aux quatre pharmaciens qui leur sont adjoints par l'article 13 (*de la loi du 21 germinal an* XI).

Id. art. 31.

Art. 675. Il sera payé, pour les frais de ces visites, six francs par chaque pharmacien et quatre francs par chaque épicier ou droguiste, conformément à l'article 16 des lettres-patentes du 10 février 1780.

Arrêté du 25 thermidor an XI, article 42.

---

(1) Voir, en ce qui concerne les mandats non acquittés, la note de l'article 419.

Loi du 27 juin 1820.

Art. 676. Ne seront pas néanmoins soumis au payement du droit de visite, les épiciers non droguistes chez lesquels il ne serait pas trouvé des drogues appartenant à l'art de la pharmacie (1).

RÉTRIBUTIONS POUR FRAIS DE VÉRIFICATION DES POIDS ET MESURES.

Loi du 1er vendémiaire an IV, article 13.

Art. 677. Il y aura, dans les principales communes de la République, des vérificateurs chargés d'apposer sur les nouvelles mesures le poinçon de la République et leur marque particulière.....

Loi du 4 juillet 1837, art. 8.

Art. 678. Une ordonnance royale règlera la manière dont s'effectuera la vérification des poids et mesures.

Arrêté du 29 pr. an IX, art. 4.

Art. 679. La vérification consistera dans une comparaison exacte des poids et mesures qui seront présentés, avec les étalons.....

Ordonnance r. du 17 avril 1839, article 15.

Art. 680. Les préfets dressent, pour chaque département, le tableau des professions qui doivent être assujetties à la vérification.

Ce tableau indique l'assortiment de poids et mesures dont chaque profession est tenue de se pourvoir.

Ordonnance roy. du 18 décembre 1825, art. 15.

Art. 681. Les conseils d'arrondissement et les conseils généraux pourront être consultés sur les professions à assujettir et

---

(1) Une circulaire ministérielle du 14 septembre 1840 décide que les taxes pour droit de visite seront payées intégralement lors de l'émission des rôles, suivant le mode prescrit pour les rétributions relatives aux vérifications des poids et mesures. Voir, en outre, la note de l'article 595 ci-dessus, concernant la taxe pour conservation des digues.

sur la fixation du *minimum*, relativement aux besoins et usages locaux.

Art. 682. La vérification première des poids, mesures et instruments de pesage est faite gratuitement.

Ordonnance du 17 avril 1839, article 46.

Il en est de même pour les poids, mesures et instruments de pesage rajustés, qui sont soumis à une nouvelle vérification.

Art. 683. Les poids et mesures des bureaux d'octroi, bureaux de poids public, ponts à bascule, hospices et hôpitaux, prisons et établissements de bienfaisance et tous les autres établissements publics, sont soumis à la vérification périodique.

Id. art. 24.

Art. 684. La vérification périodique des poids, mesures et instruments de pesage appartenant aux établissements publics désignés par l'article 24 (*article précédent*), est faite gratuitement.

Id. art 48.

Il en est de même pour les poids, mesures et instruments de pesage présentés volontairement à la vérification par des individus non assujettis.

Art. 685. Les poids et mesures employés dans les halles, foires et marchés, dans les étalages mobiles, par les marchands forains et ambulants, sont soumis à l'exercice du vérificateur.

Id. art 25.

Art. 686. Les droits de la vérification périodique sont payés pour les poids et mesures formant l'assortiment obligatoire de chaque assujetti, et pour les instruments de pesage sujets à la vérification.

Id. art 49

Les poids et mesures excédant l'assortiment obligatoire seront vérifiés et poinçonnés gratuitement.

Art. 687. Les droits de la vérification périodique seront provisoirement perçus, conformément au tarif annexé à l'ordonnance du 18 décembre 1825, modifié par celles du 21 décembre 1832 et du 18 mai 1838.

Id. art 47.

Arrêté du 29 pr. an IX, art. 11.

Art. 688. Il ne pourra être exigé des citoyens qui présenteront des poids et mesures à la vérification aucune indemnité au delà de la cotisation fixée par le tarif...... Ce tarif sera imprimé et affiché dans chaque bureau de vérification.

Ordonnance du 18 décembre 1825, art. 16.

Art. 689. Dans les communes d'un commerce considérable, la vérification périodique se fera tous les ans, et de deux ans en deux ans dans les autres lieux, le tout suivant le tableau qui en sera dressé par le préfet, et où sera réglé l'ordre dans lequel les divers cantons du département seront alternativement vérifiés.

Ordonnance r. du 21 décembre 1832, art. 1er.

Art. 690. Un dégrèvement du dixième de la rétribution attachée à la vérification des poids et mesures est accordé........ dans les communes où la révision périodique des instruments de pesage et de mesurage est annuelle.

Id. art. 2.

Art. 691. Dans les autres localités, la rétribution....... sera intégralement perçue une fois tous les deux ans seulement, sur un rôle publié et recouvrable dans le courant de l'exercice pendant lequel la vérification aura été faite.

Ordonnance r. du 17 avril 1839, article 27.

Art. 692. Les préfets fixent, par des arrêtés, pour chaque commune, l'époque où la vérification de l'année commence, et celle où elle doit être terminée.

Id. art. 50.

Art. 693. Les états matrices des rôles sont dressés par les vérificateurs des poids et mesures, d'après le résultat des opérations qui doivent être commencées avant le 1er août.

Ces états seront remis aux directeurs des contributions directes, à mesure que les opérations sont terminées dans les communes dépendant de la même perception, et, au plus tard, le 1er août de chaque année.

Id. art. 51.

Art. 694. Les directeurs des contributions directes, après avoir vérifié et arrêté les états matrices mentionnés à l'article précédent, procédera à la confection des rôles, lesquels seront rendus exécutoires par le préfet, pour être mis immédiatement en recouvrement par les mêmes voies et avec les mêmes termes de recours, en cas de réclamation, que pour les contributions directes (1).

Art. 695. Outre le nom des assujettis, le rôle portera la somme de rétribution due par chacun d'eux, à raison du *minimum* de l'assortiment des poids ou mesures dont chacun doit être pourvu, suivant sa profession. Ordonnance r. du 18 décembre 1825, art. 15.

Art. 696. Les rôles, faits par perception, seront arrêtés et rendus exécutoires par le préfet...... Id. art. 18.

Art. 697. Avant la fin de chaque année, il sera dressé et publié des rôles supplémentaires pour les opérations qui, à raison de circonstances particulières, n'auraient pu être faites que postérieurement au délai fixé par l'article 50 (*article* 692 *ci-dessus*). Ordonnance r. du 17 avril 1839, art 52

Art. 698. La perception des droits de vérification est faite par les agents du trésor public. Id. art. 53

Le montant intégral des rôles est exigible dans la quinzaine de leur publication.

Art. 699. Il est défendu aux vérificateurs de s'ingérer dans le recouvrement de la rétribution, et de percevoir ou accepter de la part de ceux dont ils vérifient les poids et mesures, à peine de concussion. Ordonnance r. du 18 decembre 1825, art 22.

---

(1) Les réclamations relatives aux poids et mesures doivent être présentées dans les trois mois qui suivent la publication des rôles. Les demandes des percepteurs, tant pour les cotes indûment imposées que pour les cotes irrecouvrables, sont l'objet d'un seul et même etat qui doit être présenté dans les trois mois de l'annee qui suivra celle pendant laquelle les rôles auront été publiés. (Circ. du min. des finances, 15 juillet 1833.)

15

Ordonnance du 17 avril 1839, article 54

Art. 700. Les remises auxquelles ont droit les agents du Trésor public pour le recouvrement des rétributions, ainsi que les allocations revenant aux directeurs des contributions directes pour les frais de confection des rôles, seront réglées par le ministre secrétaire d'Etat des finances.

Ordonnance roy. du 18 déc. 1825, art. 11.

Art. 701. La rétribution pour la vérification des poids et mesures..... sera versée directement au Trésor public, et classée distinctement parmi les produits divers du budget de l'Etat.

Id. art. 12.

Art. 702. Tous les ans, il sera ouvert, au ministre de l'intérieur (1), un crédit général pour les dépenses de la vérification des poids et mesures dans tout le royaume. . .

Le montant du crédit ne pourra être supérieur au produit de la rétribution de l'année précédente; quand il sera reconnu que la totalité de la recette n'est pas absorbée par la dépense nécessaire, il sera pourvu à une réduction sur la quotité du tarif pour l'avenir......

Id. art. 16.

Art. 703. Quand il y aura lieu à une réduction du tarif...... le premier dégrèvement sera spécial en faveur des lieux où, la vérification étant annuelle, le tarif est perçu en entier tous les ans.

PRESTATIONS POUR CHEMINS VICINAUX.

Loi du 28 juillet 1824, art. 1er.

Art. 704. Les chemins reconnus, par un arrêté du préfet ou une délibération du conseil municipal, pour être nécessaires à la communication des communes, sont à la charge de celles sur le

(1) L'ordonnancement des dépenses relatives aux rôles de rétributions pour vérification des poids et mesures a été transporté au ministre des finances et compris dans son budget, à partir de 1837, par la loi des finances du 18 juillet 1836 et par les lois suivantes.

territoire desquelles ils sont établis, sauf le cas prévu par l'article 9 ci-après (*article* 6 *de la loi du* 21 *mai* 1836 ; *ci-après article* 709).

Art. 705. Lorsque les revenus des communes ne suffisent point aux dépenses ordinaires de ces chemins, il y est pourvu par des prestations en argent ou en nature, au choix des contribuables (1). Loi du 28 juillet 1824, art. 2.

Art. 706. Tout habitant, chef de famille ou d'établissement à titre de propriétaire, de régisseur, de fermier ou de colon partiaire, porté au rôle des contributions directes, pourra être appelé à fournir, chaque année, une prestation de trois jours : Loi du 21 m 1836, art. 3

1° Pour sa personne et pour chaque individu mâle, valide, âgé de dix-huit ans au moins et de soixante ans au plus, membre ou serviteur de la famille et résidant dans la commune;

2° Pour chacune des charrettes ou voitures attelées, et en outre, pour chacune des bêtes de somme, de trait, de selle, au service de la famille ou de l'établissement dans la commune.

Art. 707. La prestation sera appréciée en argent, conformément à la valeur qui aura été attribuée annuellement pour la commune à chaque espèce de journée par le conseil général, sur les propositions du conseil d'arrondissement. Id. art. 4

La prestation pourra être en nature ou en argent, au gré du contribuable. Toutes les fois que le contribuable n'aura pas opté dans les délais prescrits, la prestation sera exigible en argent.

La prestation non rachetée en argent pourra être convertie en tâches, d'après les bases et évaluations de travaux préalablement fixées par le conseil municipal.

---

(1) Une circulaire du ministre des finances, du 12 septembre 1836, décide que les états-matrices des prestations en nature pour chemins vicinaux seront dressés par les contrôleurs des contributions directes, de concert avec les répartiteurs ; que les directeurs rédigeront les rôles et que les préfets les rendront exécutoires

Loi du 21 mai 1836, art. 5.

Art. 708. Si le conseil municipal, mis en demeure, n'a pas voté, dans la session désignée à cet effet, les prestations et centimes nécessaires, ou si la commune n'en a pas fait emploi dans les délais prescrits, le préfet pourra, d'office, soit imposer la commune dans les limites du *maximum*, soit faire exécuter les travaux.

Chaque année, le préfet communiquera au conseil général l'état des impositions établies d'office, en vertu du présent article.

Id. art. 6.

Art. 709. Lorsqu'un chemin vicinal intéressera plusieurs communes, le préfet, sur l'avis des conseils municipaux, désignera les communes qui devront concourir à sa construction ou à son entretien, et fixera la proportion dans laquelle chacune d'elles y contribuera.

Id. art. 14.

Art. 710. Toutes les fois qu'un chemin vicinal, entretenu à l'état de viabilité par une commune, sera habituellement ou temporairement dégradé par des exploitations de mines, de carrières, de forêts ou de toute entreprise industrielle appartenant à des particuliers, à des établissements publics, à la Couronne ou à l'Etat, il pourra y avoir lieu à imposer aux entrepreneurs ou propriétaires, suivant que l'exploitation ou les transports auront lieu par les uns ou les autres, des subventions spéciales, dont la quotité sera proportionnée à la dégradation extraordinaire qui devra être attribuée aux exploitations.

Ces subventions pourront, au choix des subventionnaires, être acquittées en argent ou en prestations en nature, et seront exclusivement affectées à ceux des chemins qui y auront donné lieu.

Elles seront réglées annuellement, sur la demande des communes, par les conseils de préfecture, après des expertises contradictoires, et recouvrées comme en matière de contributions directes.

Id. art. 17.

Les experts seront nommés, l'un par le sous-préfet, et l'autre par le propriétaire.

En cas de désaccord, le tiers-expert sera nommé par le conseil de préfecture.

Art. 711. Ces subventions pourront aussi être déterminées par abonnement; elles seront réglées, dans ce cas, par le préfet, en conseil de préfecture. Loi du 21 mai 1836, art. 14.

Art. 712. Le recouvrement (*des prestations*) sera poursuivi comme pour les contributions directes; les dégrèvements prononcés sans frais (1), les comptes rendus comme pour les autres dépenses communales (2). Loi du 28 juillet 1824, art. 5.

TAXES LOCALES DIVERSES (AFFOUAGE, PATURAGE, PAVAGE, ETC.)

Art. 713. Les taxes particulières dues par les habitants ou Loi du 18 juillet 1837, art 44.

---

(1) Aux termes d'une circulaire ministérielle du 17 mars 1837, les réclamations contre les prestations doivent, comme celles relatives aux contributions directes, être communiquees aux maires et répartiteurs, vérifiées par les contrôleurs et jugees, sur le rapport du directeur, par le conseil de préfecture, dans le cas de decharge ou reduction, et par le prefet, dans le cas de remise ou modération.

Les réclamations doivent être présentées dans un délai de trois mois; ce délai ne court que du 1er janvier, lors même que le rôle aurait été publie en novembre ou decembre de l'année précedente. (Arr. C. 24 juillet 1852, Jura, Carlin)

Enfin, des mots *sans frais* employes dans l'article objet de la presente note, on doit inférer que les reclamations en matiere de prestation sont exemptes du timbre, quel que soit le montant des cotes auxquelles elles se rapportent.

(2) Les prestations en nature constituant un revenu purement communal dont les receveurs ont à rendre compte, comme de toute autre recette municipale, il a été décide que les états de cotes irrecouvrables que les percepteurs pourraient avoir à présenter ne seraient pas instruits dans la forme ordinaire, mais qu'ils seraient seulement soumis aux conseils municipaux, sur l'avis desquels le conseil de prefecture statue selon les regles prescrites pour le jugement des comptes des communes. (Circ. 6 novembre 1844.) Les prestations en nature ne peuvent, en l'absence d'un fonds spécial de non-valeurs, donner lieu à des demandes en remise ou modération, comme en matiere de contributions directes. (Arr. C. 28 decembre 1858, Geraud Seine-Inferieure.)

propriétaires, en vertu des lois ou des usages locaux, sont réparties par délibérations du conseil municipal, approuvées par le préfet.

Ces taxes sont perçues suivant les formes établies pour le recouvrement des contributions publiques.

TAXES POUR PERMISSIONS D'USINES.

Loi du 21 avril 1810, article 73.

Art. 714. Les fourneaux à fondre les minerais de fer et autres substances métalliques, les forges et martinets pour ouvrer le fer et le cuivre, les usines servant de patouillets et bocards, celles pour le traitement des substances salines et pyriteuses, dans lesquelles on consomme des combustibles, ne pourront être établis que sur une permission accordée par un règlement d'administration publique.

Loi du 21 avril 1810, art. 75.

Art. 715. Les impétrants des permissions pour les usines supporteront une taxe une fois payée, laquelle ne pourra être au-dessous de 50 francs, ni excéder 300 francs (1).

(1) Voir la note de l'article 595.

Paris — Imprimerie de Paul Dupont,
rue de Grenelle-St-Honoré, 45.

CODES
DE LA
LÉGISLATION FRANÇAISE

OUVRAGE CONTENANT

LE CODE POLITIQUE, LES SEPT CODES ORDINAIRES ET VINGT-SIX CODES SPÉCIAUX,

AVEC

DES ANNOTATIONS SUR LES LOIS LES PLUS USUELLES,
LA DÉFINITION ET L'EXPLICATION DES TERMES DE DROIT,
LA CORRÉLATION COMPLÈTE DES ARTICLES DES CODES,
et des Tables chronologique et alphabétique;

PAR

M. NAPOLÉON BACQUA,

Chevalier de la Légion d'honneur,
Avocat, auteur du **Code annoté de la Police administrative, judiciaire et municipale**,
Rédacteur en chef du **Bulletin annoté des Lois.**

ÉDITION NOUVELLE — 1859-1860.

PREMIÈRE PARTIE,

A l'usage de l'Audience, des Fonctionnaires publics et des Écoles de droit.

Contenant le Code politique et les sept Codes ordinaires. Prix 8 fr., et relié, 10 fr.

DEUXIÈME PARTIE,

Contenant vingt-six Codes spéciaux sur les différentes matières de droit.

Prix 12 fr., et relié, 14 fr.

Prix de l'ouvrage complet. 20 fr., et relié, 24 fr.

CONDITIONS DE LA SOUSCRIPTION.

Les **Codes de la Législation française** forment deux volumes que l'on peut acquérir séparément, savoir :

Première Partie. — Un volume in-8° de 700 pages, contenant le Code politique, les sept Codes ordinaires avec Tables chronologique et alphabétique.

Prix broché, 8 fr.; relié, 10 fr., et interfolié, 12 fr.

Deuxième Partie — Un volume in-8° de 1,800 pages contenant vingt-six Codes spéciaux avec Tables chronologique et alphabétique.

Prix broché, 12 fr.; relié, 14 fr.; et interfolié, 16 fr.

Prix de l'ouvrage complet. broché, 20 fr., relié, 24 fr.; et interfolié, 28 fr.

Tout Souscripteur à l'ouvrage complet reçoit en prime l'année 1859 du *Bulletin annoté des Lois*, publication mensuelle, qui tient la deuxième partie des Codes constamment au courant de la législation.

(176) Paris, Impr Paul Dupont, rue de Grenelle-Saint-Honoré, 45

www.ingramcontent.com/pod-product-compliance
Ingram Content Group UK Ltd.
Pitfield, Milton Keynes, MK11 3LW, UK
UKHW020321230726
13925UKWH00002B/538

9 782014 059090